新能源汽车技术专业精品在线开放课程配套教材

新编21世纪高等职业教育精品教材

汽车类

新能源汽车动力蓄电池与充电系统

（微课版）

主　编◎史增芳　王明绪　桂　林

副主编◎郭仓库　曹　源　程　志

　　　　徐颖若　徐铭辰　张继方

主　审◎张宏阁

中国人民大学出版社

· 北京 ·

图书在版编目（CIP）数据

新能源汽车动力蓄电池与充电系统：微课版 / 史增芳，王明绪，桂林主编. -- 北京：中国人民大学出版社，2025.1. --（新编 21 世纪高等职业教育精品教材）.
ISBN 978-7-300-33502-5

Ⅰ. U469.720.3

中国国家版本馆 CIP 数据核字第 202595L4C4 号

新能源汽车技术专业精品在线开放课程配套教材
新编 21 世纪高等职业教育精品教材·汽车类
新能源汽车动力蓄电池与充电系统（微课版）
主　编　史增芳　王明绪　桂　林
副主编　郭仓库　曹　源　程　志　徐颖若　徐铭辰　张继方
主　审　张宏阁
Xinnengyuan Qiche Dongli Xudianchi yu Chongdian Xitong（Weikeban）

出版发行	中国人民大学出版社		
社　　址	北京中关村大街 31 号	**邮政编码**	100080
电　　话	010－62511242（总编室）		010－62511770（质管部）
	010－82501766（邮购部）		010－62514148（门市部）
	010－62511173（发行公司）		010－62515275（盗版举报）
网　　址	http://www.crup.com.cn		
经　　销	新华书店		
印　　刷	北京溢漾印刷有限公司		
开　　本	787 mm×1092 mm　1/16	**版　　次**	2025 年 1 月第 1 版
印　　张	14.5	**印　　次**	2025 年 1 月第 1 次印刷
字　　数	300 000	**定　　价**	49.00 元

前言

党的二十大指出：推动战略性新兴产业融合集群发展，构建新一代信息技术、人工智能、生物技术、新能源、新材料、高端装备、绿色环保等一批新的增长引擎。大力发展新能源汽车技术，使我国由汽车大国成为汽车强国已经成为一代代汽车人永不停歇追逐的目标。《新能源汽车产业发展规划（2021—2035 年）》指出：我国新能源汽车产业将深化“三纵三横”研发布局，以纯电动汽车、插电式混合动力（含增程式）汽车、燃料电池汽车为“三纵”，布局整车技术创新链；以动力蓄电池与管理系统、驱动电机与电力电子、网联化与智能化技术为“三横”，构建关键零部件技术供给体系。目前，我国新源汽车产业已经迈入了规模化、全球化的高质量发展阶段。基于以上背景，我们编写了本教材。

本教材以习近平新时代中国特色社会主义思想为指导，落实立德树人根本任务，内容设计围绕新能源汽车高压安全与工具使用、动力蓄电池、动力蓄电池管理系统及充电系统四大模块展开，涵盖动力蓄电池的认知、更换、分解、组装和性能检测，动力蓄电池管理系统的检测，热管理系统和低压电源系统，动力蓄电池充电系统，DC－DC 低压充电系统和充电桩的安装与调试等。本教材采用情景模式编写，每个情景划分若干项目，每个项目结合新能源汽车动力蓄电池的某一种应用，有针对性地讲解新能源汽车动力蓄电池及其充电系统的关键技术。

本书由河南工业职业技术学院史增芳、王明绪、桂林担任主编，由河南工业职业技术学院郭仓库、曹源、程志、徐颖若、徐铭辰、张继方担任副主编，由河南工业职业技术学院教授张宏阁担任主审。史增芳负责全书通稿、资源制作，王明绪编写模块三任务一和任务二，桂林编写模块四任务一和任务二，郭仓库编写模块二任务一和任务二，曹源编写模块二任务三，程志编写模块一任务二，徐颖若编写模块三任务三，徐铭辰编写模块一任务一，张继方编写模块四任务三。在教材的编写过程中，校企合作企业比亚迪汽车销售有限公司和浙江吉利控股集团提供了技术支持、案例分析和新能源汽车整车资料。在实施比亚迪精诚英才校企合作项目的过程中，合作企业为教材的实训项目提供了大量的指导意见。

在本书的编写过程中，我们参考和引用了国内外出版物中的相关资料，在此表示真诚的感谢！由于时间仓促和编写人员的知识水平有限，教材可能会有不足之处，敬请广大读者批评指正！

编　者

目录

视频资源索引

续表

序号	名称	二维码	页码
7	交流慢充系统故障检测与诊断		182
8	新能源汽车直流充电系统		182
9	新能源汽车充电系统故障诊断		192
10	DC - DC 转换器的结构和工作原理		200

模块一 新能源汽车高压安全与工具使用

安全重于泰山！新能源汽车动力蓄电池的额定电压大多在几百伏，远远超出了人体的安全电压。因此，在进行新能源汽车动力蓄电池维修时，需要穿戴安全防护用具，正确使用检查和维修工具。如何正确选择安全防护用具并对其进行基本的检查，成为新能源汽车维修人员和动力蓄电池操作人员的必修课。在对动力蓄电池系统进行维护、保养、维修和更换的过程中要选择合适的工具，并能够使用绝缘检测工具等对动力蓄电池的绝缘性和故障进行检修和排除。本模块主要学习新能源汽车高压安全与工具使用，分为以下两个任务：

任务一　新能源汽车高压安全与防护

任务二　新能源汽车绝缘工具认识与使用

通过两个任务的学习，学生可以增强安全意识、珍惜生命，保证在接触新能源汽车动力蓄电池及其他高压部件时不出现高压安全事故，保证作业安全有效。

任务一　新能源汽车高压安全与防护

任务目标

知识目标

1. 熟悉新能源汽车高压电及标识。
2. 掌握新能源汽车高压系统的组成。
3. 掌握高压防护用品的作用及种类。

技能目标

1. 能正确识别高压电及标识。
2. 能正确辨认高压系统各部件。
3. 能正确、规范地使用高压防护用品。

素养目标

1. 培养高压安全意识。

2. 具备“生命至上、科学救援”的急救意识。
3. 培养沉着应对的心理素质。

知识索引

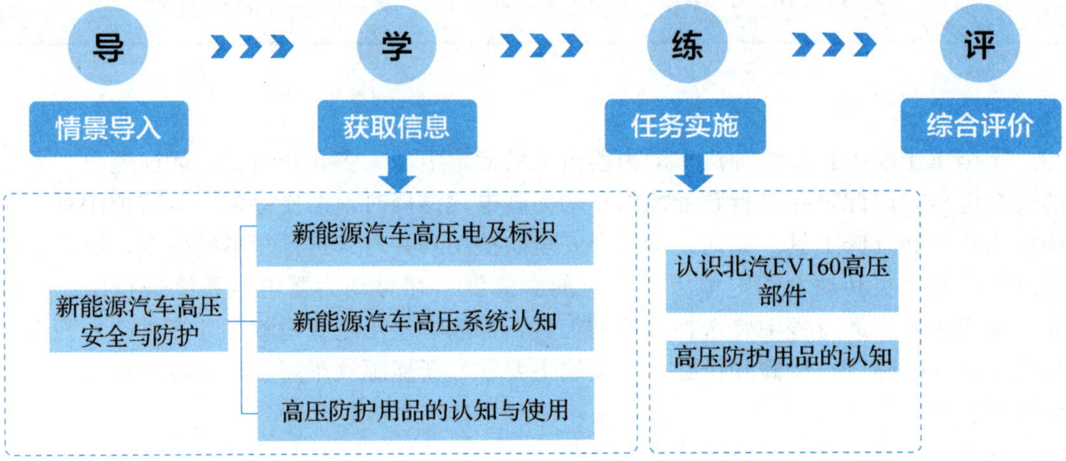

情景导入

王先生买了一辆比亚迪秦 EV 汽车，他听说新能源汽车上有很多处是高压电，为了后期的使用安全，想要了解一些关于新能源汽车高压防护方面的知识。假如你是一名新能源汽车维修人员，你准备对王先生讲解哪些新能源汽车方面的高压安全知识呢？

获取信息

引导问题 1：

查阅相关资料，简述新能源汽车高压电及标识方面的知识。

____

____

____

知识点提示

新能源汽车高压电及标识

按照不同的标准，电可以分为不同的种类，常见的是根据电压大小进行分类。按照电压大小，电可以分为高电压、低电压和安全电压。

一、高压电

高压电这个概念是相对而言的，低压电和高压电之间没有绝对的界限，根据实际情况进行划分。

（一）国家电力系统高压电

1. 高、低压电

在国家电力系统中，高压电是指配电线路交流电压在 1 000V 以上或直流电压在 1 500V 以上的电；低压电是指交流电压在 1 000V 以下或直流电压在 1 500V 以下的电。

高、低压的区别以电气设备的对地电压值为依据。对于交流电，对地电压高于或等于 1 000V 的为高压，对地电压低于 1 000V 的为低压。

2. 安全电压

安全电压是指人体较长时间接触而不致发生触电危险的电压。国家标准规定了为防止触电事故而采用的由特定电源供电的电压系列。

我国国家标准规定的安全电压额定值共有五个等级，分别为 42V、36V、24V、12V 和 6V，应根据作业场所状况等因素进行选用。根据规定，安全电压为交流电压不高于 36V，直流电压不超过 50V。一般环境条件下允许持续接触的“安全特低电压”是 24V，安全电流为 10mA；干燥而触电危险性较小的环境下，安全电压规定为 24V；对于潮湿而触电危险性较大的环境（如金属容器、管道内施焊检修），安全电压规定为 12V。

电击对人体的危害程度主要取决于通过人体的电流的大小和通电时间的长短。电流强度越大，致命危险越大；持续时间越长，死亡的可能性越大。一般情况下，能让人感觉到的最小电流值称为感知电流，交流电流为 1mA，直流电流为 5mA；人触电后能自己摆脱的最大电流称为摆脱电流，交流电流为 10mA，直流电流为 50mA；在较短的时间内危及生命的电流称为致命电流，50mA 的电流通过人体 1s，足以致命，因此致命电流通常为 50mA。在有防止触电保护装置的情况下，人体允许通过的电流一般为 30mA。电流对人体的影响如图 1-1-1 所示。

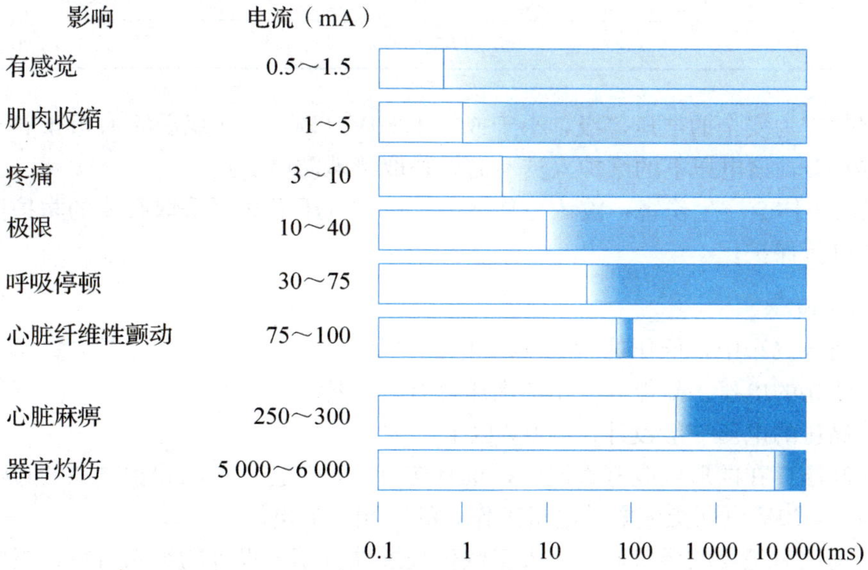

图 1-1-1 电流对人体的影响

（二）新能源汽车高压电

相对于传统燃油汽车而言，纯电动汽车等新能源汽车有一个重要特点，就是具有高电压、大电流的动力回路。为了适应电机驱动工作的特性要求并提高效率，高压电气系统的工作电压可以达到300V以上，而因电力传输线路的阻抗很小，所以高压电气系统的正常工作电流可能达到数十甚至数百安培，瞬时短路放电电流更是成倍增加。

1. 高、低电压

按国际《电动车安全技术规范》的规定，定义高电压的标准是直流60V、交流25V以上，人们在维修或接触电动汽车时应配备安全保护装置且必须按一定的操作规范进行作业，否则会危及生命。

一般按车辆使用电压的高低，将车辆电压分为高、中、低三类电压。传统燃油汽车应用低于30V的直流低电压，轻混合动力电动汽车通常使用高于30V、低于60V的直流中等电压，双模混合动力或纯电动汽车应用60V以上的直流高电压。

2. 电压安全级别

依据国家标准《电动汽车安全要求》（GB 18384－2020）中人员触电防护要求，根据不同电压等级可能对人体产生的伤害和危险程度不同，在新能源汽车中，将电压按照类型和数值分为两个级别。

考虑到空气的湿度和人体在不同工作环境下的电阻，将车辆电压分为两个级别，具体见表1－1－1。

表1－1－1　电压安全级别

电压安全级别	工作电压（V）	
	DC（直流）	50～150Hz AC（交流）
A	$0<U\leqslant60$	$0<U\leqslant30$
B	$60<U\leqslant1\,500$	$30<U\leqslant1\,000$

A级是较为安全的电压等级，小于或等于60V（DC）；在规定的150Hz频率下，低于30V（AC），该电压下的维护人员不需要采取特殊防电保护。

B级对人体会产生伤害，被认为是高压。在该电压下必须采取必要的防护措施，对维护人员进行保护。

3. 高压特点

在新能源汽车中，低压通常指12V电源系统的电气线路，而高压主要指动力蓄电池及相关线路的电压。新能源汽车的高压具有以下特点：

（1）高压的电压一般设计在200V以上。

（2）高压存在的形式既有直流电，也有交流电，既包括在动力蓄电池的直流，也包括充电时的220V电网交流电及电机工作时的三相交流电。

（3）高压对绝缘的要求更高，大多数传统燃油汽车上设计的绝缘材料，当电压超过200V时可能就变成了导体，因此在新能源汽车上的绝缘材料需要具有更高的绝缘性能。

（4）高压对正负极距离的要求。12V 电压情况下，只有正负极之间的距离很近时才有击穿空气的可能，但是当电压高到 200V 以上时，正负极之间即使有一个很大的距离也会因发生击穿而导电，也就是我们常说的电弧。在 300V 电压下，两根导线距离 10cm 时就会发生击穿而导电，如图 1-1-2 所示。

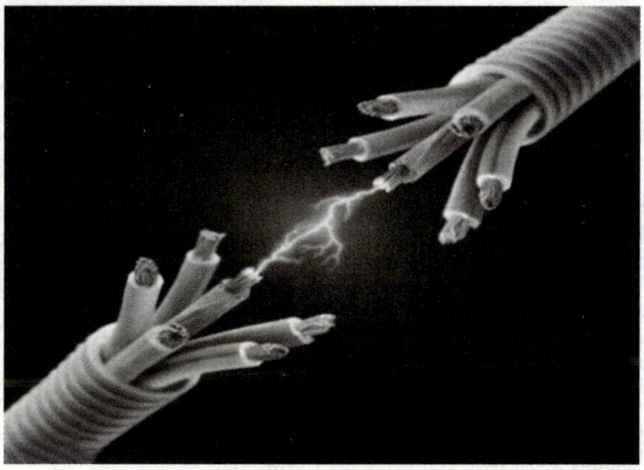

图 1-1-2 击穿导电

二、触电事故后的处置

（一）脱离电源

如果不幸发生了人员触电事故，援救触电事故中触电者时，救援人员自身的安全是第一位，绝对不要去触碰仍然与电源有接触的人员。

人体触电以后，抢救触电者的首要步骤就是使触电者尽快脱离电源。在施救的同时，应立即拨打 120 急救电话，获取专业的救援，如图 1-1-3 所示。

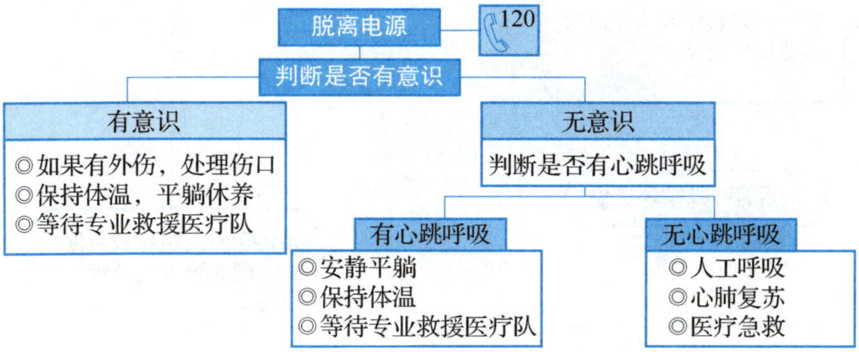

图 1-1-3 脱离电源及救援

（二）现场急救

当触电者脱离电源后，应根据触电者的具体情况迅速对症救护，力争在触电后 1min 内进行救治，救治流程如图 1-1-4 所示。国内外的急救资料表明，触电后在 1min 内进行救治的，90%以上有良好的效果，而超过 12min 再开始救治的，基本无救活的可能。现场应用的主要方法是口对口人工呼吸和体外心脏按压法，严禁打强心针。

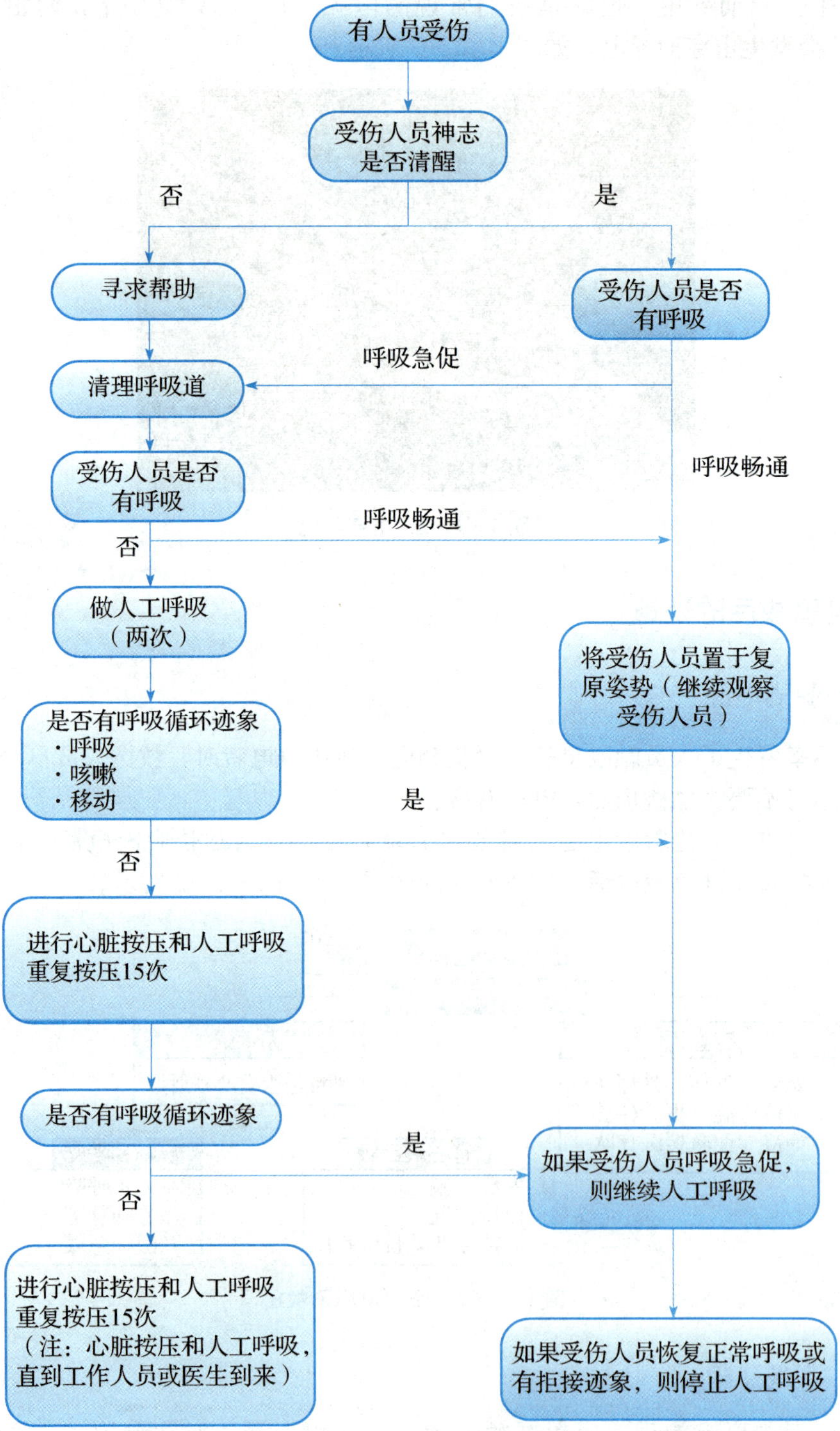

图 1-1-4　救治流程

知识视界

心肺复苏法

心肺复苏法的3项基本措施是通畅气道、心脏按压和人工呼吸。

一、通畅气道

(1) 清理口腔：打开气道，清除呼吸道杂物，确定口腔无假牙，无分泌物、呕吐物、血液等。

(2) 通畅气道：施救者站在病人的右侧，左手放在病人的前额，用力将头部下压，右手置于病人下颌骨下边将面部向上，向前抬起，可以起到通畅气道的作用。

二、心脏按压

(1) 按压体位：迅速将触电者摆成仰卧位，头侧放；解开病人衣领、领带及拉链；摆放在地面或者硬板上；翻身时整体转动，保护颈部；保持身体平直、无扭曲；跪于触电者右侧，开始救护。

(2) 按压部位：胸骨下1/3交界处；双乳头与前正中线交界处。

(3) 按压方法：一只手掌根放在按压位置，另一只手平行重叠，下方的手五指翘起，双臂垂直于按压的双手。采用跪姿，双膝与触电者肩部平齐，双臂绷直、与胸部垂直，不得弯曲，连续、有节律地按压30次。保持胸骨下陷5～6cm。至少100次/分钟，按压与放松时间相同。

三、人工呼吸

人工呼吸方法：开放气道后，捏紧患者鼻孔；正常吸气后要把患者的口部完全包住；给予每次超过1s的吹气；吹气完毕后，口部脱离，抬头看患者胸部；吹气时暂停按压；吹气频率为10～12次/分钟；按压与通气比率为30：2，依次做5个循环。

三、高压安全标识的识别

为防止意外触及高压系统，新能源汽车对高压部件均采用特殊的标识或颜色，对维修人员或驾乘人员给予警告，如图1-1-5所示。新能源汽车通常采用高压警告标识和高压警告颜色两种形式进行高电压警告。

图1-1-5 新能源汽车对高压部件采用的特殊标识

（一）高压警告标识

新能源汽车上的高压部件上标有国际标准危险电压警告标记：黄色（警告）或红色（禁止）底色的高压警告标识，如图 1－1－6 所示。

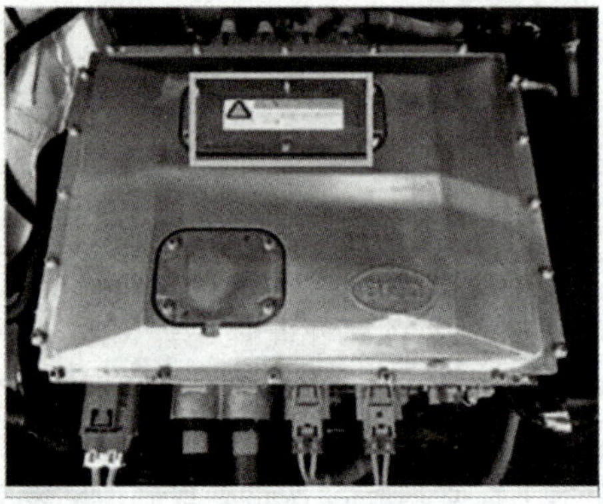

图 1－1－6　高压警告标识

（二）高压警告颜色

由于高压导线可能有几米长，在一处或两处通过警告牌标记可能无法满足警示需求，因此用橙色警告色标记出所有高压导线，高压部件的插接器也采用橙色设计，以起到警示作用。

按国际通行规定，新能源汽车高压配线的线皮标识颜色为橙色，如图 1－1－7 所示。在进行维修操作时，一定要特别注意高压部件，严格按照安全作业流程进行维修，绝对不能随意改动流程或者随意触摸导线。

图 1－1－7　橙色高压配线

引导问题 2：

查阅相关资料，简述新能源汽车高压系统各部件的名称及作用。

知识点提示

新能源汽车高压系统认知

一、新能源汽车高压系统的组成

在新能源汽车上，整车带有高压电的零部件有动力蓄电池、驱动电机、电机控制器（MCU）、高压配电箱（PDU）、电动压缩机、PTC 加热器、车载充电机（OBC）、DC-DC 转换器、高压维修开关、高压线束及充电接口等，这些部件组成了整车的高压系统。充电系统、电源系统、动力系统为纯电动汽车的核心部件。

二、新能源汽车高压系统各部件的作用

（一）动力蓄电池

新能源汽车的整车动力来源是动力蓄电池。大多数新能源汽车的动力蓄电池安装在车辆的底部和后部，如图 1-1-8 所示。动力蓄电池的电压一般为 100～400V 的高压，其输出电流能够达到 300A。受技术的影响，目前绝大多数新能源汽车均采用锂离子动力蓄电池。

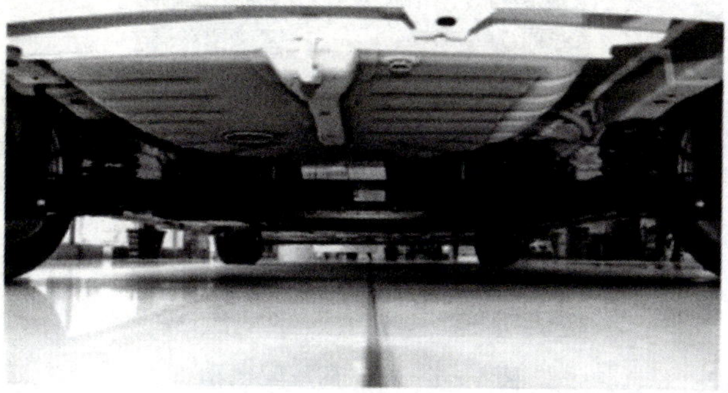

图 1-1-8　新能源汽车动力蓄电池的安装位置

（二）驱动电机

驱动电机（见图 1-1-9）以车载电源为动力，将电能转化为机械能，通过传动装置或直接驱动汽车车轮行驶。驱动电机一般位于前机舱或者车辆后桥位置。与传统燃油汽车的发动机将燃料燃烧的化学能转化为机械能不同，驱动电机的工作效率更高（能达到 85%以上）。因此与传统燃油汽车相比，新能源汽车的能量利用率更高，能够减少资源的浪费。

（三）电机控制器（MCU）

电机控制器（MCU）（见图 1-1-10）是新能源汽车的关键零部件之一，其功能是根据挡位、加速、制动等指令，将动力蓄电池所储存的电能转化为驱动电机所需的电能，以控制新能源汽车的起动运行、进退速度、爬坡力度等行驶状态，或者帮助新能源

汽车制动，并将部分制动能量储存到动力蓄电池中。总体来讲，电机控制器将高压直流电转换为交流电，并与整车上其他模块进行信号交互，实现对驱动电机的有效控制。

图 1-1-9　驱动电机

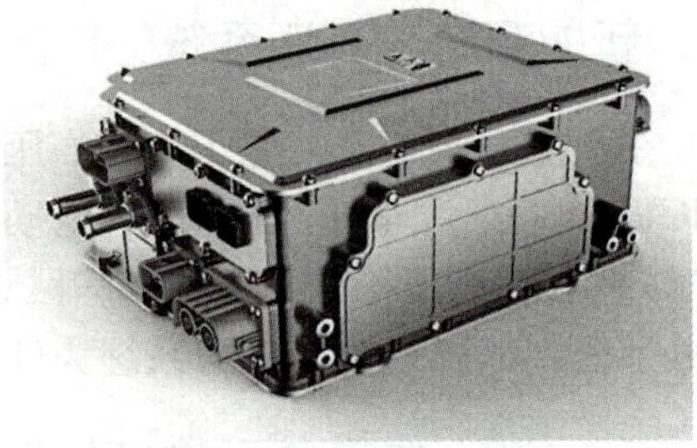

图 1-1-10　电机控制器

（四）高压配电箱（PDU）

高压配电箱（PDU）（见图 1-1-11）是整车高压电的一个电源分配装置，类似于低压电路系统中的电器熔丝盒。高压配电箱由很多高压继电器、高压熔丝组成，它内部还有相关芯片，以便同相关模块实现通信，确保整车高压用电安全。

图 1-1-11　高压配电箱

（五）电动压缩机

传统燃油汽车的压缩机是通过压缩机电磁离合器的吸合，促使发动机带动压缩机运转。纯电动汽车没有发动机，它由电机驱动，由动力蓄电池的直流高电压供电。空调压缩机的电机可采用直流电机，也可以采用三相异步电机。电动压缩机如图 1-1-12 所示。

图 1-1-12　电动压缩机

（六）PTC 加热器

传统燃油汽车上空调暖风系统的热源是发动机冷却后的冷却液的热量，这个在纯电动汽车上是不存在的，因此需要专门的制热装置，这个装置被称为空调 PTC（Positive Temperature Coefficient）。PTC 的作用就是制热。低温时，电池包需要一定的热量才能正常工作，这时就需要 PTC 加热器（见图 1－1－13）对电池包进行预热。

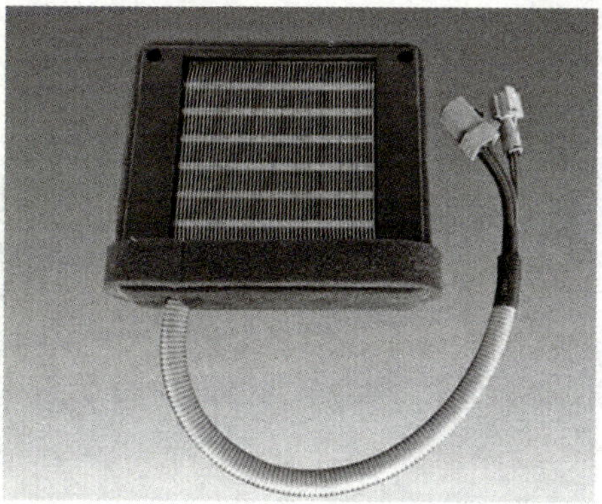

图 1－1－13 PTC 加热器

（七）车载充电机（OBC）

车载充电机（On Board Charge，OBC）（见图 1－1－14）是一个将交流电转换为直流电的装置。它可以为动力蓄电池充电，为其补充电能；同时也具有 CAN 通信功能，收到允许充电信号后，将输入 220V 交流电，经过滤波整流后，通过升压电路和降压电路，转换为直流电，并且输出适合的电压、电流，进而对动力蓄电池进行充电。

图 1－1－14 车载充电机

（八）DC－DC 转换器

在新能源汽车上，DC－DC 转换器是一个将高压直流电转换为低压直流电的装置。在传统燃油汽车上，内燃机工作带动发电机转动，从而持续发出低压电给全电气设备供电，同时给动力蓄电池充电。

（九）高压维修开关

高压维修开关（见图1-1-15）可以为纯电动汽车及混合动力汽车的高压电力系统在维修时提供安全的维修环境，也可以对电力系统起到安全保护作用。一般在新能源汽车保养及维修时，都要先断开高压维修开关，这样可以在维修时起到防短路的保护作用。

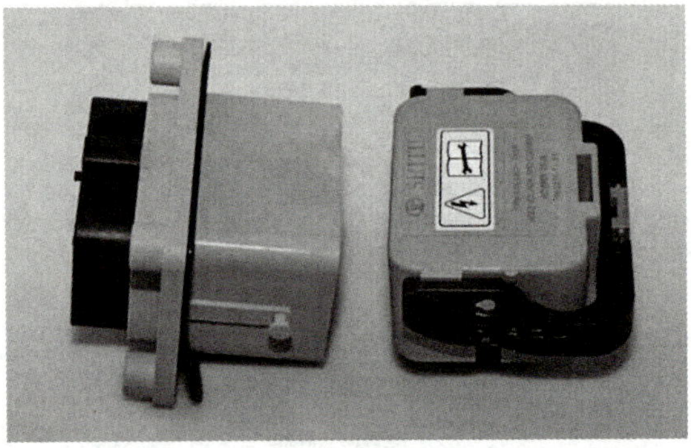

图1-1-15　高压维修开关

（十）高压线束

高压线束（见图1-1-16）是高压电源传输的媒介，可以将高压系统上各个部件相连。高压线束与低压线束的区别是，高压线束带有高压电，它的输电能力对整车高压系统的稳定性影响很大。

图1-1-16　高压线束

（十一）充电接口

充电接口（见图1-1-17）是指用于连接活动电缆和新能源汽车的充电部件，由充电插座和充电插头两部分构成。其中，充电插头用于新能源汽车传导充电，它与充电插座的结构耦合，并与活动电缆装配连接；充电插座是安装在新能源汽车上用于耦合充电插头的部件。

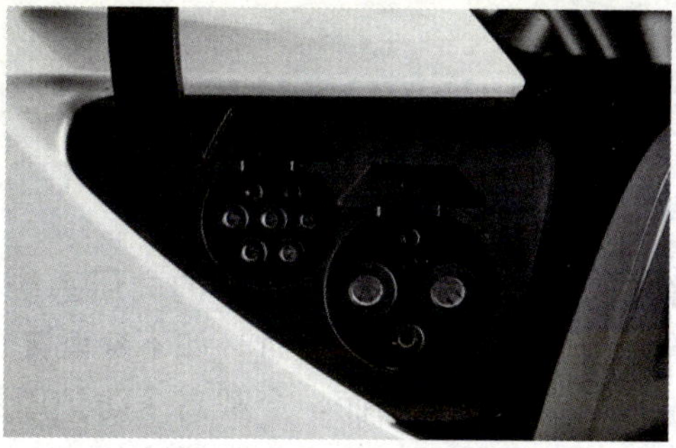

图 1－1－17 充电接口

三、新能源汽车各高压部件带电情况

新能源汽车各高压部件带电情况如图 1－1－18 所示。

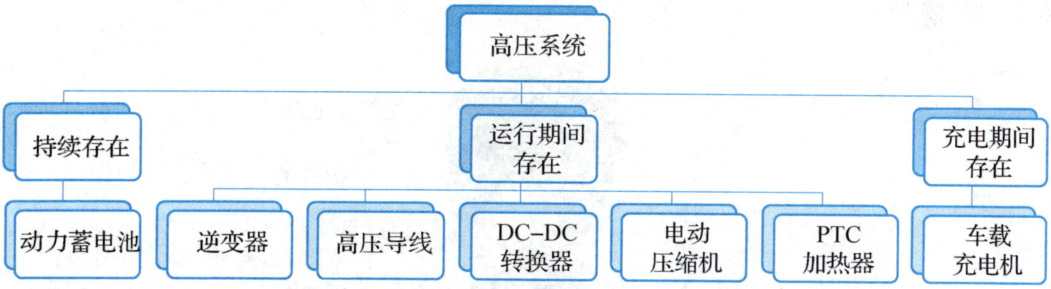

图 1－1－18 新能源汽车各高压部件带电情况

（一）持续存在

由于动力蓄电池始终储存有电能，只要满足动力蓄电池的放电条件，动力蓄电池将持续存在高电压。

（二）运行期间存在

当点火开关处于 ON、RUN 或其他运行状态下时，各高压部件存在高电压。

（三）充电期间存在

充电系统部件仅在车辆充电期间存在高电压。有些车辆的车载充电机和动力蓄电池设计有空调冷却系统，在车辆充电期间，由于动力蓄电池可能产生很高的热量，因此车载空调系统会运行来降低动力蓄电池的温度。

引导问题 3：

查阅相关资料，简述新能源汽车维修过程中常用的高压防护用品。

____

____

____

知识点提示

高压防护用品的认知与使用

微课视频

新能源汽车高压安全与防护

一、高压防护用品的作用

新能源汽车一般有高达上百伏的高压系统，超过了安全电压范围。在对高压系统进行保养或维修时，如不穿戴高压防护用品，将可能对工作人员造成电击伤害。因而，穿戴高压防护用品可以降低高压部件对汽车保养或维修工作人员的电击伤害风险。

二、高压防护用品的种类及使用注意事项

高压防护用品的种类：高压警告标识及隔离带等为车间高压防护用品；绝缘手套、护目镜、绝缘安全鞋、绝缘安全帽及高压防护服等为个人高压防护用品，具体如图 1－1－19 所示。

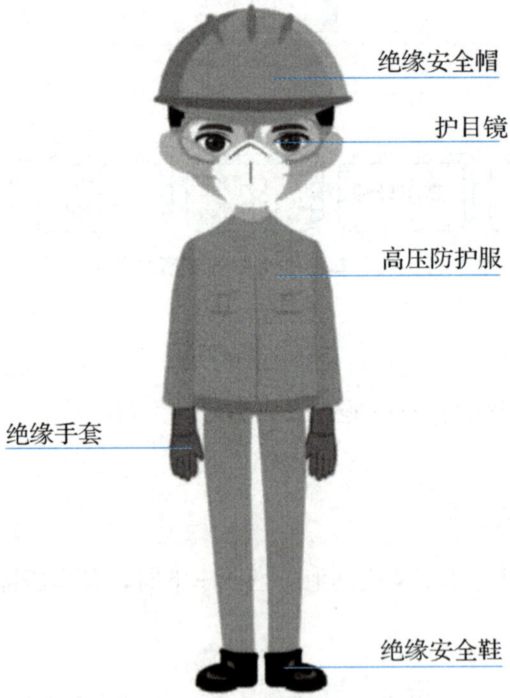

图 1－1－19　个人高压防护用品

（一）高压警告标识及隔离带

在高压维修工位或车辆、高压部件附近放置明显的高压警告标识及隔离带，以防无关人员进入工位或触摸高压部件，发生触电事故。

（二）绝缘手套

绝缘手套又叫高压绝缘手套，是用绝缘橡胶或乳胶经压片、模压、硫化或浸模成型的五指手套，主要在电工作业时对手及人体起保护作用。

使用注意事项：

（1）外观检查。观察绝缘手套有无污垢、划痕、开裂。

（2）耐压等级检查。根据相关规定，绝缘手套上必须有明显且持久的标识，内容包括标识符号、使用电压等级、规格型号、最大使用电压、制造单位或商标、检验合格印章，贴有经试验单位定期试验的合格证等信息，如图 1-1-20 所示。绝缘手套耐压等级按照国家标准《带电作业用绝缘手套》（GB/T 17622-2008）的规定共分为 5 级，各等级适用电压见表 1-1-2。

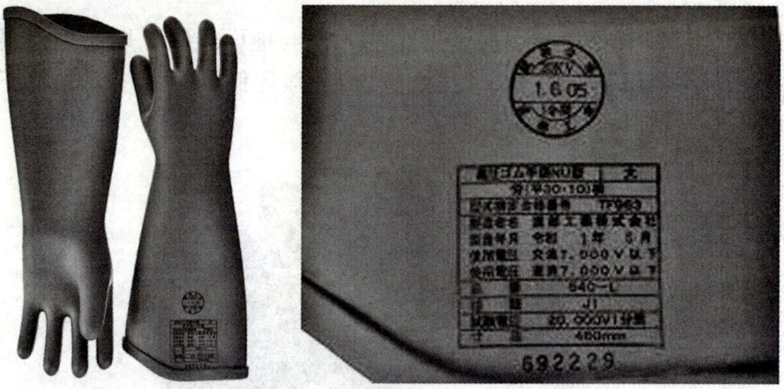

图 1-1-20　绝缘手套等级标识

表 1-1-2　绝缘手套各等级适用电压

等级	0	1	2	3	4
适用电压（V）	380	3 000	10 000	20 000	35 000

（3）气密性检查。将绝缘手套从口部向上卷，稍用力将空气压至手掌及指头部分检查上述部位有无漏气。如果有漏气，则不能使用。

（4）使用时，注意防止尖锐物体刺破绝缘手套。

（5）使用绝缘手套时，应将上衣袖口套入绝缘手套筒口内。

（三）护目镜

护目镜（见图 1-1-21）除正面防护眼睛外，还应该具有侧面防护功能，以防维修过程中产生的电火花及动力蓄电池的电解液对眼睛造成伤害。

使用注意事项：

（1）观察护目镜的镜面有无破损、刮花。

（2）护目镜的宽窄和大小要适合使用者的脸型。

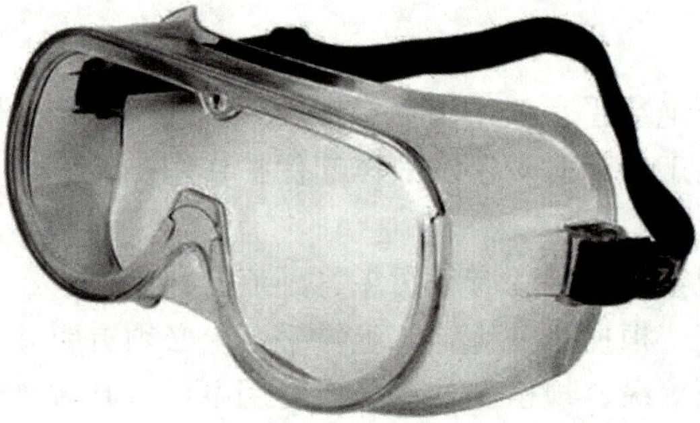

图 1-1-21　护目镜

（四）绝缘安全鞋

绝缘安全鞋（见图 1-1-22）的作用是使人体与地面绝缘，以防电流通过人体与地面构成通路，对人体造成电击伤害，把触电时的危险降低到最低程度。它还能防止试验电压范围内的跨步电压对人体造成危害。

图 1-1-22　绝缘安全鞋

使用注意事项：

（1）检查绝缘安全鞋的表面是否清洁、有无油垢或灰尘，鞋底有无扎伤，底部花纹是否清晰、有无磨平或受潮现象，是否超过绝缘周期。

（2）使用过程中严禁与锐器、高温、酸碱类或其他腐蚀性物品接触。

（3）使用过程中如果鞋有腐蚀、破损之处，则不能再使用。

（五）绝缘安全帽

绝缘安全帽是工作人员在进行底盘检查时防止物体打击、坠落碰撞头部或掉落的高压线漏电击中头部的防护装置，如图 1-1-23 所示。

图 1-1-23　绝缘安全帽

使用注意事项：

（1）使用前检查有无裂痕、是否磨损严重、有无受过重击变形。

（2）对于新领用的绝缘安全帽，应检查是否有劳动部门允许生产的证明及产品合格证。

（3）使用时，选择正确电压等级的绝缘安全帽。

（六）高压防护服

维修高压系统时，必须穿非化纤类（纯棉等非化工合成材质）的高压防护服（见图 1-1-24），它可以为新能源汽车操作与维修工作人员提供安全保障。注意：化纤类的工作服会产生静电，并且当发生火灾事故时，化纤会在高温环境下粘连人体皮肤，对工作人员造成严重的二次伤害。

图 1-1-24 高压防护服

使用注意事项：

（1）应当选择防静电、耐摩擦的面料制作的高压防护服。

（2）高压防护服的要求是收口，下摆、袖口、裤腿都可以扣起来，能有效减小衣服卡入车辆缝隙中的概率，提高作业安全性。

（3）穿用高压防护服时，还需要与绝缘安全鞋配套使用。

（4）禁止在高压防护服上附加或佩戴任何金属物件。

任务实施

认识北汽 EV160 高压部件

一、任务描述

通过学习新能源汽车高压系统各部件，掌握各高压部件的名称及功能，进行实训认知操作。

二、实训目标

（1）能正确认识北汽 EV160 高压系统各部件。

（2）能够说出北汽 EV160 高压系统的组成。

（3）培养高压安全意识。

三、实训准备

1. 设备及工具准备

序号	设备及工具名称	数量
1	北汽 EV160	1 辆
2	安全防护装置	1 套
3	绝缘工具	1 套

2. 场地设备准备

（1）任务实施前，需要做好场地防护准备，检查实训场地和设备设施是否存在安全隐患，如发现不正常的地方，需及时报告老师或实验员进行处理，完成后方可实施任务。

（2）本实训任务用到实车，任务实施前需要在车辆周围围上隔离带，并摆上注意安全提示牌。

3. 安全防护准备

（1）将点火开关挡位旋至 OFF 挡。

（2）做好车辆安全准备工作。

（3）断开低压蓄电池负极电缆和维修开关。

四、实训操作

步骤	记录内容
1	北汽 EV160 高压系统的组成
2	标注出下图中各部件的名称 
重难点	
认知实训车辆上的各高压部件	

续表

7S 现场管理			
序号	操作步骤	完成情况	备注
1	建立安全操作环境	已完成□　未完成□	
2	清理及整理工具量具	已完成□　未完成□	
3	清理及复原设备	已完成□　未完成□	
4	清理场地	已完成□　未完成□	
5	物品回收和环保	已完成□　未完成□	
6	完善和检查工单	已完成□　未完成□	
实训总结			

高压防护用品的认知

一、任务描述

通过学习新能源汽车高压防护用品，完成对高压防护用品名称的认知、外观的检查，同时完成对防护用品绝缘等级的读取等实训操作。

二、实训目标

（1）能正确认识高压防护用品。
（2）能够正确穿戴高压防护用品。
（3）能够正确完成场地高压警告标识及隔离带的布置。

三、实训准备

1. 设备及工具准备

序号	设备及工具名称	数量
1	高压防护用品	1套
2	高压警告标识及隔离带	1套

2. 场地设备准备

（1）任务实施前，需要做好场地的清理工作，如发现不正常的地方，需及时报告老师或实验员进行处理，完成后方可实施任务。

（2）准备好展台，便于摆放高压防护用品。

四、实训操作

步骤	作业内容	记录结果	
1	设置隔离带	是☐	否☐
2	悬挂安全警示牌	是☐	否☐
3	检查高压防护服	是☐	否☐
4	检查是否佩戴金属物件	是☐	否☐
5	检查绝缘安全鞋外观	良好☐	破损☐
6	检查绝缘安全鞋耐压等级____________ V		
7	检查绝缘安全帽外观	良好☐	破损☐
8	检查绝缘安全帽合格证	良好☐	不合格☐
9	佩戴并调整绝缘安全帽	是☐	否☐
10	检查护目镜外观	良好☐	破损☐
11	规范佩戴护目镜	是☐	否☐
12	检查绝缘手套外观	良好☐	破损☐
13	检查绝缘手套耐压等级____________ V		
14	检查绝缘手套气密性	良好☐	漏气☐
15	规范佩戴绝缘手套	是☐	否☐

重难点

1. 认知各高压防护用品；
2. 检查高压防护用品并正确穿戴

7S 现场管理

序号	操作步骤	完成情况	备注
1	建立安全操作环境	已完成☐　未完成☐	
2	清理及整理工具量具	已完成☐　未完成☐	
3	清理及复原设备	已完成☐　未完成☐	
4	清理场地	已完成☐　未完成☐	
5	物品回收和环保	已完成☐　未完成☐	
6	完善和检查工单	已完成☐　未完成☐	

实训总结

任务二 新能源汽车绝缘工具认识与使用

任务目标

知识目标

1. 掌握新能源汽车绝缘工具的类型和功能。
2. 掌握新能源汽车检测仪器的类型和功能。
3. 掌握绝缘工具的使用方法和注意事项。

技能目标

1. 能正确检测绝缘工具的绝缘性能。
2. 能正确使用绝缘拆装工具。
3. 能正确使用钳形电流表。
4. 能正确使用数字式绝缘万用表。
5. 能正确使用数字式绝缘电阻表。

素养目标

1. 培养严谨细致的职业素养。
2. 具备高压安全操作意识。
3. 培养规范工作的良好习惯。

知识索引

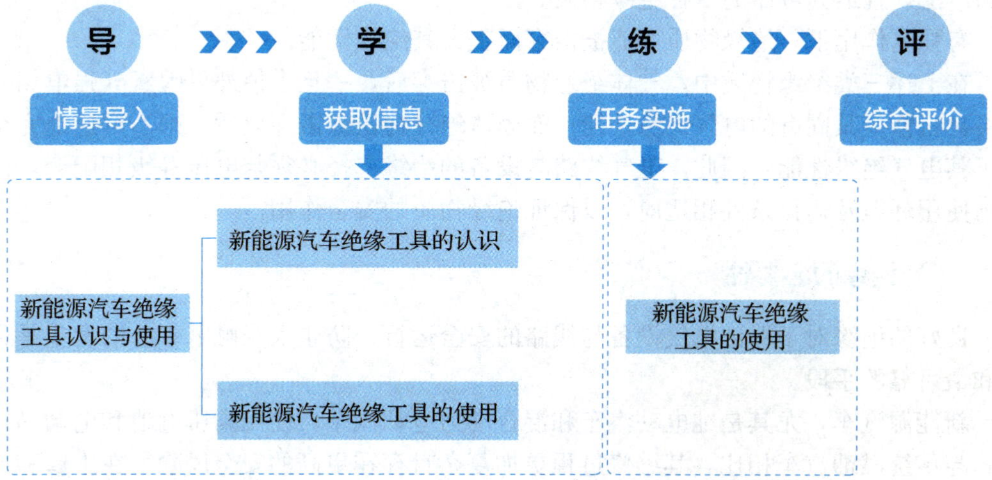

情景导入

小李在一家修理厂从事传统燃油汽车的维修工作。随着新能源汽车的快速发展，小李想学习新能源汽车的维修，工友建议找一些新能源汽车绝缘工具的相关资料，先学习新能源汽车绝缘工具的使用。

获取信息

引导问题 1：

查阅相关资料，简述新能源汽车维修常用的绝缘拆装工具、检测仪表、诊断仪器。

____

____

____

知识点提示

新能源汽车绝缘工具的认识

在新能源汽车的维修中，涉及高压系统部件的检测和维修时，必须使用绝缘工具，以确保人员安全。新能源汽车维修人员必须熟练识别和使用各类绝缘拆装工具、检测仪表和诊断仪器。

一、绝缘拆装工具

（一）绝缘的概念

绝缘是指使用不导电的物质将带电体隔离或包裹起来，以避免触电的一种安全措施。

绝缘通常可分为气体绝缘、液体绝缘和固体绝缘三类。在实际应用中，固体是使用最为广泛，且最为可靠的一种绝缘物质。

有强电作用下，绝缘物质可能被击穿而丧失其绝缘性能。

在上述三类绝缘物质中，气体绝缘物质被击穿后，一旦去掉外界因素（强电场）后即可自行恢复其固有的电气绝缘性能；而固体绝缘物质被击穿以后，则不可逆地完全丧失了其电气绝缘性能。因此，电气线路与设备的绝缘选择必须与电压等级相配合，而且须与使用环境及运行条件相适应，以保证绝缘物质的安全作用。

（二）绝缘的必要性

良好的绝缘对于保证电气设备与线路的安全运行、防止人身触电事故的发生是最基本和最可靠的手段。

新能源汽车，尤其是纯电动汽车和混合动力电动汽车，使用高压电池和电动马达技术，与传统燃油汽车相比，其维修过程更加复杂且存在更高的安全风险。在维修和保养新能源汽车时，维修人员可能会接触到高压部件和系统，如动力蓄电池组、电机控制器等。如果不使用绝缘工具，一旦工具或维修人员与高压部件接触导致短路，可能会引发严重的安全事故，如电击、火灾甚至爆炸。

（三）绝缘拆装工具简介

绝缘拆装工具是采用绝缘材料加工制成的，经过特殊设计，在对新能源汽车高压系统部件进行维修或更换时，能够有效防止电流通过，保护维修人员免受电击，同时减少意外事故的发生。

绝缘拆装工具与普通拆装工具大致相同，但装有耐压 1 000V 以上的绝缘柄。

常用的绝缘拆装工具有开口扳手、梅花扳手、套筒扳手、内六角扳手、活动扳手、预置力扭力扳手、指针式扭力扳手、十字形螺丝刀、手钳、绝缘手锤、鹰嘴剥线钳等，如图 1-2-1～图 1-2-11 所示。

图 1-2-1　开口扳手

图 1-2-2　梅花扳手

图 1-2-3　套筒扳手

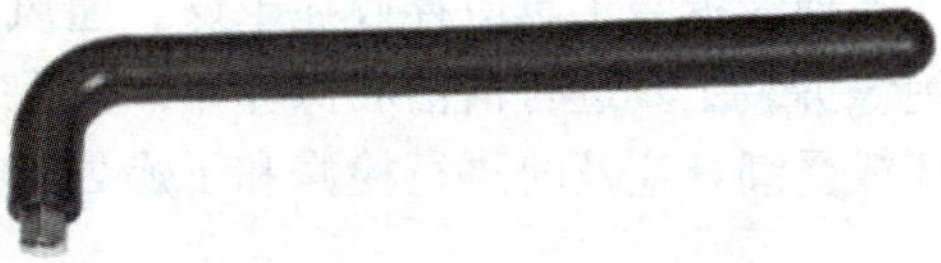

图 1-2-4　内六角扳手

图 1-2-5　活动扳手

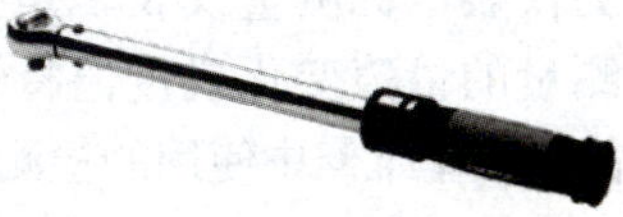

图 1-2-6　预置力扭力扳手

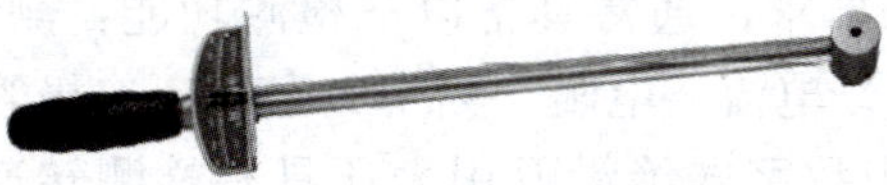

图 1-2-7　指针式扭力扳手

图 1-2-8　十字形螺丝刀

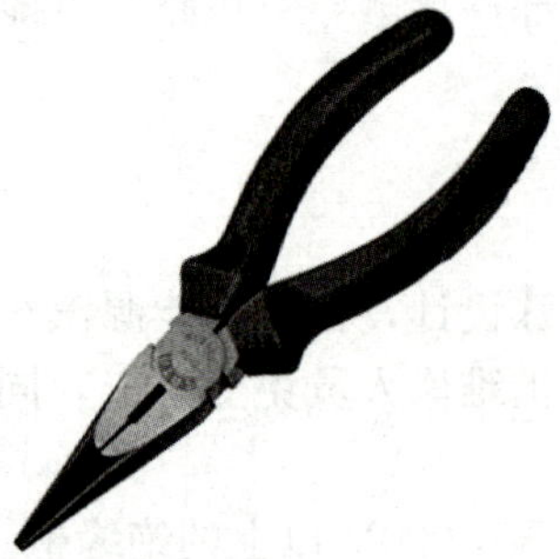

图 1-2-9　手钳

图 1-2-10　绝缘手锤

图 1-2-11　鹰嘴剥线钳

（四）绝缘拆装工具的存放与保养

绝缘拆装工具应存放在干燥、通风、无尘的环境中，以防受潮或被污染。应定期对绝缘拆装工具进行清洁和保养，以确保其处于良好的工作状态。如发现绝缘拆装工具损坏或受潮，应及时进行检修和干燥处理，经试验合格后方可再次使用。

二、检测仪表

检测仪表也称测量仪表，是指能正确感受和反映被测量物大小的仪表。它能够用来确定被测量的量值变化或量值特性、状态和成分。

新能源汽车维修中使用的检测仪表有数字式绝缘万用表、绝缘电阻表、钳形电流表等。

（一）数字式绝缘万用表

数字式绝缘万用表是一种多用途电子测量仪器。数字式绝缘万用表具有液晶屏幕显示、输入连接提示、全符号显示、全量程过载保护和独特的外观设计。数字式绝缘万用表及按键功能如图 1-2-12 所示。

数字式绝缘万用表应符合 CATⅢ安全级别的要求，通常具备以下检测功能：测量交流/直流（AC/DC）电压、交流/直流（AC/DC）电流、电阻、频率、温度、二极管、晶体管、电容、绝缘测试（低压）。有些汽车专用数字式绝缘万用表还具有检测转速、占空比、脉冲宽度及其他功能。

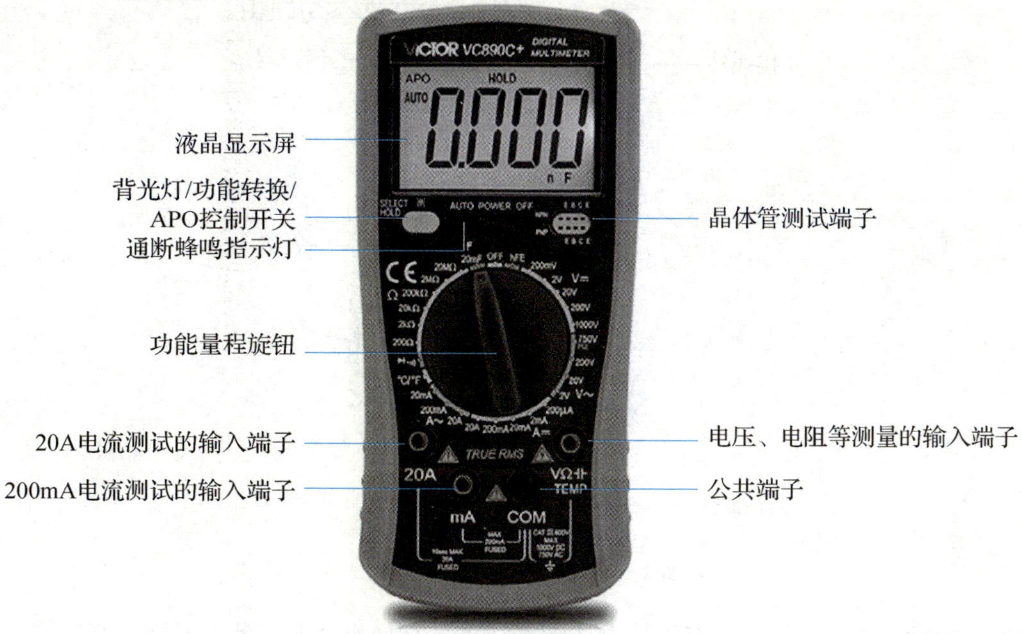

图 1-2-12　数字式绝缘万用表及按键功能

（二）绝缘电阻表

汽车的运行情况非常复杂，在运行过程中难免出现部件之间的相互碰撞、摩擦、挤压，导致高压电路的绝缘性下降。电源正、负极引线将通过绝缘层和底盘构成漏电流回路。当高压电路和底盘之间发生多点绝缘性能下降时，还会导致漏电回路的热积累效应，可能造成车辆的电气火灾。因此，高压电气系统相对车辆底盘的电气绝缘性能实时检测是新能源汽车电气安全技术的核心内容。

检测电气绝缘性能时需要使用专用的绝缘测试仪器，测量高压电缆及零部件对车身绝缘电阻是否处于规定值范围内。能够进行绝缘测试的仪器有很多，如数字万用表、绝缘电阻表、绝缘测试多用表和耐压测试仪等，最常用的测试仪器就是绝缘电阻表。

绝缘电阻表又称兆欧表、摇表、梅格表，是用来测量大电阻和绝缘电阻的检测仪表，计量单位是兆欧（MΩ）。绝缘电阻表是电工常用的一种测量仪表，主要用来检查电气设备或电气线路对地及相间的绝缘电阻，以保证这些设备和线路在正常工作状态，避免发生触电伤亡及设备损坏等事故。

1. 手摇式绝缘电阻表

手摇式绝缘电阻表（见图 1-2-13）广泛适用于各种现场环境的绝缘电阻测量，操作简便，能够提供各测试挡位稳定的直流电压输出。

2. 数字式绝缘电阻表

数字式绝缘电阻表（见图 1-2-14）有多种电压输出选择，测量电阻量程范围可达 0～400GΩ；有模拟指针和数字两种方式显示绝缘阻值；具有交直流两用、自动计算各

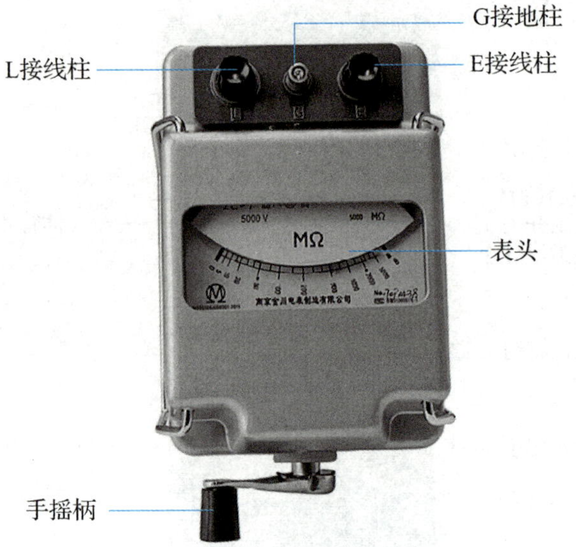

图 1-2-13　手摇式绝缘电阻表

种绝缘指标、各种测量结果有防掉电功能等特点。它是测量大容量变压器、互感器、发电机等绝缘电阻的理想测试仪器。

图 1-2-14　数字式绝缘电阻表

选用绝缘电阻表时，规定绝缘电阻表的电压等级应高于被测物的绝缘电压等级。测量额定电压在 500V 以下的设备或线路的绝缘电阻时，可选用 500V 或 1 000V 的绝缘电阻表；测量额定电压在 500V 以上的设备或线路的绝缘电阻时，应选用 1 000～2 500V 的绝缘电阻表；测量绝缘子时，应选用 2 500～5 000V 的绝缘电阻表。

（三）钳形电流表

钳形电流表又称数字式电流钳，是一种可以在不把导线切断，不需要串联在电路中就可进行电流检测的仪器。在测量电流时，通常需将被测电路断开，才能将电流表接入进行测量，这是很麻烦的，有时正常运行的电动机不允许这样做。而使用钳形电流表测量电流时，可以在不断开电路的情况下进行。

钳形电流表由钳口、钳口扳、数字显示屏、电流互感器和功能转换开关组成，如图 1-2-15 所示。

图 1-2-15 钳形电流表的组成

捏紧钳口扳时，电流互感器的铁心张开，不必切断导线被测电流就可穿过铁心张开的缺口，放开钳口扳后铁心闭合，穿过铁心的被测电路导线就成为电流互感器的一次线圈，其中通过电流便在二次线圈中感应出电流，从而使与二次线圈相连接的电流表有指示，这样就可以测出被测线路的电流。

为了使用方便，表内还有不同量程的转换开关用来测量不同等级的电流及电压。钳形电流表可以通过转换开关的拨挡，改换不同的量程，拨挡时不允许带电操作。

三、诊断仪器

（一）动力蓄电池维修诊断仪

新能源汽车更换动力蓄电池组内部某组电池后，需要对更换的这组电池执行性能匹配，以保证新的电池组和整个电池包性能一致，这便需要使用专用的动力蓄电池维修与诊断工具来辅助完成。通常，动力蓄电池维修诊断仪支持动力蓄电池的放电、电池单元维修等操作，并支持动力蓄电池组数据的检测和通过 USB 进行车型软件的升级。

（二）故障诊断仪

汽车电控系统故障诊断仪用于对应车型的故障诊断，也称解码器、故障扫描仪等。不同车型采用的故障诊断仪不同，如北汽新能源汽车采用 BAICBJEV 的诊断系统，将诊断软件安装在计算机终端上，通过通信电缆（诊断盒子）与车载 OBD 诊断座连接，与车辆的控制模块通信进行故障诊断。比亚迪新能源汽车使用的故障诊断仪为 ED400，可以实现读取与清除故障码，数据流读取，执行元件动作测试，系统基本设定，控制模块的软件升级、编程、编码及 ABS 主缸排气等功能。

引导问题 2：

查阅相关资料，简述绝缘拆装工具、钳形电流表和数字式绝缘万用表的使用方法和注意事项。

____

____

____

知识点提示

新能源汽车绝缘工具的使用

一、绝缘拆装工具的使用

使用绝缘拆装工具时，必须关注安全问题，选择合适的工具，正确使用并进行保养维护，这样才能更好地发挥绝缘拆装工具的作用。

（一）安全注意事项

（1）使用绝缘拆装工具前，必须确认电源已经关闭或电路已经断开，以免发生电击或短路等危险情况。

（2）在使用绝缘拆装工具时，应避免直接触摸电路或设备上的金属部分，可穿戴绝缘手套或绝缘安全鞋进行保护。

（3）若在高处或复杂的环境下操作，应注意自身安全，正确穿戴防护用品。

（二）正确使用注意事项

（1）在拆卸或安装绝缘件时，应使用合适的工具，不得使用损坏或不适合的工具。

（2）操作时应轻松而有力地抓握绝缘拆装工具，避免手部滑动或损伤绝缘部件。

（3）在使用螺丝刀等工具拧紧或松开螺丝时，应以适当的速度逆时针或顺时针旋转，不得过度用力或反复拆卸，以免对设备造成损伤或影响后续的工作。

（三）保管保养注意事项

（1）常规清洁绝缘拆装工具，避免工具表面沾上粉尘或其他杂物，影响使用效果。

（2）避免将绝缘拆装工具放在潮湿、阳光直射或其他有害的环境下，以免影响其绝缘性能和使用寿命。

（3）不要弯曲或切割绝缘拆装工具，切勿在硬表面上撞击或敲打绝缘部分，以免影响其绝缘性能和使用寿命。

（4）如发现绝缘拆装工具损伤或受潮，应及时进行检修和干燥处理，实验合格后方可使用。

（5）必须按规定对绝缘拆装工具进行定期绝缘性能实验，不符合实验要求的，禁止使用。

二、钳形电流表的使用

（一）测量前注意事项

首先要根据被测电流的种类及电压等级正确选择钳形电流表，被测线路的电压要低于钳形电流表的额定电压。测量高压线路的电流时，应选用与其电压等级相符的高压钳形电流表。低电压等级的钳形电流表只能测量低压系统中的电流，不能测量高压系统中的电流。

其次是在使用前要正确检查钳形电流表的外观情况，一定要检查钳形电流表的绝缘性能是否良好，外壳应无破损，手柄应清洁干燥。若指针没有在零位，应进行机械调零。钳形电流表的钳口应紧密接合，若指针抖晃，可重新开闭一次钳口，如果抖晃仍然存在，应仔细检查，注意清除钳口杂物、污垢等，然后进行测量。

由于钳形电流表要接触被测线路，因此钳形电流表不能测量裸导体中的电流。用高压钳形电流表测量时，应由两人操作，测量时应戴绝缘手套，站在绝缘垫上，不得触及其他设备，以防短路或接地。

（二）测量方法和步骤

（1）要根据被测电流大小来选择合适的钳形电流表的量程。选择的量程应稍大于被测电流的数值，若无法估计，为防止损坏钳形电流表，应从最大量程开始测量，逐步变换挡位直至合适量程。严禁在测量过程中切换钳形电流表的挡位，换挡时应先将被测导线从钳口退出再更换挡位。

（2）应按紧钳口扳，使钳口张开，将被测导线放入钳口中间，然后松开钳口扳使钳口闭合紧密。钳口的结合面如有杂声，应重新开合一次，若仍有杂声，应处理结合面，以使读数准确。另外，不可同时钳住两根导线。

（3）打开被测装置，读取电流值。如需测量变化的电流，应在上一步的基础上按下 MAX 键后再打开钳形电流表。

（4）读数后，将钳口张开，将被测导线退出，将挡位置于电流最高挡或 OFF 挡。

（三）使用注意事项

（1）当测量小于 5A 的电流时，为使读数更准确，在条件允许时，可将被测载流导线绕数圈后放入钳口进行测量。此时被测载流导线的实际电流值应等于仪表读数值除以放入钳口的导线圈数。

（2）测量时应注意身体各部分与带电体保持安全距离，低压系统安全距离为不小于 0.3m。测量高压电缆各相电流时，电缆头线间距离应在 300mm 以上，且绝缘良好，待认为测量方便时，方能进行。观测表计时，要特别注意保持头部与带电部分的安全距离，人体任何部分与带电体的距离不得小于钳形电流表的长度。

（3）测量低压可熔保险器或水平排列低压母线电流时，应在测量前将各相可熔保险丝或母线用绝缘材料加以保护隔离，以免引起相间短路。当电缆有一相接地时，严禁测量，防止因电缆头的绝缘水平低发生对地击穿爆炸而危及人身安全。

（4）测量结束后，钳形电流表的开关要拨至最大量程挡，以免下次使用时不慎过流，并应保存在干燥的室内。

三、数字式绝缘万用表的使用

下面以 FLUK 1587FC 数字式绝缘万用表为例，介绍其使用方法。

（一）旋转开关挡位及按钮、输入端子功能介绍

1. 旋转开关挡位

选择任何测量功能挡即可打开仪表，仪表为该功能挡提供了标准显示屏（量程、测量单位、组合键等）。使用蓝色按钮可选择旋转开关任意的可选功能（以蓝色字母标识）。旋转开关如图 1-2-16 所示，其挡位测量功能说明见表 1-2-1。

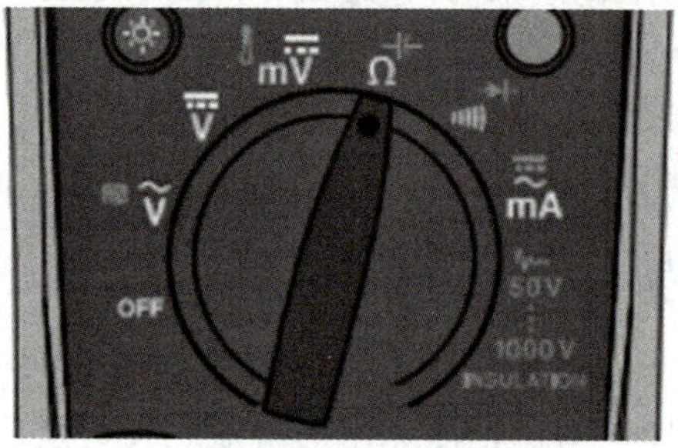

图 1-2-16　旋转开关

表 1-2-1　旋转开关挡位测量功能说明

旋转开关挡位	测量功能
OFF	产品已断电
$\tilde{V}$	从 30mV 到 1 000V 的交流电压
LO	交流电压，带有 800Hz VFD 低通滤波器
$\overline{V}$	从 1mV 到 1 000V 的直流电压
$m\overline{V}$	DC mV，直流毫伏：从 0.1mV 到 600mV
🌡	温度范围：从－40℃到＋537℃（－104.0℉到＋998.6℉）。 摄氏度是默认的温度测量单位。关闭仪表后，所选择的温度测量参数值会保留在内存中
Ω	欧姆：从 0.1Ω 到 50MΩ
⊣⊢	电容：从 1nF 到 9 999μF
)))))	通断性测试：蜂鸣器在小于 25Ω 时打开，在大于 100Ω 时关闭

续表

旋转开关挡位	测量功能
	二极管测试。此功能无量程，超过 6.600V 将显示 0L
≂ mA	AC mA（交流毫安）：从 3.00mA 至 400mA（600mA 过载最长达 2min） DC mA（直流毫安）：从 0.01mA 至 400mA（600mA 过载最长达 2min）
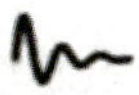 50V ⋮ 1 000V INSULATION	欧姆：从 0.01MΩ 到 2GΩ。关闭仪表时，最后选择的输出电压设置会保留在内存中
	使用以下电源执行绝缘测试： 50V、100V、250V、500V（默认）和 1 000V 电源
	按下蓝色按钮可在绝缘测试过程中激活平滑功能

2. 按钮

使用仪表按钮可以扩充旋转开关功能的特性。仪表按钮如图 1-2-17 所示，对应的功能见表 1-2-2。

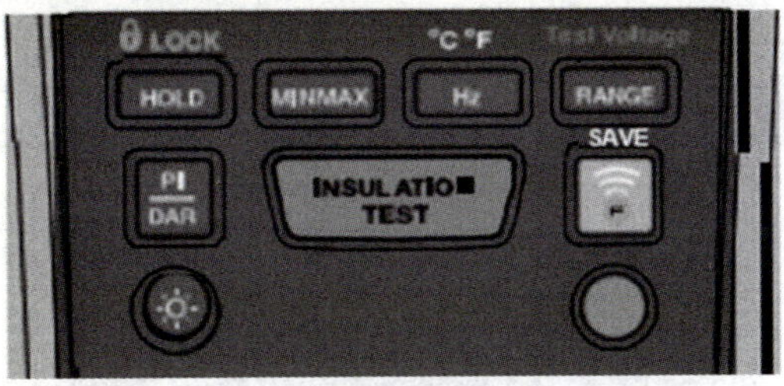

图 1-2-17　仪表按钮

表 1-2-2　仪表按钮功能

仪表按钮	功能描述
HOLD	按下时将使显示值保持不变，再次按下将释放显示值。 当读数改变时，显示屏会自动更新，仪表发出蜂鸣声。 在绝缘测试模式下，当下一次按下仪表或远程探头上的 INSULATION TEST 时该按钮将预设一个测试锁。测试锁可以将按钮保持在按下状态，直到再次按下“HOLD”或进行解锁。 在 MIN MAX AVG 或 Hz 模式中，此按钮属于“显示保持”按钮
MINMAX	按下该按钮将保留最大值、最小值和平均值。连续按下可显示最大值、最小值、平均值和当前值。按住该按钮将取消 MIN MAX AVG 功能
Hz	激活频率测量功能

续表

仪表按钮	功能描述
RANGE	将量程模式从自动（默认）改为手动，在某一功能的可用量程之间切换。按住该按钮将返回自动量程模式。 在“绝缘测试”模式中用于切换可用电源电压。 可用于切换摄氏度和华氏度
	打开或关闭背光灯。背光灯会在 2min 后熄灭
INSULATION TEST	当旋转开关位于“绝缘”挡位时将对绝缘测试进行初始化，使仪表获取（输出）高压，并测量绝缘电阻
	蓝色按钮可作为 Shift 键使用。按下该按钮将访问旋转开关上的蓝色功能
PI DAR	配置测试仪以便用于极化指数（PI）或介质吸收比测试（DAR）。 按下该按钮可配置 PI 模式，再次按下可配置 DAR 模式。 按下 INSULATION TEST 时开始测试
	AC mA（交流毫安）：从 3.00mA 至 400mA（600mA 过载最长达 2min） DC mA（直流毫安）：从 0.01mA 至 400mA（600mA 过载最长达 2min）

3. 输入端子

仪表输入端子如图 1-2-18 所示，对应的功能见表 1-2-3。

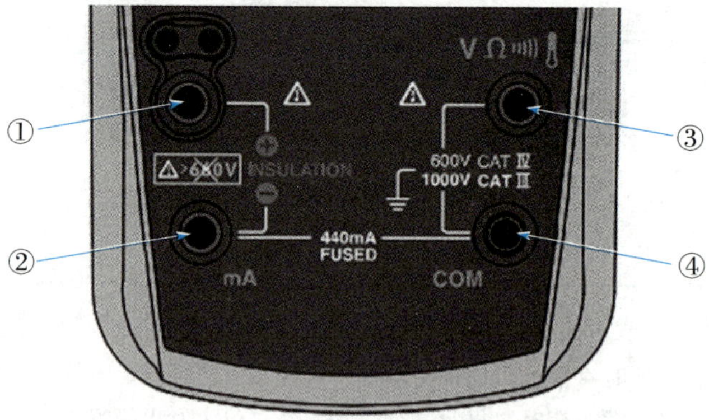

图 1-2-18　仪表输入端子

表 1-2-3　仪表输入端子功能

仪表输入端子	功能描述
①	用于绝缘测试的“+”输入端子
②	用于绝缘测试的“−”输入端子。用于测量 400mA 以内的交流和直流电及电流频率
③	电压、通断性、电阻、二极管、电容、电压频率和温度测量的输入端子
④	用于绝缘测试以外的所有测量的公共（返回）端子

（二）基本操作方法

在连接测试引线到电路或设备时，先连接公共（COM）测试引线，再连接带电的引线；在断开测试引线时，先断开带电的引线，再断开公共测试引线。

为了防止发生触电、火灾或人身伤害，应注意：测量电阻、电容或测试二极管和通断性之前，请先断开电源并为所有高压电容器放电；测量电流时，先断开电路电源，再将产品接入电路中（将产品与电路串联连接）。

为了提高测量准确度，测量交流电压的直流偏移时，应先测量交流电压。记下交流电压的量程，然后手动选择与该交流电压量程相同或更大的直流电压量程。这样做可以确保输入保护电路未被激活，从而改善直流电压测量准确度。

1. 测量交流和直流电压

测量交流和直流电压的方法如图 1-2-19 所示。

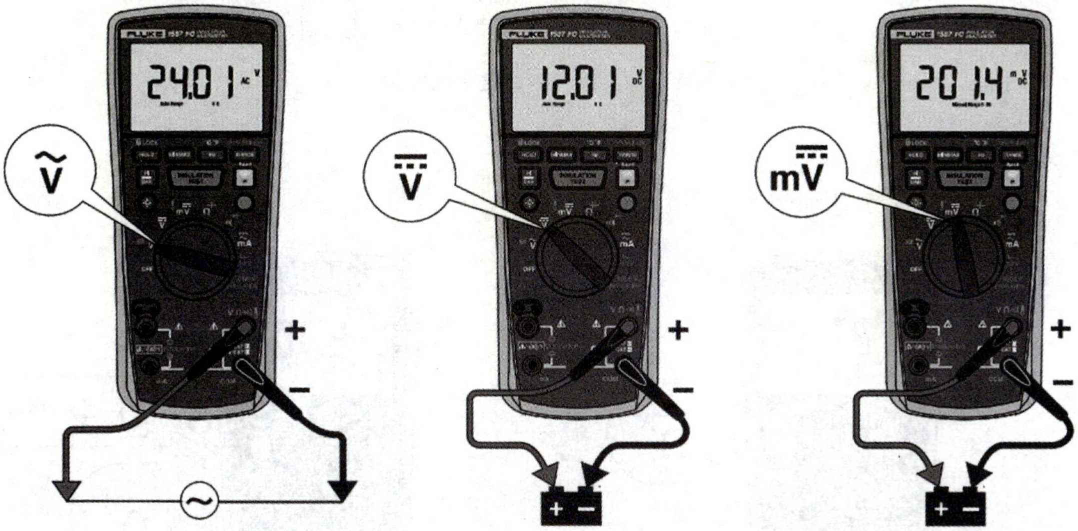

（a）交流电压　（b）直流电压　（c）直流微电压

图 1-2-19　测量交流和直流电压的方法

2. 测量温度

该仪表可以测量随附的 K 型热电偶的温度。按 RANGE 按钮可在摄氏度（℃）与华氏度（℉）之间切换。

为防止对仪表或其他设备造成损坏，请注意尽管仪表的额定温度为−40～537℃（−104.0～998.6℉），但随附 K 型热电偶的额定温度高达 260℃（500℉）。对于超出量程的温度，要使用更高额定温度的热电偶。

测量温度的方法如图 1-2-20 所示。

3. 测量电阻

测量电阻的方法如图 1-2-21 所示。

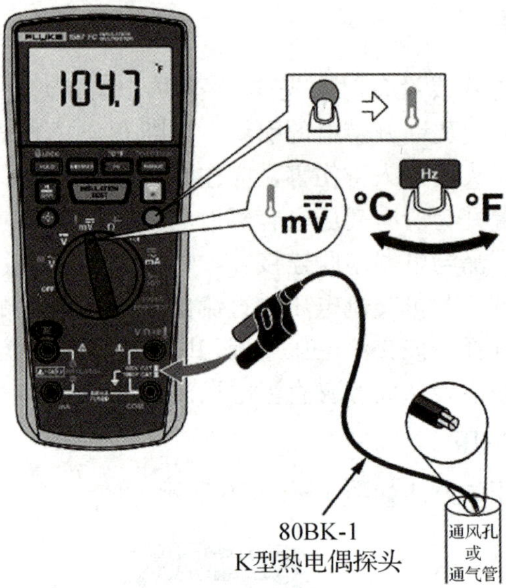

图 1-2-20　测量温度的方法

4. 测量电容

测量电容的方法如图 1-2-22 所示。

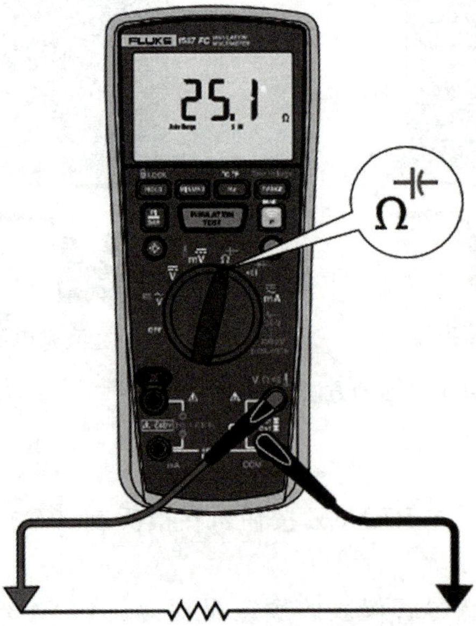

图 1-2-21　测量电阻的方法

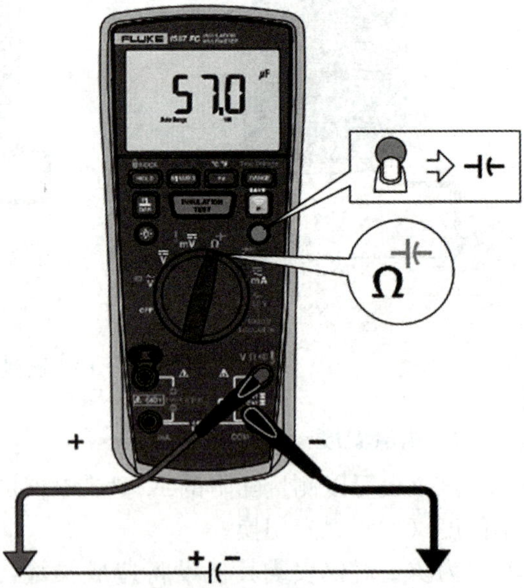

图 1-2-22　测量电容的方法

5. 通断性测试

通断性测试是利用蜂鸣器的声音来表示电路导通。蜂鸣器能够快速进行通断性测试，而不必看着万用表的显示。要测试通断性，可按图 1-2-23 所示设置仪表。蜂鸣器会在检测到短路（小于 25Ω）时发出声音。

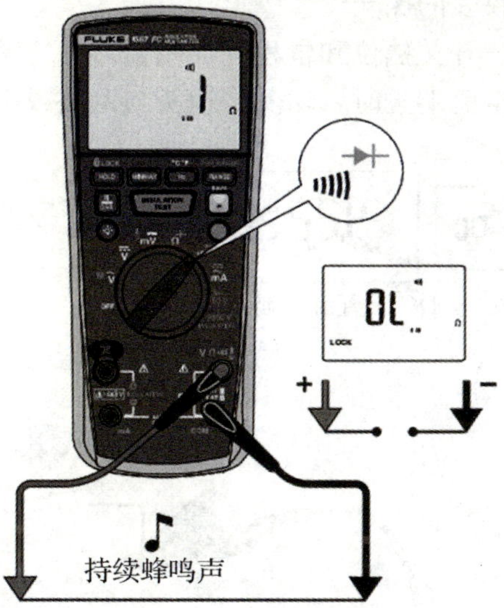

图 1-2-23 通断性测试的方法

6. 二极管测试

二极管测试的方法如图 1-2-24 所示。

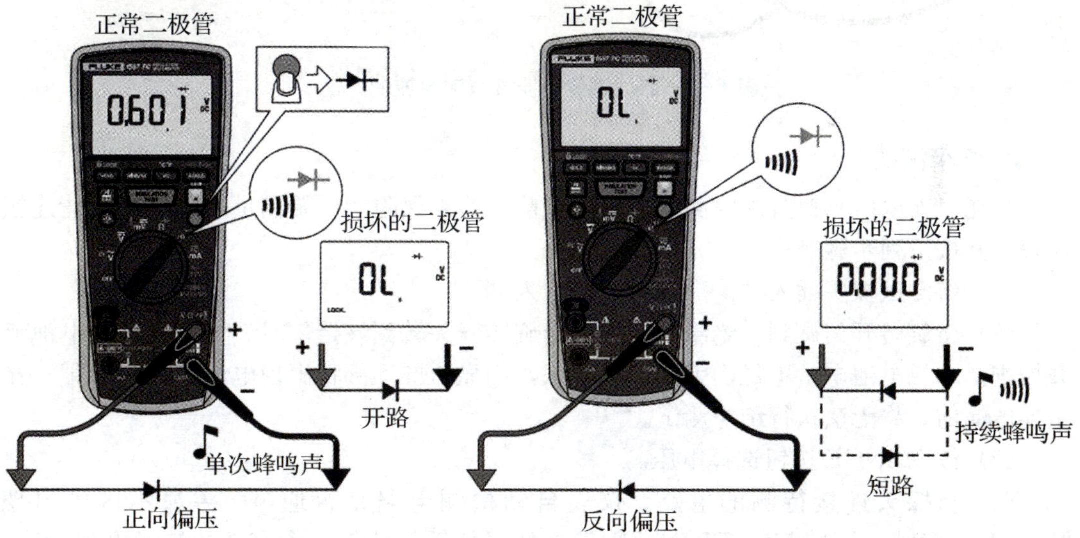

图 1-2-24 二极管测试的方法

7. 测量交流或直流电流

关闭被测电路的电源，断开电路，以串联方式插入仪表，然后打开电源。要测量交流或直流电，请按图 1-2-25 所示连接仪表。

为防止人身伤害或仪表损坏，应注意以下事项：

（1）当开路电动势与接地点之间的电压超过 1 000V 时，不要尝试测量电路内的电流。

（2）测试之前先检查仪表的保险丝。

（3）使用正确的端子、开关挡位和量程完成测量。

（4）当测试导线插在电流端子时，切勿将探头与电路或组件并联。

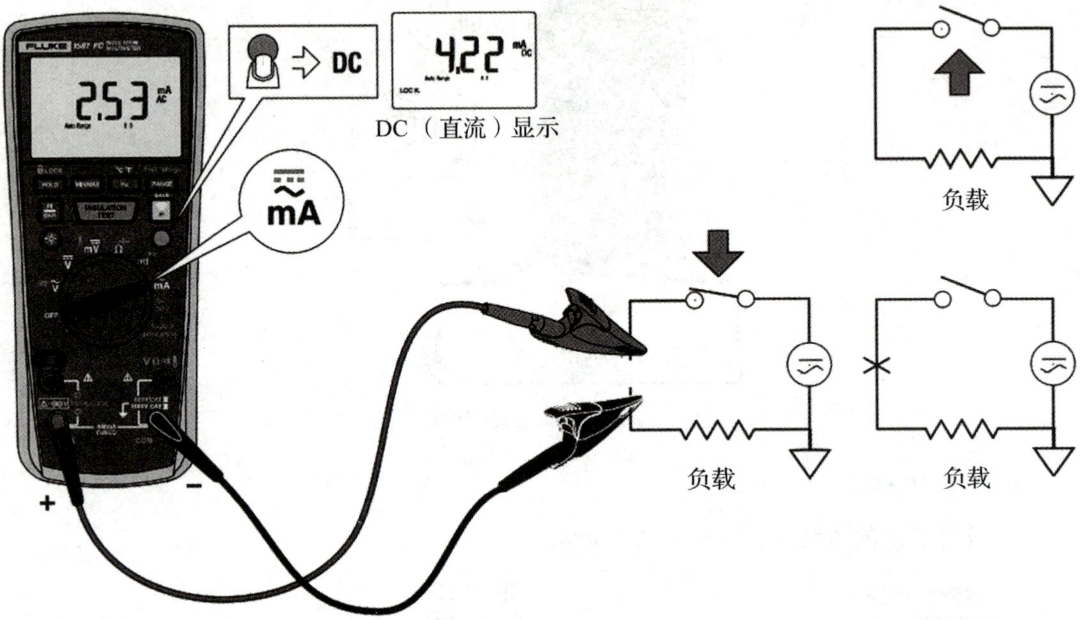

图 1－2－25　测量交流或直流电流的方法

8. 绝缘测试

只能对无电电路执行绝缘测试。测试之前先检查保险丝。要测量绝缘电阻，请连接仪表，并按下列步骤操作：

（1）将测试探头插入“＋”和“－”输入端子。

（2）将旋转开关旋到“绝缘”挡位。当旋转开关转到该挡位时，仪表将启动电池负载检查。如果电池电量不足而无法完成测试，则显示屏下部将出现电池形状的标记。在更换电池前，将无法执行绝缘测试。

（3）按 RANGE 按钮选择电压。

（4）将探头连接待测的电路。仪表自动检测电路是否通电。主显示区中出现“——”，直到按下 INSULATION TEST 按钮，然后将获得一个有效的绝缘电阻读数。如果存在超过 30V 的交流或直流电压，将出现高压符号，并且主显示区将发出大于 30V 的警告。在这种情况下，将禁止进行测试。在继续操作之前，请断开仪表，并切断电源。

（5）按住 INSULATION TEST 按钮以开始测试。辅助显示区会显示被测电路施加的测试电压。高压符号将出现，并且主显示区将显示以 MΩ 或 GΩ 为单位的电阻值。TEST 图标出现在显示屏下部，直到松开 INSULATION TEST 按钮。

当电阻超出最大显示范围时，仪表将显示“>”符号及量程的最大电阻。

（6）将探头保持在测试点上并松开 INSULATION TEST 按钮。被测电路将通过仪表放电。在开始新测试、选择不同的功能/量程或检测到大于 30V 电压之前，电阻读数将保持在主显示区。

9. 测量频率

仪表通过计算电压或电流信号每秒钟跨过阈值电平的次数来测量电压或电流信号的频率。要测量频率，请按图 1－2－26 所示设置仪表，并按下列步骤操作：

（1）将仪表连接至信号来源。

（2）转动旋转开关到 $\widetilde{\mathrm{V}}$、$\overset{\dots}{\mathrm{V}}$ 或 $\overset{\dots}{\widetilde{\mathrm{mA}}}$ 挡位。

（3）当在 $\overset{\dots}{\widetilde{\mathrm{mA}}}$ 挡位时，按蓝色按钮选择直流（如需要）。

（4）按 Hz 按钮。

（5）再按 Hz 按钮或更改旋转开关位置来结束此操作。

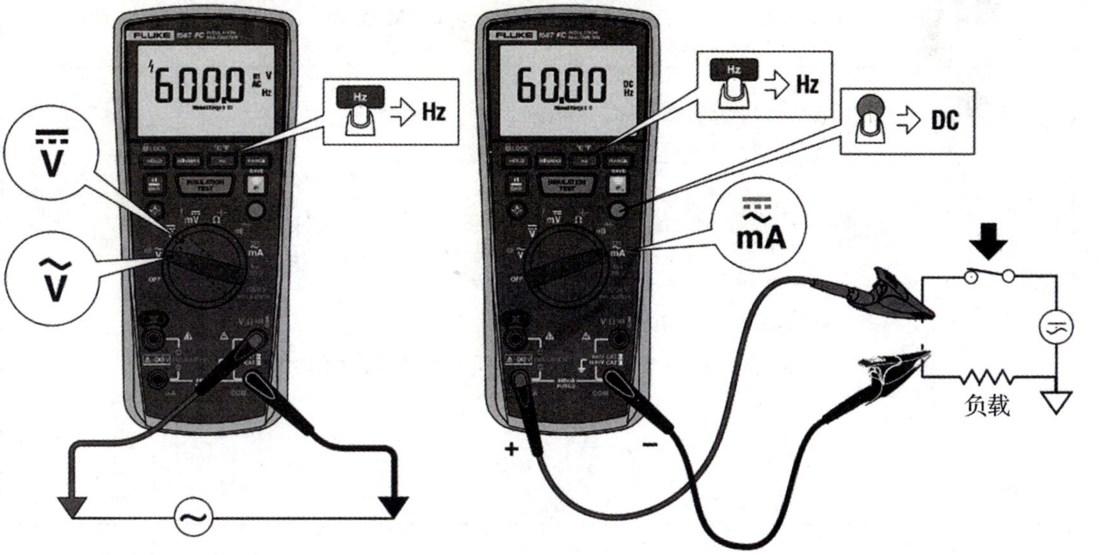

图 1－2－26　测量频率的方法

四、数字式绝缘电阻表的使用

（一）旋转开关挡位、按钮和指示灯、输入端子功能介绍

1. 旋转开关挡位

选择任意测量功能挡即可打开数字式绝缘电阻表（绝缘电阻测试仪）。测试仪为该功能挡提供了一个标准显示屏（量程、测量单位、组合键等）。使用蓝色按钮可选择旋转开关任意的可选功能（以蓝色字母标识）。旋转开关挡位如图 1－2－27 所示，各挡位功能见表 1－2－4。

图 1-2-27　旋转开关挡位

表 1-2-4　旋转开关挡位功能

旋转开关挡位	测量功能
⊞V	AC（交流）或 DC（直流）电压：从 0.1V 至 600.0V
零Ω	欧姆：从 0.01Ω 到 20.00kΩ
1000 V	欧姆：从 0.01MΩ 到 10.0GΩ。 利用 50V、100V、250V、500V 和 1 000V 执行绝缘测试
500 V	
250 V	
100 V	
50 V	

2. 按钮和指示灯

按钮可增强旋转开关选择的功能。测试仪的前侧还有两个指示灯，当使用此功能时，它们会点亮。按钮和指示灯如图 1-2-28 所示，其说明见表 1-2-5。

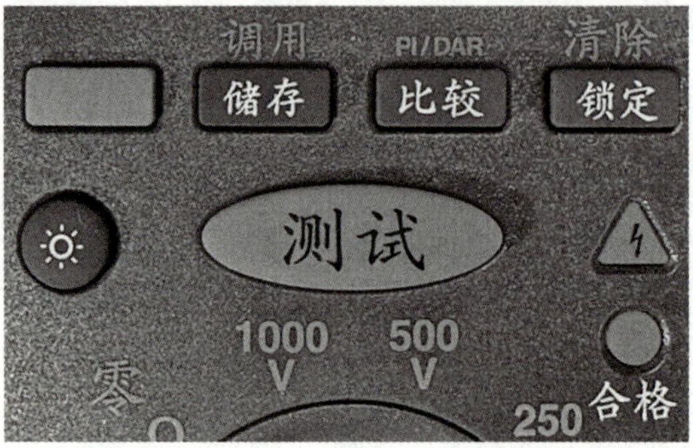

图 1-2-28　按钮和指示灯

表 1-2-5　按钮和指示灯说明

按钮/指示灯	说明
	按蓝色按钮来选择其他测量功能挡
	第一功能：保存上一次绝缘电阻或接地耦合电阻测量结果 第二功能：检索保存在内存中的测量值
	第一功能：给绝缘测试设定通过/失败极限 第二功能：按此按钮来配置测试仪进行极化指数或介电吸收比测试。按“测试”按钮开始测试
	第一功能：若在按“测试”按钮之前按下此按钮，则在再次按下“锁定”或“测试”按钮解除锁定之前，测试将保持在活动状态 第二功能：清除所有内存内容
	打开或关闭背光灯。背光灯会在 2min 后熄灭
	当旋转开关处于 INSULATION（绝缘）位置时，启动绝缘测试。使测试仪供应（输出）高电压并测量绝缘电阻。 当旋转开关处于 OHMS（欧姆）位置时，起动电阻测试
	危险电压警告。表示在输入端检测到 30V 或更高电压（交流或直流取决于旋转开关的位置）。当在 OL 开关位置上，显示屏中显示  V，以及 batt 显示在显示屏上时，也会出现该指示符。当绝缘测试正在进行时，该符号也会出现
	通过指示灯。指示绝缘电阻测量值大于所选的比较限值

3. 输入端子

输入端子如图 1-2-29 所示，输入端子说明见表 1-2-6。

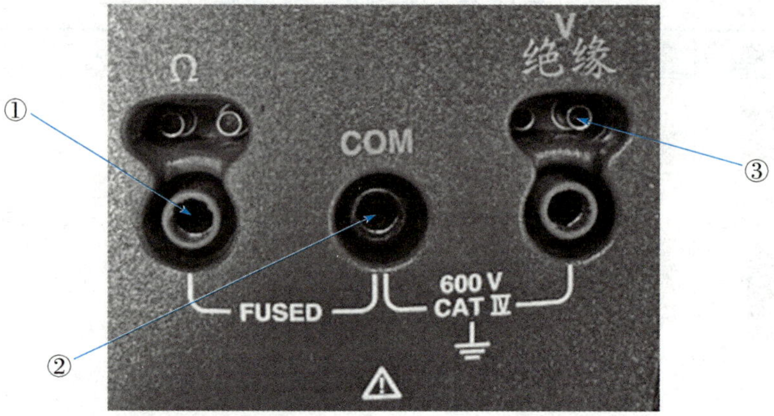

图 1-2-29　输入端子

表 1-2-6　输入端子说明

项目	说明
①	用于电阻测量的输入端子
②	用于所有测量的公共（返回）端子
③	用于电压或绝缘测试的输入端子

（二）基本操作方法

1. 测量电压

测量电压的方法如图 1-2-30 所示。

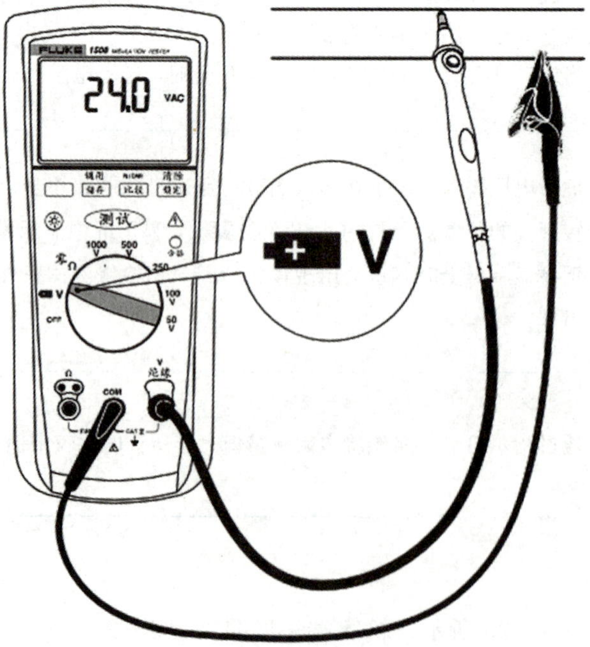

图 1-2-30　测量电压的方法

2. 测量接地耦合电阻

电阻测试只能在不通电的电路上进行。测试之前要先检查仪表保险丝，若在测试状态下连接通电电路，则会烧坏保险丝。

测量接地耦合电阻的接线方法如图 1-2-31 所示。按下列步骤进行测量：

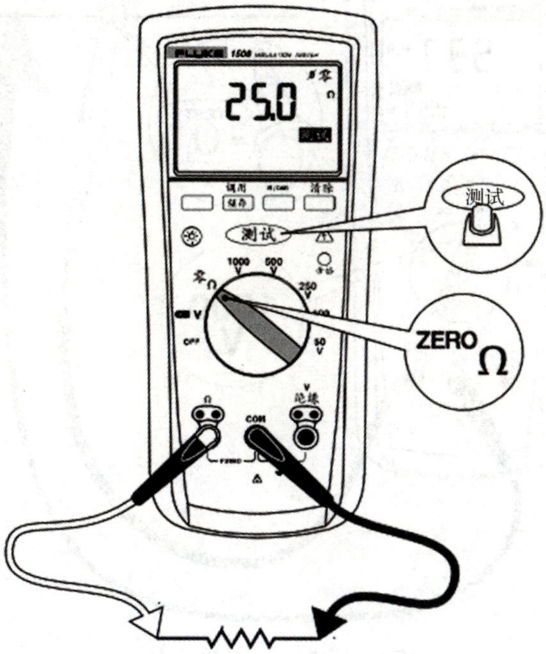

图 1-2-31 测量接地耦合电阻的接线方法

(1) 将测试探头插入 Ω 和 COM 输入端子。

(2) 将旋转开关转至"零Ω"挡位置。

(3) 将探头的端部短接并按住蓝色按钮等到显示屏出现短画线符号。测试仪测量探头的电阻，将读数保存在内存中，并将其从读数中减去。当测试仪在关闭状态时，仍会保存探头的电阻读数。如果探头电阻大于 2Ω，则不会被保存。

(4) 将探头连接待测的电路，测试仪会自动检测电路是否通电。

1) 主显示位置显示"——"直到按"测试"按钮，此时将获得一个有效的电阻读数。

2) 如果电路中的电压超过 2V（交流或直流），则在主显示位置显示电压超过 2V 以上警告的同时，还会显示高压符号。在这种情况下，将禁止进行测试。在继续操作之前，先断开测试仪的连接并关闭电源。

3) 如果在按下"测试"按钮时，测试仪发出"哔"声，则测试将由于探头上存在电压而被禁止。

(5) 按住"测试"按钮开始测试。显示屏的下部将出现"测试"图标，直到松开"测试"按钮。主显示位置显示电阻读数，直到开始新的测试或者选择不同功能或量程。

当电阻超出最大显示量程时，仪表将显示">"符号及量程的最大电阻。

3. 测量绝缘电阻

只能对断电电路执行绝缘测试。要测量绝缘电阻，请按照图 1-2-32 所示设定测试仪并按下列步骤操作：

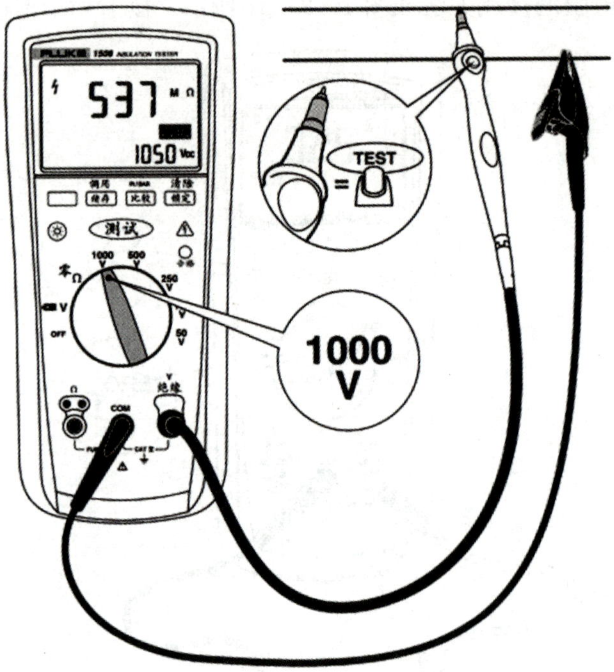

图 1-2-32 测量绝缘电阻

（1）将测试探头插入 V 和 COM（公共）输入端子。

（2）将旋转开关旋至所需要的测试电压。

（3）将探头连接待测的电路，测试仪会自动检测电路是否通电。

1）主显示位置显示“——”直到按“测试”按钮，此时将获得一个有效的绝缘电阻读数。

2）如果存在超过 30V 的交流或直流电压，将出现高压符号，并且主显示位置将发出大于 30V 的警告。在这种情况下，将禁止进行测试。在继续操作之前，先断开测试仪的连接并关闭电源。

（4）按住“测试”按钮开始测试。辅助显示区会显示被测电路中施加的测试电压。高压符号将出现，并且主显示区将显示以 MΩ 或 GΩ 为单位的电阻值。显示屏的下部出现“测试”图标，直到松开“测试”按钮。

当电阻超过最大显示量程时，测试仪显示“>”符号及当前量程的最大电阻。

（5）将探头保持在测试点上并松开“测试”按钮，被测电路开始通过测试仪放电。电阻读数出现在主显示位置，直到开始新的测试、选择一个不同的功能或量程或者检测到电压大于 30V。

4. 测试保险丝

按下列步骤及图 1-2-33 所示测试保险丝：

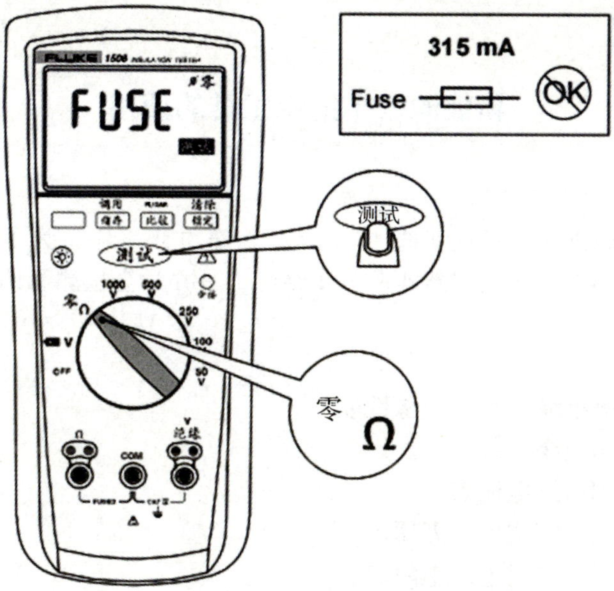

图 1-2-33 测试保险丝

（1）将旋转开关转至“零Ω”挡位置。

（2）按住“测试”按钮，如果显示区读数是 Fuse，则表示保险丝受损，应更换。

技能拓展

吉利 EV450 动力蓄电池绝缘检测

1. 确定故障现象

2. 连接故障诊断仪，读取故障码

3. 规范进行高压断电处理

4. 车辆基本检查

穿戴好个人防护用具，检查高压部件及高压线束外观，判断各插接器是否连接到位。

5. 故障排除步骤

（1）举升车辆。

（2）拆卸动力蓄电池低压、高压插接器，使用绝缘测试仪检测动力蓄电池的绝缘性能，绝缘电阻测试仪量程选择 500V，分别检测动力蓄电池端高压插座总正、总负端子与车身之间的绝缘阻值。若测量绝缘阻值大于 550MΩ，说明动力蓄电池绝缘性能正常；若测量绝缘阻值过低，说明绝缘故障出现在动力蓄电池包内部，需进一步查找故障原因。

任务实施

新能源汽车绝缘工具的使用

一、任务描述

小王大学毕业后进入一家比亚迪 4S 店从事汽车维修工作，为了维修工作的安全进行，车间主管要求小王尽快认识新能源汽车绝缘工具并学会检测和使用。

二、实训目标

（1）能正确检测绝缘工具的绝缘性能。
（2）能正确使用绝缘拆装工具。
（3）能正确使用钳形电流表。
（4）能正确使用数字式绝缘万用表。
（5）能正确使用数字式绝缘电阻表。

三、实训准备

1. 设备及工具准备

序号	设备及工具名称	数量
1	比亚迪秦 EV	1 辆
2	绝缘拆装工具	1 套
3	钳形电流表	1 套
4	数字式绝缘万用表	1 套
5	数字式绝缘电阻表	1 套
6	电阻、电容、二极管等元件	若干
7	高压防护用品	1 套
8	高压警告标识及隔离带	1 套

2. 场地设备准备

（1）任务实施前，需要做好场地防护准备，检查实训场地和设备设施是否存在安全隐患，如发现不正常的地方，需及时报告老师或实验员进行处理，完成后方可实施任务。

（2）本实训任务用到实车，任务实施前需要在车辆周围围上隔离带，并摆上注意安全提示牌。

3. 安全防护准备

（1）禁止在车辆上电高压情况下检查与拆卸高压线路和部件。
（2）禁止在带电状态下触碰任何带安全警示标志的部件。
（3）禁止徒手触摸所有橙色的线束。

四、实训操作

步骤	记录内容			完成情况记录
1	绝缘拆装工具绝缘性能检查			是☐ 否☐
2	使用绝缘拆装工具拆装高压配电盒内动力蓄电池高压直流母线			是☐ 否☐
3	打开前照灯，使用数字式绝缘万用表/钳形电流表检测低压蓄电池放电电流			是☐ 否☐
4	检测低压蓄电池正负极之间的电压值			是☐ 否☐
	实测值	标准值	是否正常	
	________V	________V	是☐ 否☐	
5	检测插座零线与火线之间电压值			是☐ 否☐
	实测值	标准值	是否正常	
	________V	________V	是☐ 否☐	
6	检测空调出风口温度			是☐ 否☐
7	检测电阻的阻值			是☐ 否☐
8	检测电容			是☐ 否☐
9	检测二极管			是☐ 否☐
10	打开空调制冷或制热，使用钳形电流表检测动力蓄电池高压直流母线的电流			是☐ 否☐
11	使用数字式绝缘万用表/电阻表对动力蓄电池高压直流母线、慢充、快充高压线绝缘层与车身搭铁进行绝缘测试			是☐ 否☐
重难点				
正确测量数据				
7S 现场管理				
序号	**操作步骤**	**完成情况**	**备注**	
1	建立安全操作环境	已完成☐ 未完成☐		
2	清理及整理工具量具	已完成☐ 未完成☐		
3	清理及复原设备	已完成☐ 未完成☐		
4	清理场地	已完成☐ 未完成☐		
5	物品回收和环保	已完成☐ 未完成☐		
6	完善和检查工单	已完成☐ 未完成☐		
实训总结				

巩固练习

一、单选题

1. 国家电力系统中，高压交流电一般是指（　　）以上。

A. 220V　　B. 380V　　C. 420V　　D. 1 000V

2. 人所能承受的交流安全电压不高于（　　）。

A. 12V　　B. 24V　　C. 36V　　D. 60V

3. 通过人体交流电的安全电流不能超过（　　）。

A. 0.5～1.5mA　　B. 2～3mA

C. 8～10mA　　D. 10mA 以上

4. 新能源汽车高压部件上的电压警告标识一般是（　　）。

A. 红色或橙色　　B. 黑色

C. 绿色　　D. 白色

5. 绝缘拆装工具主要有（　　）。

A. 扳手类　　B. 螺丝刀

C. 手锤、手钳类　　D. 锉刀

6.（　　）是指一端或两端制有固定尺寸的开口，用以拧转一定尺寸的螺母或螺栓。

A. 活动扳手　　B. 扭力扳手

C. 梅花扳手　　D. 开口扳手

7. 数字式绝缘万用表上“2 000μF”是指（　　）。

A. 电池测量　　B. 电路通断测量

C. 电容测量　　D. 逻辑电平测量

8.（　　）是指电路通断测量。

A. hFE　　B. •)))

C. A～　　D. V～

二、填空题

1. 整车带有高压电的零部件有________、________、________、________、________、PTC 加热器、车载充电机（OBC）、DC－DC 转换器、高压维修开关、高压线束及充电接口等。

2. 高压防护用品有________、________、________、________及高压防护服。

3. 电流可以分为________和________。

4. 国际通行规定，电动汽车高压电配线的线皮标识颜色为________警告标识。

三、判断题

1. 新能源汽车绝缘工具类型包括拆装工具和检测仪表。（　　）

2. 检测仪表能够用来确定被测量的量值变化或量值特性、状态和成分。（　　）

3. 绝缘拆装工具不使用绝缘柄也可以。（　　）

4. 活动扳手特别适用于拧转位置十分狭小或凹陷很深的螺栓或螺母。（　　）

5. 扭力扳手在拧转螺栓或螺母时，能显示出所施加的扭矩。（　　）

6. 螺丝刀一般按旋杆顶端的刀口形状分为一字形、十字形、六角形和花形等多种，其中以一字形和六角形最为常用。（　　）

四、简答题

1. 如何进行绝缘手套气密性检查？

2. 简述使用高压防护服的注意事项。

模块二 新能源汽车动力蓄电池

新能源汽车动力蓄电池作为新能源汽车关键部件之一，是新能源汽车的动力能量来源，直接决定新能源汽车的动力性能、续驶里程、可靠性和安全性。只有正确认知新能源汽车动力蓄电池的结构，掌握新能源汽车的工作原理，才能更好地使用和维护动力蓄电池，延长新能源汽车的使用寿命。本模块主要学习新能源汽车动力蓄电池，分为以下三个任务：

任务一　新能源汽车动力蓄电池认知与更换

任务二　新能源汽车动力蓄电池分解与组装

任务三　新能源汽车动力蓄电池的性能检测

通过以上三个任务的学习，学生可以了解动力蓄电池的结构和原理，能够对其技术参数有一定的认识，能够进行动力蓄电池的分解、组装和动力蓄电池包的更换，能够对动力蓄电池进行性能检测等。

任务一　新能源汽车动力蓄电池认知与更换

任务目标

知识目标

1. 掌握新能源汽车常见动力蓄电池的类型及优缺点。
2. 掌握新能源汽车常见动力蓄电池的工作原理与特性。
3. 掌握新能源汽车动力蓄电池的更换操作。

技能目标

1. 能正确说出常见的不同类型的动力蓄电池的优缺点。
2. 能正确说出常见动力蓄电池的工作原理与特性。

素养目标

1. 具备知识迁移能力。
2. 培养小组合作、合理分工，共同协作完成工作任务的能力。

知识索引

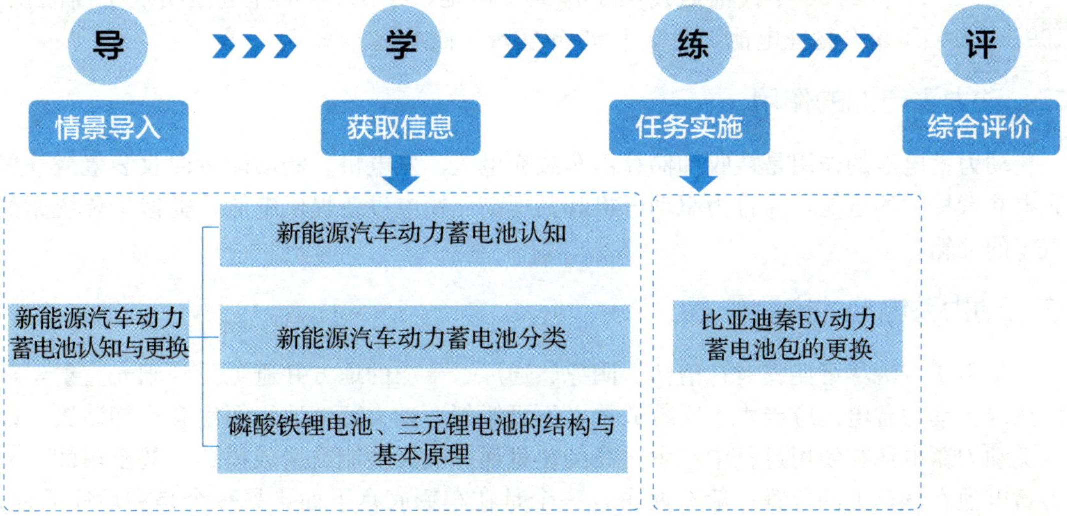

情景导入

一辆比亚迪秦新能源汽车的动力蓄电池发生了故障，你的主管让你更换动力蓄电池包，你能完成这个任务吗？

获取信息

引导问题 1：

动力蓄电池的作用是什么？安装在汽车的哪个位置？

____

____

____

知识点提示

新能源汽车动力蓄电池认知

一、电池的发展史

由 1836 年丹尼尔电池的诞生到 1859 年铅酸电池的发明，至 1883 年发明了氧化银电池，1888 年实现了电池的商品化。随后，1899 年发明了镍镉电池，1901 年发明了镍铁电池。进入 20 世纪后，电池理论和技术一度处于停滞状态。但在第二次世界大战之后，电池技术又进入快速发展时期。首先是为了适应重负荷用途的需要，碱性锌锰电池得到了发展，1951 年实现了镍镉电池的密封化。1958 年，Harris 提出了采用有机电解液作为锂电池的电解质，20 世纪 70 年代初期便实现了军用和民用。随后基于环保考虑，研究重点转向蓄电池。镍镉电池在 20 世纪初实现商品化以后，在 20 世纪 80 年代得到迅速发展。

随着人们环保意识的日益增强，铅、镉等有毒金属的使用受到限制，因此需要寻找新的可代替传统铅酸电池和镍镉电池的可充电电池。锂离子电池自然成为有竞争力的候选者之一。20 世纪 90 年代前后发明了锂离子电池，于 1991 年锂电池实现了商品化，1995 年发明了聚合物锂电池，并于 1999 年实现了商品化。

二、动力蓄电池的作用

动力蓄电池的作用是接收和储存由车载充电机、发电机、制动能量回收装置或外置充电装置提供的电能，并且为驱动电机和其他高压用电设备提供电能，类似于传统燃油汽车的油箱。

三、动力蓄电池的安装位置

动力蓄电池尽可能安装在清洁、阴凉、通风、干燥的地方并避免受到阳光直射，远离热源。动力蓄电池应当水平安装放置，不可倾斜。动力蓄电池组间应有冷却装置，以避免动力蓄电池在使用过程中产生过高的热量而影响其性能或造成损坏，甚至爆炸。动力蓄电池在汽车上的位置一般有两个，一个是在车辆底盘下面，另一个是在后座后面，如图 2－1－1 所示。纯电动汽车的底盘比较紧凑，电池比较大，所以基本都在底盘下面，而混合动力电动汽车的电池比较小，一般可以放在后备厢或者后座下面。不同类型的电动汽车略有不同。

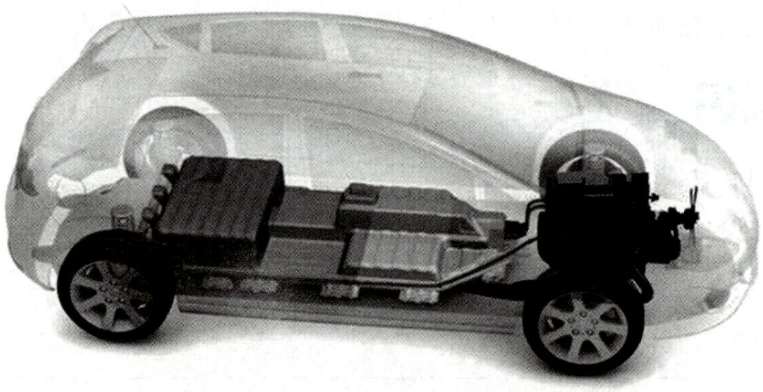

图 2－1－1　动力蓄电池的安装位置

引导问题 2：

常见的动力蓄电池有哪些类型？各有什么优缺点？

____

____

____

知识点提示

新能源汽车动力蓄电池分类

目前，市面上比较常见的动力蓄电池主要有铅酸电池、镍氢电池、锂电池、燃料电池、石墨烯电池、超级电容器等。

一、铅酸电池

铅酸电池（见图 2-1-2）是最早应用于纯电动汽车上的动力蓄电池，也是最为常用的一种车用电池，是人类历史上的一个伟大发明。铅酸电池的极板是用铅合金制成的格栅，电解液为稀硫酸，两极板均覆盖有硫酸铅。充电后，正极板上的硫酸铅转变成二氧化铅，负极板上的硫酸铅转变成金属铅。放电时，则发生反方向的化学反应。一个单格铅酸电池的标称电压是 2.0V，能放电到 1.5V，能充电到 2.4V。在应用中，经常用 6 个单格铅酸电池串联起来组成标称电压为 12V 的铅酸电池，还有组合成 24V、36V、48V 等的铅酸电池。

图 2-1-2　铅酸电池

铅酸电池的特点：

（1）铅酸电池的技术比较成熟，生产成本较低，而且能够高倍率放电，放电时电动势较稳定。

（2）铅酸电池的比能量、比功率和能量密度都很低，因此以铅酸电池为动力源的纯电动汽车不可能拥有良好的车速及续驶里程。

（3）对环境腐蚀性强，随着电池的放电，正、负极板都受到硫化，同时电解液中的硫酸逐渐减少，而水分增多，从而导致电解液的比重下降。

（4）常用的 12V 铅酸电池主要分为四类，分别为普通电池、干荷电池、湿荷电池和免维护电池，而目前汽车上主流使用的是免维护电池。

目前，新能源汽车特别是在纯电动汽车上，动力蓄电池仅作为辅助起动电源，起到储能的作用并给 12V 的用电器供电，12V 的铅酸电池不需要提供起动时的大电流。

二、镍氢电池

镍氢电池（见图 2-1-3）是新能源汽车动力蓄电池的另一个主要选择，尤其是在混合动力电动汽车上有着广泛的应用。镍氢电池是早期的镍镉电池的替代品，它是目前最环保的电池之一，其以能吸收氢的金属代替有毒的镉（Cd），可以消除重金属元素给环境带来的污染问题。

相比于铅酸电池和镍镉电池，镍氢电池有着较大的能量密度比，这意味着可以在不为新能源汽车增加额外重量的情况下，使用镍氢电池能有效地延长车辆的行驶里程。同时，镍氢电池在电化学特性方面与镍镉电池基本相似，但又大大减少了镍镉电池中存在的“记忆效应”，这使得镍氢电池使用更加方便。镍氢电池如图2-1-3所示。

图2-1-3 镍氢电池

镍氢电池的特点：

（1）镍氢电池的放电特性平稳，放电曲线非常平滑，散发热量小，这些优势也是选用其作为电动汽车动力蓄电池的依据。

（2）镍氢电池具有较高的自我放电效应，这是制约其在车辆上广泛应用的瓶颈。电动汽车的动力蓄电池充得越满，自放电速率就越高。

（3）当动力蓄电池的电量下降到一定程度时，自放电速率会稍微下降。电池存放处的温度对自放电速率有很大的影响。正因如此，长时间不用的镍氢电池最好保持充到40%的电量半满状态。此外，镍氢电池较高的成本也是制约其在车辆上广泛应用的问题。

（4）现有的氢镍电池也存在一些不足，如单体电压低（1.2V）、自放电损耗大、对环境温度敏感等。

三、锂电池

相对于传统的铅酸电池与镍氢电池，锂电池（Lithium Battery）的发展历史很短。锂电池被称为性能最为优越的可充电电池。

锂电池（见图2-1-4）是指电化学体系中含有锂（包括金属锂、锂合金和锂离子、锂聚合物）的电池。锂离子在电极之间移动而产生电能，这种电能的储存和放出是通过正极活性物质中放出的锂离子向负极活性物质移动完成的，并不伴随化学反应，这是锂离子电池的最大特点。锂离子电池比传统的蓄电池具有更长的使用寿命。

图2-1-4 锂电池

锂电池的优点：

(1) 锂电池单体标准电压高达3.6V，是镍氢电池的3倍、铅酸电池的近2倍。

(2) 锂电池重量轻，比能量大，高达150W·h/kg，是镍氢电池的2倍、铅酸电池的4倍，这也是锂电池作为车用动力蓄电池的一个很大的优势。

(3) 锂电池体积小，高达400W·h/L，体积是相同能量的铅酸电池的1/2。更合理的结构和美观的外形设计条件、设计空间和可能性，为新能源汽车合理高效的整车布局提供了保证。

(4) 锂电池循环寿命长，循环次数可达2 000次，以容量保持60%计算，电池组100%充放电循环次数可以达到1 200次以上，使用年限可达6～7年，循环寿命为铅酸电池的2～3倍。

(5) 锂电池自放电率低，每月不到5%，是镍氢电池的1/6。

(6) 锂电池允许工作温度范围宽，低温性能好，可在−20～60℃下工作。

(7) 锂电池无记忆效应，而镍氢电池有轻微的记忆效应，所以锂电池每次充电前不必像镍氢电池那样需要放电，可以随时随地进行充电。电池充放电深度，对电池的寿命影响不大，可以全充全放。

(8) 锂电池中基本不存在有毒物质，无污染，比铅酸电池绿色环保。

(9) 锂电池的主要材料有锂（Li）、锰（Mn）、铁（Fe）等，这些在我国都是富产资源，为锂离子电池汽车提供了材料保证，也对成本的控制起到相当大的作用。

(10) 我国的小功率锂电池已经实现产业化，形成了上下游结合的产业链，锂电池技术达到国际先进水平。

锂电池的常见类型：按照正极材料分类有钴酸锂、锰酸锂、镍酸锂、磷酸铁锂、三元锂［镍钴锰酸锂 $Li(NiCoMn)O_2$］；按照电解质分类有液态锂电池（Liquid Lithium-ion Battery，LIB）、聚合物锂电池（Polymer Lithium-ion Battery，LIP）。

各类型的性能对比如下：

(1) 能量密度：三元锂>钴酸锂>磷酸铁锂>锰酸锂。

(2) 价格优势：三元锂>钴酸锂>锰酸锂>磷酸铁锂。

(3) 安全性：磷酸铁锂>锰酸锂>三元锂>钴酸锂。

(4) 循环寿命：磷酸铁锂>三元锂>锰酸锂>钴酸锂。

四、燃料电池

燃料电池是一种将存在于燃料与氧化剂中的化学能直接转化为电能的发电装置，如图2-1-5所示。燃料电池通常限制在电厂和叉车等工业领域使用。氢燃料电池的基本原理是电解水的逆反应，把氢气和氧气分别供给阳极和阴极，氢通过阳极向外扩散和电解质发生反应后，放出电子，通过外部的负载到达阴极。电子到达阴极后，与氧原子和氢离子重新结合为水。由于供应给阴极极板的氧气可以从空气中获得，因此只要不断地给阳极极板供应氢气，给阴极极板供空气，并及时把水蒸气带走，就可以不断地提供电能。

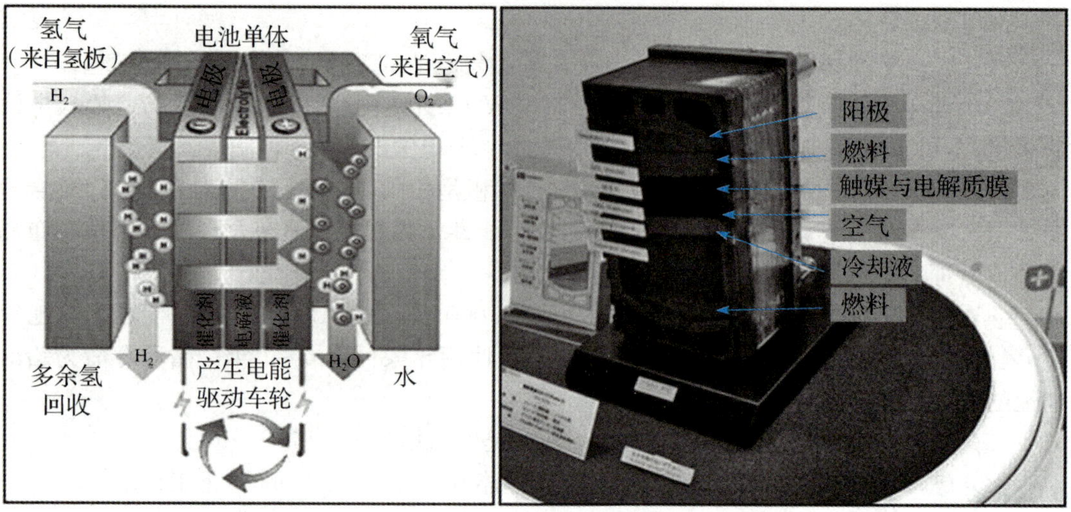

图 2-1-5　燃料电池

五、石墨烯电池

石墨烯是由碳原子紧密堆积而成的二维晶体，是目前已知的最薄、最坚硬的纳米材料。它具有超薄、超轻、超柔韧、超高强度、超强导电性、优异的导热性和透光性等，在电学、光学、磁学、生物医学等诸多领域有着巨大的应用潜能，是主导未来高科技竞争的超级材料，被称为“黑金”“新材料之王”。石墨烯是一种由碳原子结合形成的蜂窝状晶格结构，由于其所拥有的无数惊人的属性，被公认为是一种“神奇的材料”。它是电和热能的有效导体，并且具有较大的表面积。

石墨烯电池是利用锂离子在石墨烯表面和电极之间快速穿梭运动的特性，开发出的一种新能源电池，如图 2-1-6 所示。使用石墨烯可制造轻便、耐用、适用于高容量储能的电池，并缩短充电时间，延长电池的寿命。

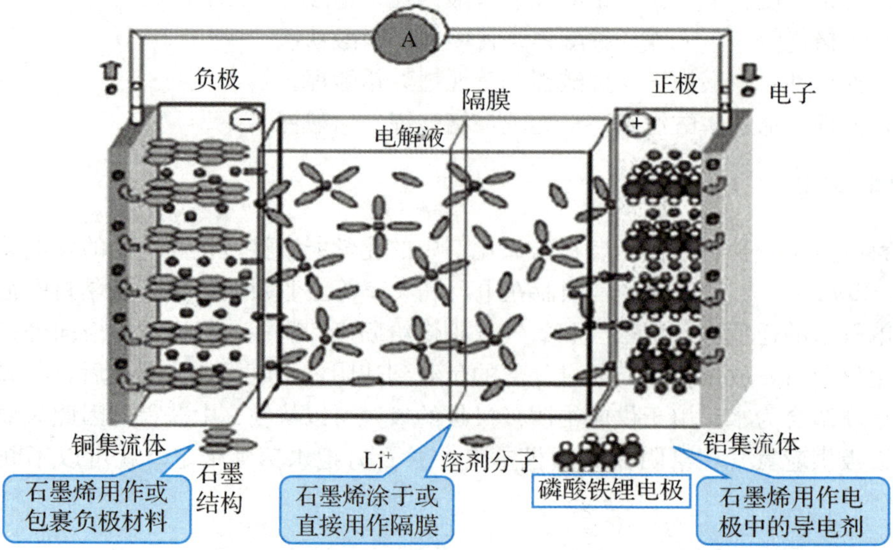

图 2-1-6　石墨烯电池

石墨烯可以通过多种方式提高电池的能量密度。锂电池可以通过将石墨烯引入电池的阳极，利用材料的高电导率和大表面积特性来实现形态和性能优化。

六、超级电容器

超级电容器（见图2-1-7）是指介于传统电容器和充电电池之间的一种新型储能装置，它既具有电容器快速充放电的特性，又具有充电电池的储能特性。超级电容器是通过电极与电解质之间形成的界面双层来储存能量的新型元件。

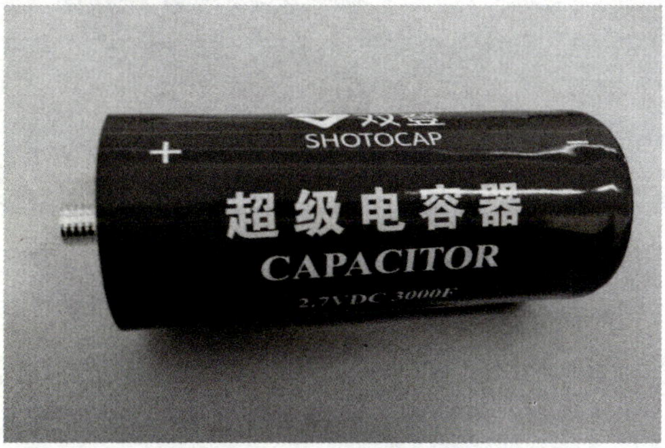

图2-1-7 超级电容器

当电极与电解质接触时，由于库仑力、分子间力及原子间力的作用，使固液界面出现稳定和符号相反的双层电荷，称为界面双层。

把双电层超级电容看成悬在电解质中的两块非活性多孔板，电压加载到两块板上。加在正极板上的电势吸引电解质中的负离子，负极板吸引正离子，从而在两电极的极板表面形成一个双电层电容器。双电层电容器根据电极材料的不同，可以分为碳电极双层超级电容器、金属氧化物电极超级电容器和有机聚合物电极超级电容器。

引导问题3：

磷酸铁锂电池和三元锂电池各自的优缺点有哪些？

____

____

____

知识点提示

磷酸铁锂电池、三元锂电池的结构与基本原理

一、磷酸铁锂电池

（一）磷酸铁锂电池的结构

磷酸铁锂电池（见图2-1-8）具有工作电压高、能量密度大、循环寿命长、安全性能好、自放电率小、无记忆效应的优点。

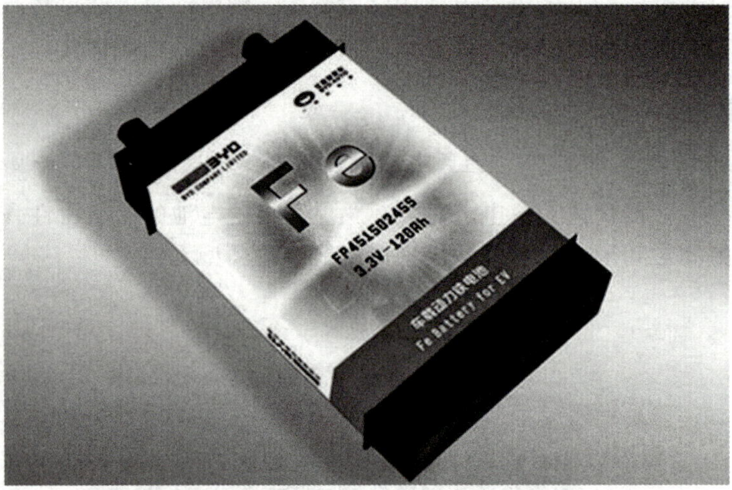

图 2-1-8　磷酸铁锂电池

磷酸铁锂电池（$LiFePO_4$）(LFP）一般包括正极、负极、电解液、隔膜、正极引线、负极引线、中心端子、绝缘材料、安全阀、密封圈、PTC（正温度控制端子）、电池壳等。正极材料、负极材料、电解液、隔膜及工艺对磷酸铁锂电池的性能和价格有着决定性的影响。

图 2-1-9 所示是磷酸铁锂电池的结构，将铝箔与电池正极相连，中间是聚合物隔膜，它把正极与负极隔开，锂离子（Li^+）可以通过而电子（e^-）不能通过；右边是由碳（石墨）组成的电池负极，将铜箔与电池的负极相连。电池的上、下端之间是电池的电解液，电池由金属外壳、铝塑复合膜或塑料壳密封包装。

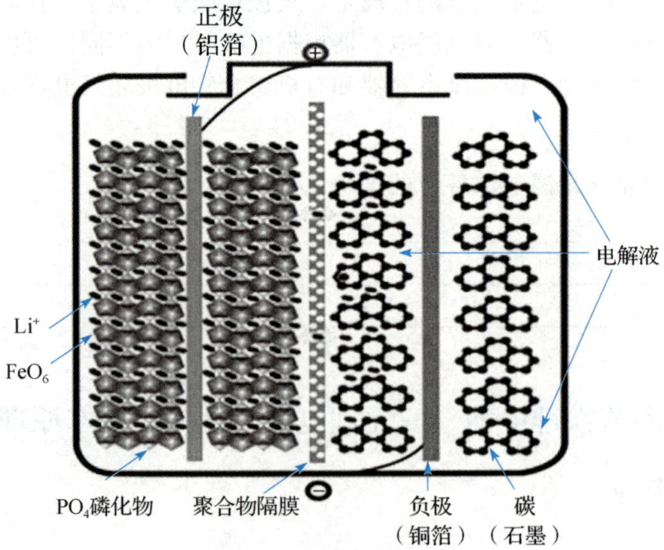

图 2-1-9　磷酸铁锂电池的结构

（二）磷酸铁锂电池的基本原理

磷酸铁锂电池的基本原理是：电池充电时，正极中的锂离子脱离出来，经过电解液，穿过隔膜进入负极材料中；电池放电时，锂离子从负极中脱离出来，经过电解液，穿过隔膜回到正极材料中。

微悦读

刀片电池

刀片电池是比亚迪于2020年3月29日发布的电池产品。

刀片电池有以下特点：

（1）体积利用率高。比亚迪刀片电池通过结构创新，将电池的电芯设计成扁平长方体形状，实现了在同等的体积内嵌入更多的电芯，从而大大提高了体积利用率。

（2）能量密度高。由于刀片电池的体积利用率提高了50%以上，使得电池的续航能力能够提升50%以上，达到了高能量密度三元锂电池的同等水平。

（3）安全性好。刀片电池是磷酸铁锂电池的升级版，安全性能更好，穿刺不会爆炸，过充时不会起火燃烧。

（4）循环寿命长。刀片电池的循环次数更多，循环寿命更长。

（5）制造工艺简单。刀片电池的电芯长度成组后是电池包的宽度，电芯高度成组后是电池包的厚度，电芯厚度成组后是电池包的长度，可以根据车型的电池布局，灵活定制电池的体积大小，充分利用底盘空间。同时，电池单体本身可承担机械加强作用，通过节省物料、人工费用等，电池包的制造工艺简单化，制造成本大幅降低。

（6）续航表现好。刀片电池能够克服自身阻力所消耗的能源降低，能够使汽车的续驶里程进一步增加，提高续航能力。

（三）磷酸铁锂电池的优势

（1）超长寿命。铅酸电池的充放电循环寿命在300次左右，最高也就500次左右，而磷酸铁锂电池在室温下充放电循环寿命可达2 000次，容量保持率在80%以上，是铅酸电池的5倍、镍氢电池的4倍、钴酸锂电池的4倍、锰酸锂电池的4～5倍。

（2）安全性高。磷酸根化学键的结合力比传统的过渡金属氧化物结合化学键强，所以结构更加稳定，并且不易释放氧气。磷酸铁锂电池在高温下稳定性非常高，保证了电池内在的高安全性，不会因过充、温度过高、短路、撞击而产生爆炸或燃烧。

（3）环保且不需要稀有金属。磷酸铁锂电池不含任何（锂除外）重金属或稀有金属，无毒，无污染，为环保电池。

（4）充电速度快，自放电少，无记忆效应。磷酸铁锂电池可大电流快速充放电，在专用充电器下，2C充电30min内即可使电池充至95%电量，起动电流可达2C。

（5）体积小，重量轻。商品设计可轻量化，体积是相同容量铅酸电池的2/3，也较镍氢电池体积小；重量是相同容量铅酸电池的1/3、镍氢电池的2/3左右。

（6）电池单体电压高，放电平台稳定。磷酸铁锂电池单体电压为3.2V，电池组可靠性高，具有高倍率放电特性；10C充放电效率达到96%以上，容量保持率在90%以上，可实现10C放电。

（四）磷酸铁锂电池的劣势

（1）导电性差、锂离子扩散速度慢。高倍率充放电时，实际比容量低。

（2）振实密度较小。一般只能达到0.8～1.3，振实密度小可以说是磷酸铁锂电池的一大缺点。

（3）一致性问题严重。磷酸铁锂电池单体的循环寿命目前超过2 000次，但是制作出来的电池一致性不佳，进而影响电池组的使用性能和整体寿命。

（4）低温性能差。磷酸铁锂电池材料的固有特点决定其低温性能比锰酸锂等其他正极材料差。一般情况下，对于单只电芯，其0℃时的容量保持率为60%～70%，－10℃时为40%～55%，－20℃时为20%～40%。这样的低温性能显然不能满足动力蓄电池领域的使用需求。

（5）制造成本高。磷酸铁锂电池具有安全性、环保性、循环次数高等优点是毋庸置疑的，但目前的制造成本相对锰酸锂、钴酸锂电池要高，其主要原因是材料性能和其他锂电池材料相差较大，其粒度小，振实密度小，比表面积大，材料的加工性能不好，涂敷量低，导致电池成本增加。

二、三元锂电池

（一）三元锂电池的结构

三元锂电池的全称是三元聚合物锂电池，是指使用镍钴锰酸锂［$Li(NiCoMn)O_2$］三元材料的锂电池。三元锂电池相对于钴酸锂电池安全性更高，其结构如图2-1-10所示。

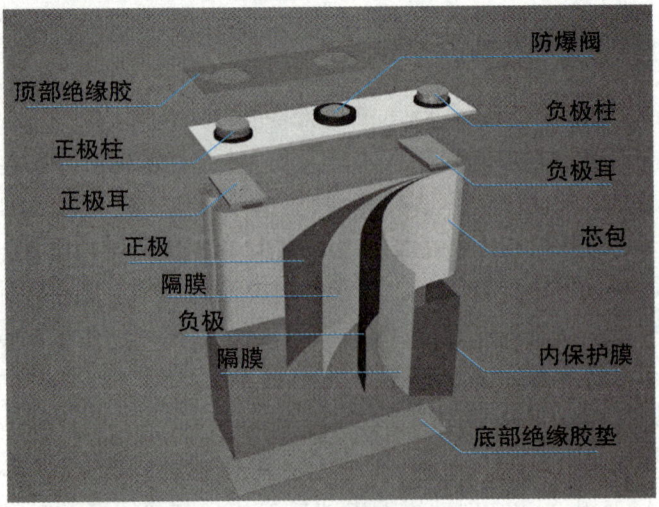

图2-1-10　三元锂电池的结构

三元材料通常可以表示为 $LiNi_xCo_yMn_zO_2$，其中 $x+y+z=1$。

依据镍、钴、锰 3 种元素的摩尔比（$x:y:z$）的不同，分别将其称为不同的体系，如镍、钴、锰的摩尔比（$x:y:z$）为 1∶1∶1 的三元材料，称为 333 型；镍、钴、锰的摩尔比为 5∶2∶3 的三元材料，称为 523 型。333 型、523 型和 811 型等三元材料均属于六方晶系的 α-$NaFeO_2$ 型层状岩盐结构，镍钴锰三元材料的结构如图 2-1-11 所示。

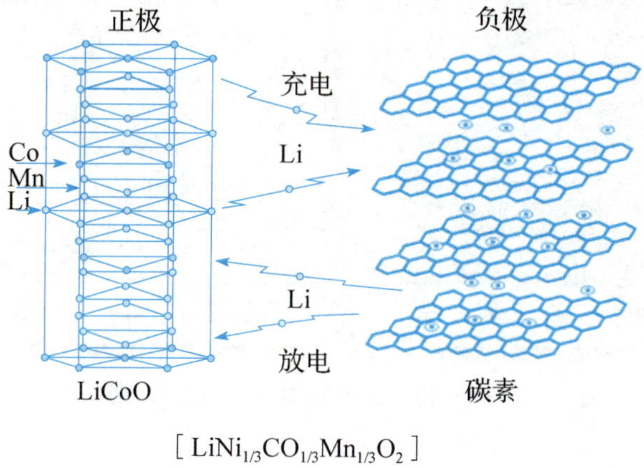

图 2-1-11　镍钴锰三元材料的结构

（二）三元锂电池的基本原理

镍钴锰三元材料中，这 3 种元素的主要价态分别是+2 价、+3 价和+4 价，Ni 为主要活性元素。三元锂电池充电和放电工作原理分别如图 2-1-12 和图 2-1-13 所示。

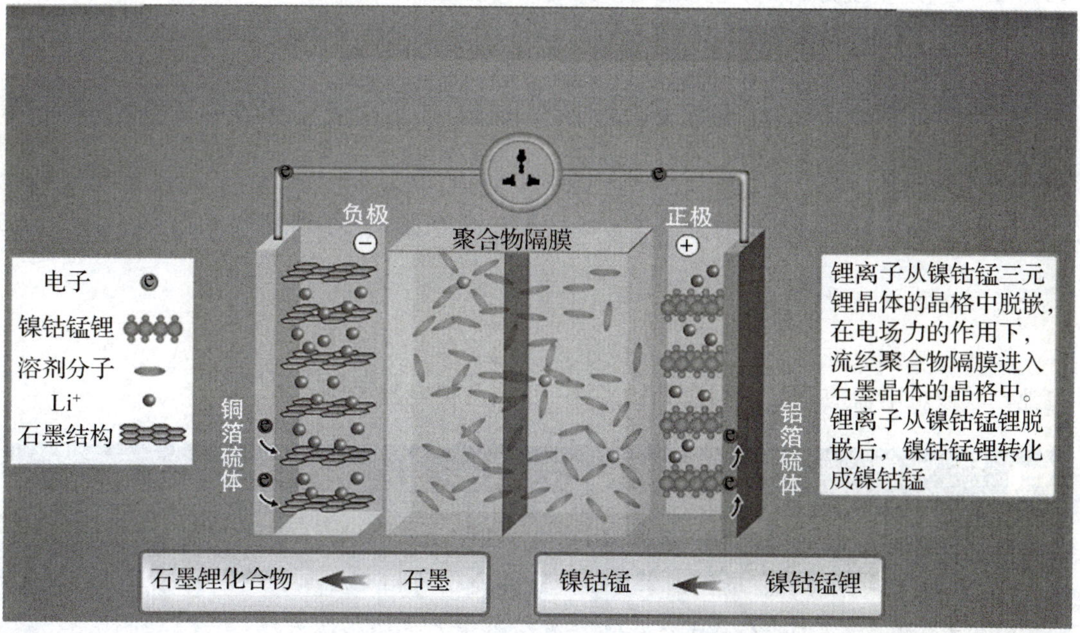

图 2-1-12　三元锂电池充电工作原理

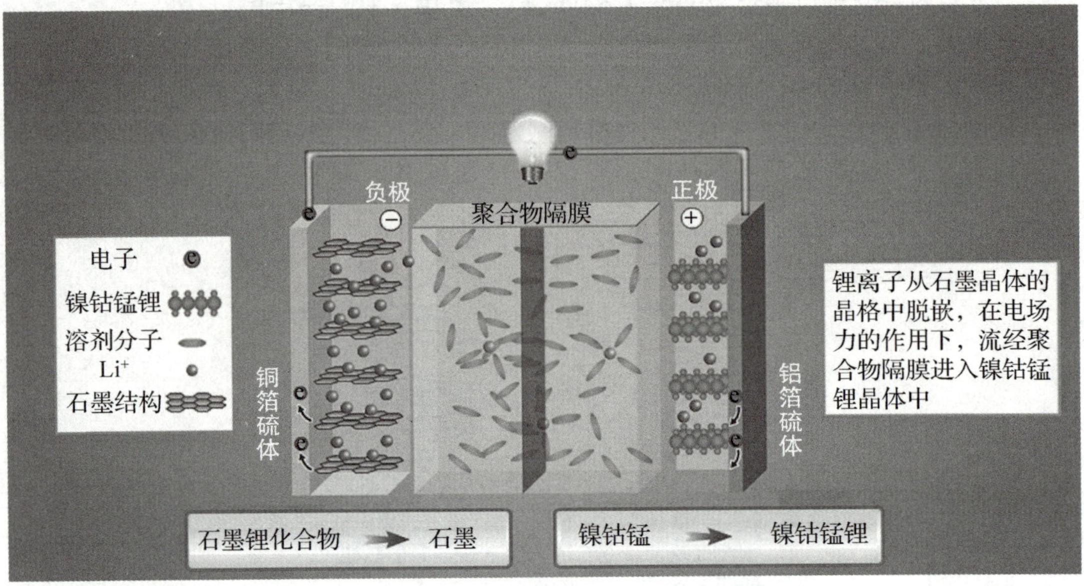

图 2-1-13　三元锂电池放电工作原理

（三）三元锂电池的正确充电方法

（1）用配套的充电器，将三元锂电池充满后，辅充一个小时。

（2）放电到还剩 20%左右，再充电，过度放电会损坏三元锂电池。

（3）三元锂电池充电时尽量一次充满。

三元锂电池单体的最高充电终止电压为 4.2V，不能过充，否则会因正极的锂离子丢失太多而使电池报废。对三元锂电池充电时，应采用专用的恒流、恒压充电器，先恒流充电至三元锂电池两端电压为 4.2V 后，转入恒压充电模式；当恒压充电电流降至 100mA 时，应停止充电。

放电时，锂离子不能全部移向正极，必须保留一部分锂离子在负极，以保证在下次充电时锂离子能够畅通地嵌入通道。否则，电池寿命会缩短。

三元锂电池单体的放电终止电压通常为 3.0V，不能低于 2.5V。三元锂电池放电时间长短与电池容量、放电电流大小有关。

电池放电时间(h)=电池容量÷放电电流

三元锂电池放电电流（mA）不应超过电池容量的 3 倍，如 1 000mA·h 的三元锂电池，其放电电流应严格控制在 3A 以内，否则会使电池损坏。

知识视界

动力蓄电池回收与处理注意事项

（1）遵守法律法规。遵循国家关于危险品处理的相关法律法规，如《中华人民共和国环境保护法》《中华人民共和国固体废物污染环境防治法》等。

（2）确保安全。在回收与处理过程中，应采取措施确保安全，避免火灾、爆炸和有毒气体排放。

（3）溯源管理。建立信息化生产过程管理体系，实现动力蓄电池的溯源管理，确保每个环节都可追溯。

（4）环境保护。采取措施避免环境污染，如使用封闭式设备、防止废气废液排放等。

（5）资源节约和循环利用。鼓励对可回收材料进行再利用，减少资源浪费。

（6）专业公司处理。选择具有专业技术和设备的公司进行回收再利用或安全处理。

（7）区分梯次利用和拆解回收。根据动力蓄电池的具体情况，决定是进行梯次利用还是拆解回收。

（8）规格统一。在回收时，对不同规格的动力蓄电池进行统一处理，降低拆解难度和风险。

此外，还需要了解动力蓄电池的种类和危害，选择环保的处理方式，以及倡导绿色消费和环保理念。

任务实施

比亚迪秦 EV 动力蓄电池包的更换

一、任务描述

一辆比亚迪秦 EV 纯电动汽车的动力蓄电池包发生了剐蹭，造成动力蓄电池包有凹陷，高压不上电，故需要拆卸动力蓄电池包，以便检查或者更换。

二、实训目标

（1）能正确规范地进行纯电动汽车的高压下电操作。
（2）能正确使用防护工具套装进行动力蓄电池包的拆装。
（3）能够进行动力蓄电池包的外观检查。
（4）培养 7S 现场管理、安全、环保等职业素养。

三、实训准备

1. 设备及工具准备

序号	设备及工具名称	数量
1	比亚迪秦 EV	1 辆
2	工位防护套装	1 套
3	人员防护套装	1 套

续表

序号	设备及工具名称	数量
4	数字式绝缘万用表	1套
5	汽车专用故障诊断仪	1套
6	电池包升降台	1台

2. 场地设备准备

（1）任务实施前，需要做好场地防护准备，检查实训场地和设备设施是否存在安全隐患，如发现不正常的地方，需及时报告老师或实验员进行处理，完成后方可实施任务。

（2）本实训任务用到实车，任务实施前需要在车辆周围围上隔离带，并摆上注意安全提示牌。

3. 安全防护准备

（1）禁止在车辆上电高压情况下检查与更换电池包。

（2）禁止在带电状态下触碰任何带安全警示标识的部件。

（3）禁止徒手触摸所有橙色的线束。

四、实训操作

步骤	记录内容	完成情况记录
1	铺设一次性五件套，车辆下电，将车辆钥匙存放在安全处	是□　否□
2	打开前机舱，铺设前机舱翼子板垫	是□　否□
3	断开动力蓄电池负极，负极电缆接头用绝缘胶布包好。动力蓄电池负极桩头用盖子盖好或用绝缘胶布包好	是□　否□
4	放置车辆5～10min，对纯电动汽车的高压电容器进行放电	是□　否□
5	断开前机舱动力蓄电池包母线进行验电，如果母线有残余电荷，需要用放电设备进行放电，确保动力蓄电池包母线无电	是□　否□
6	验电完毕，将动力蓄电池包母线接插件用盖子盖好或用绝缘胶布包好	是□　否□
7	调节举升机举升臂的位置	是□　否□
8	当汽车被举起时，观察车辆是否被水平托举	是□　否□
9	当车辆离地面5～10cm时停下，检查车辆是否被平稳托举	是□　否□
10	确认无问题后，将车辆举升到合适高度，并拉下锁定装置	是□　否□
11	围绕动力蓄电池总成四周检查外观	是□　否□

续表

步骤	记录内容	完成情况记录
12	拆下动力蓄电池包托盘底部安装的四周的护板	是□　否□
13	拆下动力蓄电池包低压接插件及高压接插件（拆下高压接插件时需佩戴绝缘手套）	是□　否□
14	用数字式绝缘万用表检测动力蓄电池包是否漏电。检测方法（需佩戴绝缘手套）：将数字式绝缘万用表正极分别搭在电池正极引出，负极搭车身。正常值为 10V 以下。若数值过大，请不要拆卸，检查漏电原因和位置，排除问题后再进行后续操作	是□　否□
15	排空动力蓄电池总成冷却液	是□　否□
16	拆卸动力蓄电池总成搭铁线或等电位线	是□　否□
17	在动力蓄电池包正下方准备好电池包升降台，电池包升降台需要升至动力蓄电池包的高度来托举动力蓄电池包	是□　否□
18	佩戴绝缘手套，使用套筒卸掉动力蓄电池与车身固定螺栓，将动力蓄电池包拆放至电池包升降台	是□　否□
19	缓慢将电池包升降台降至合适高度后，拉出车辆举升工位并将动力蓄电池包放置专用工位，设置注意安全提示牌及隔离带	是□　否□
20	更换正常的动力蓄电池包，将其拖到车辆下方后初步对准	是□　否□
21	慢慢举升动力蓄电池包（注意高低压插头和水管），举升到合适位置停下，对准所有螺丝孔位	是□　否□
22	使用合适工具前带上所有螺母，全部带上完毕后拧紧螺栓，拧紧至规定力矩（对角装螺丝）	是□　否□
23	安装高低压插头和水管，最后安装动力蓄电池包搭铁	是□　否□
24	降下车辆后，添加同型号、同规格的防冻液至合适高度	是□　否□
25	连接动力蓄电池负极上电，车辆正常上电，故障排除	是□　否□

重难点
1. 正确下电； 2. 正确拧紧所有螺栓至规定力矩

续表

7S 现场管理			
序号	操作步骤	完成情况	备注
1	建立安全操作环境	已完成□　未完成□	
2	清理及整理工具量具	已完成□　未完成□	
3	清理及复原设备	已完成□　未完成□	
4	清理场地	已完成□　未完成□	
5	物品回收和环保	已完成□　未完成□	
6	完善和检查工单	已完成□　未完成□	
实训总结			

任务二　新能源汽车动力蓄电池分解与组装

任务目标

知识目标

1. 掌握新能源汽车动力蓄电池的结构与工作原理。
2. 掌握新能源汽车动力蓄电池的成组技术。

技能目标

1. 能正确说出常见动力蓄电池包的组成及各部分的作用。
2. 能正确规范地进行动力蓄电池的拆卸和组装。

素养目标

1. 培养规范作业的良好习惯。
2. 培养严谨细致的工作态度。
3. 培养高压安全操作意识。

知识索引

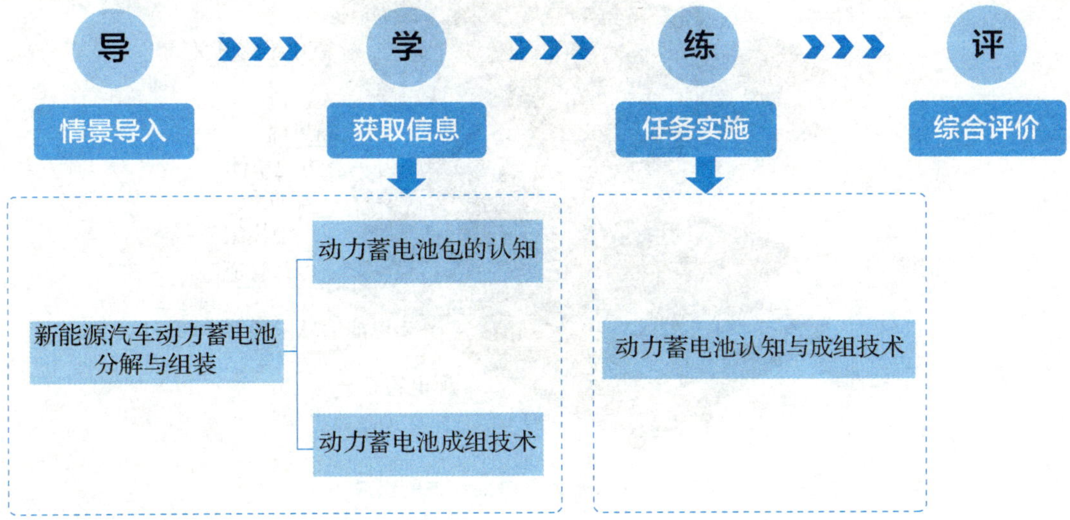

情景导入

一辆比亚迪秦EV试验车，在经过各种道路测试之后，动力蓄电池出现电压故障导致车辆无法行驶，需要更换动力蓄电池包，你作为一名电池助理测试工程师需要协助主管更换动力蓄电池。

获取信息

引导问题1：

动力蓄电池包由哪些零部件组成？各部分有什么作用？

____

____

____

知识点提示

微课视频

动力蓄电池的结构

动力蓄电池包的认知

根据《电动汽车术语》（GB/T 19596－2017）的定义，动力蓄电池系统（动力蓄电池包）是指一个或一个以上蓄电池包及相应附件（蓄电池管理系统、高压电路、低压电路、热管理设备以及机械总成）构成的为电动汽车整车的行驶提供电能的能量储存装置。要求动力蓄电池必须具有高能量、高功率、高能量密度、高倍率部分荷电状态下的循环使用，工作温度范围宽（－20～60℃），使用寿命长（6～10年），安全可靠等特点。

纯电动汽车的动力蓄电池系统总体结构一般由电池单体、电池模组、串联线、电池信息采集器（BIC）、托盘、防火隔热棉、密封盖、高压维修开关、配电箱（总正、总负接触器）、冷却管道等组成，如图 2－2－1 所示。

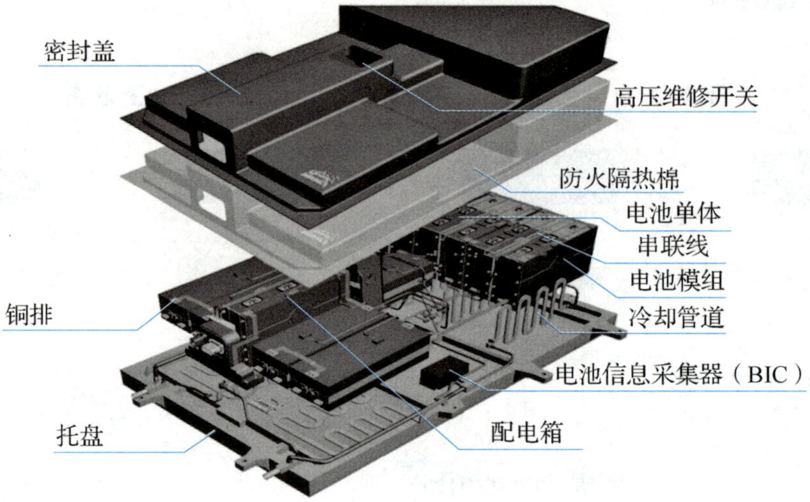

图 2－2－1　动力蓄电池系统的组成

一、电池单体

电池单体是直接将化学能转化为电能的基本单元装置，包括电极（正、负极）、电解质、隔膜、外壳和端子（正、负极端）等，如图 2－2－2 所示。

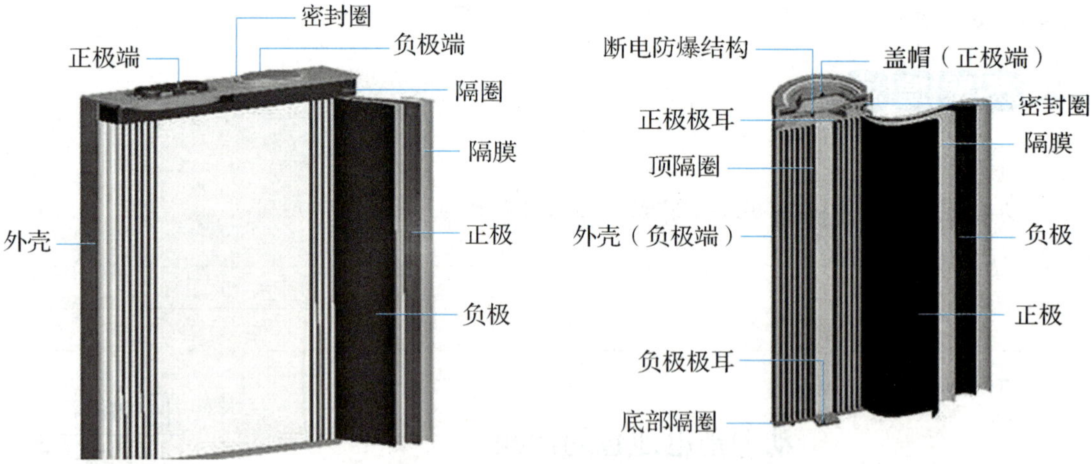

图 2－2－2　电池单体的结构组成

正极材料采用锂化合物 Li_xCoO_2（钴酸锂）、Li_xMnO_2（锰酸锂）、$LiFePO_4$（磷酸铁锂）、$Li(NiCoMn)O_2$（镍钴锰酸锂）三元材料等。通常，正极基体材料（正极集流体）为铝箔。

负极材料多为锂离子嵌入碳化合物，有 PC（石油焦）、MCMB（中间相碳微球）、CF（碳纤维）、石墨、Li_xC_6（锂-碳层间化合物）、Li_3TiO_3（钛酸锂）等。为提高电池的输出电流，采用薄电极设计，负极基体材料（负极集流体）为铜箔。

电解质是含锂盐的有机溶液，为离子运动提供运输介质，一般用 $LiPF_6$（六氟磷酸锂）、$LiAsF_6$（六氟合砷酸锂）等的混合溶液，形态有液体、胶体和固体。

隔膜通常使用微孔聚丙烯、微孔聚乙烯或二者的复合膜，孔径一般在 0.03～0.12μm。这样的隔膜允许锂离子（Li^+）往返通过，阻止电子（e^-）通过，在正、负极之间起绝缘作用，隔膜也被称为电池第三极。

在一定程度上，电池单体的性能决定了电池模组的性能，进而影响整个动力蓄电池系统的性能。电池单体按其结构形状可分为圆柱电池单体、方形电池单体及软包电池单体三种，优缺点对比见表 2-2-1。

表 2-2-1 不同形状结构电池单体的优缺点对比表

项目	圆柱电池单体	方形电池单体	软包电池单体
优点	工艺成熟度高、生产效率高、过程控制严格、成品率及电芯一致性高。壳体结构成熟，工艺制造成本低	对电芯的保护作用好，可以通过减少电池单体的厚度保证内部热量的快速传导，电芯的安全性能有较大的改善	外部结构对电芯的影响小，电芯性能优良；封装采用的材质质量较小，电池的能量密度较高
缺点	集流体上电流密度分布不均匀，造成内部各部分反应程度不一致；电芯内部产生的热量很难得到快速释放，累积会有安全隐患	壳体在电芯总重中所占的比重较大，导致电池单体的能量密度较低，内部结构复杂，自动化工艺成熟度相对较低	大容量电池密封工艺难度增加，可靠性相对较差；所采用的铝塑复合封装膜机械强度低，铝塑复合封装膜的寿命制约了电池的使用寿命

二、串联线

串联线（见图 2-2-3）的作用是把动力蓄电池里各个电池模组按照串联的方式连接在一起组成一个动力蓄电池包，要求其材料具有耐高温、耐腐蚀、导电性好等特点。

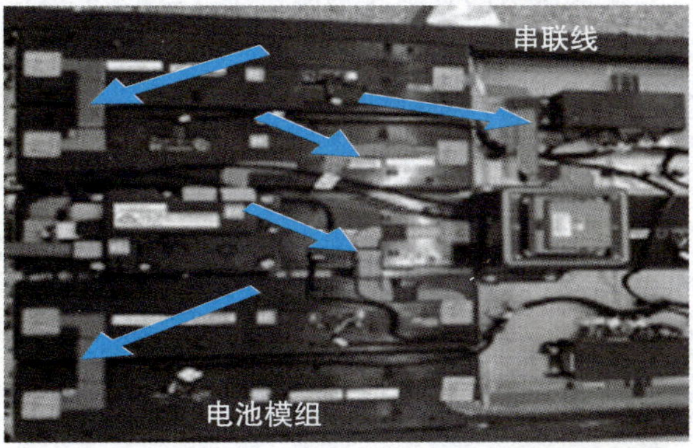

图 2-2-3 串联线

三、电池模组

电池模组（见图 2－2－4）是将一个以上电池单体按照串联、并联或串并联方式组合，且只有一对正负极输出端子，并作为电源使用的组合体。

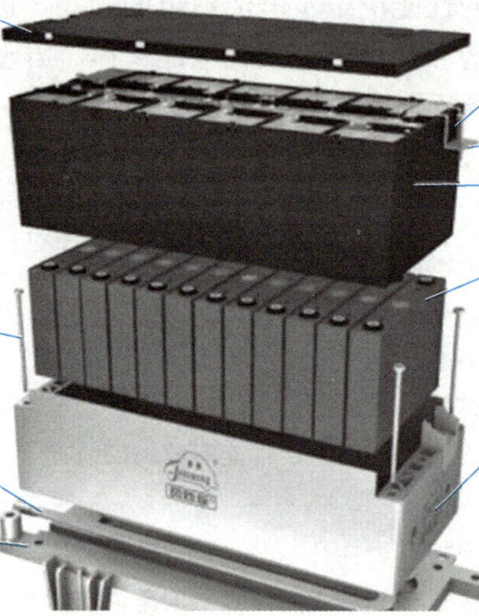

图 2－2－4　电池模组

电池模组由多个电池单体串并联组合而成。电池模组按其布置的排列数来分，可以分为单列模组和双列模组。一般情况下，将电池单体通过串联或并联的方式构成一个电池模块，再将多个电池模块通过串联或并联的方式组合成动力蓄电池组使用，满足新能源汽车对电压和电流的需要。

n 个电池单体通过串联构成电池模块（简称 nS）时，电池模块的电压为电池单体电压的 n 倍，而电池模块的容量为电池单体的容量。

电池单体并联方式通常用于满足大电流的工作需要。m 个电池单体通过并联构成电池模块（简称 mP）时，电池模块的容量为电池单体容量的 m 倍，电池模块的标称电压为电池单体的标称电压。

串并联结合能够满足电池模块既能提供高电压又要有大电流放电的工作条件。“先串后并”还是“先并后串”取决于电池的实际需求，通常情况下，电池并联的工作可靠性高于串联。

在实际应用中，需要把电池单体进行串并联，以满足车辆的实际需求。动力蓄电池从单体到串并联成组、成包的过程称为 PACK。

每个车型具有不同的技术要求，因此需要根据具体车型适配不同容量的电池模组，进而确定串并联形式和电芯规格等。

四、电池信息采集器（BIC）

电池信息采集器（BIC）主要对各电池单体进行电压和温度的采集，再把采集到的数据通过 CAN 网络传送给电池管理器（BMS），以便 BMS 的监控与管理，如图 2-2-5 所示。

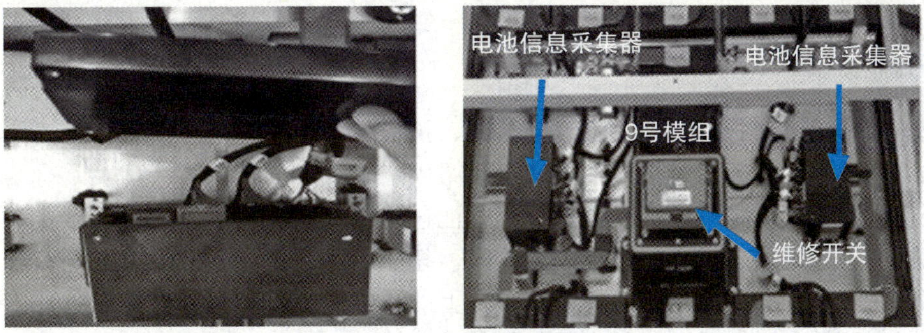

图 2-2-5 电池信息采集器

电池信息采集线主要由温度采集线和电压采集线组成，把采集到的温度和电压通过采集线传送回电池信息采集器，如图 2-2-6 所示。

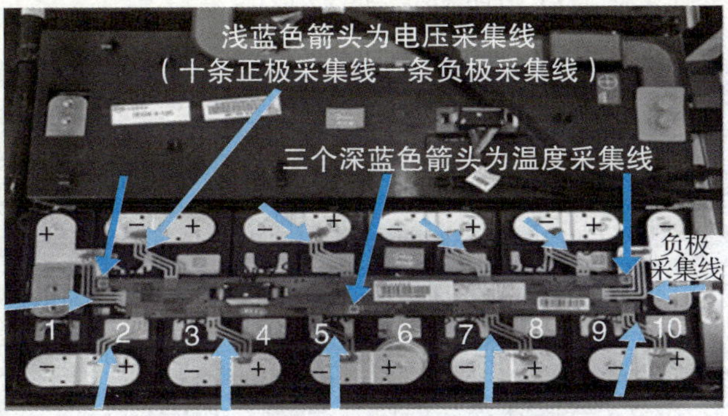

图 2-2-6 电池信息采集线

（一）电压采集的作用

（1）可以用来累计获得整个电池组的电压。

（2）可以根据电池单体电压压差来判断电池单体差异性。

（3）可以用来检测电池单体的运行状态。

由于水桶效应的存在，串联电池组的整体性能取决于电池组中性能最差的电池单体，为了能够对串联电池组的能量使用进行有效管理，需要实时监视电池组中的电池单体状态。

（二）温度采集的作用

动力蓄电池对工作温度极其敏感，过高的温度将会导致电池外壳破裂，从而会发生漏液、爆炸等安全事故；过低的温度将导致电解液凝固，使得充电或者放电无法进行。

在动力蓄电池管理系统中，除了针对电池本身进行温度监测，还应对环境温度、电池箱温度等进行监测，这对于电池剩余容量的评估、安全保护等方面具有非常重要的意义。

温度采集主要是通过在电池包中安装的传感器来检测电池包特定位置的温度，判断动力蓄电池的工作状态及内部温度与工作环境温度，防止电动汽车电池组因温度过高而引发安全事故。

五、托盘

托盘的结构由槽壳承重梁组件、连接梁、护板组成，托盘结构作为一个整体，标准电池包固定其上，后通过转接支架与底盘纵梁固定。

托盘的尺寸及固定孔位可以根据标准电池包的需求进行调整，其结构形式不变，这极大地提高了电池固定托盘的适配性；同时，托盘还有护板，可以防护电池底部，避免道路突起、飞石等损伤电池包。此外，护板上的孔位还可以当作托盘各部分拼接时的定位孔，以保证托盘拼接后电池包安装孔位的准确性。

六、防火隔热棉

动力蓄电池包的防火隔热棉要求重量轻、阻燃、防震、低导热率、耐候性强、抗高低温、有应力应变等特点，其结构如图 2-2-7 所示。

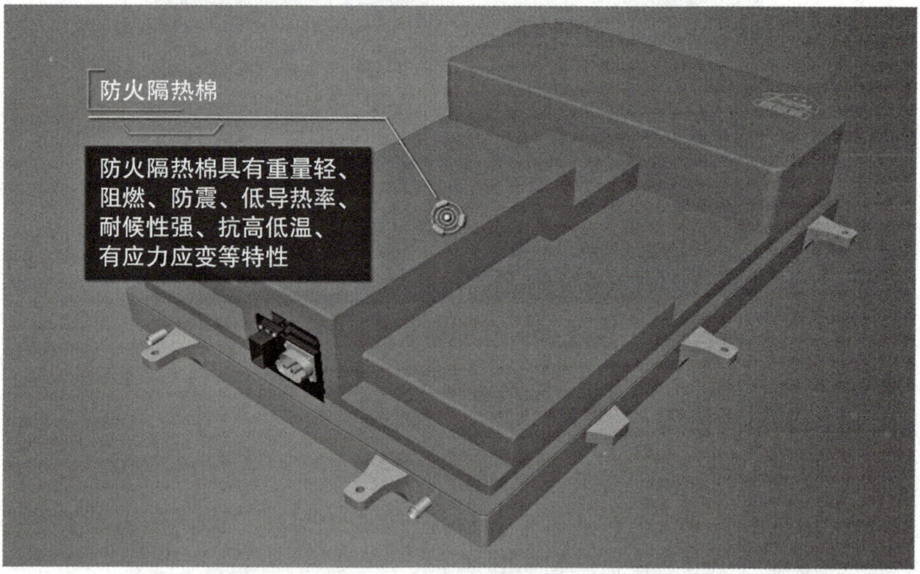

图 2-2-7　防火隔热棉的结构

微悦读

新能源汽车真的更容易着火吗?

近年来，国内新能源汽车保有量和火灾数量统计显示，新能源汽车的起火率从 2021 年的 1.85‱，降低到了 2023 年的 0.96‱，而燃油车的起火率则在 1.5‱左右。整体来看，新能源汽车的起火率甚至低于燃油车。

国际公开数据显示，在世界上新能源汽车销量比例最高的国家——挪威，汽油和柴油汽车的火灾发生率是新能源汽车的 4～5 倍。

中国汽车动力蓄电池产业创新联盟理事长指出，新能源汽车起火的事故率小于燃油车，这个是有统计的，但是我们对于新能源汽车出了事故时处理的方式，不像燃油车那么有经验。尽管新能源汽车起火率并没有比燃油车高，但是电池起火比汽油起火更难扑灭，复燃率较高，这也是新能源汽车起火备受关注的重要原因之一。

资料来源：佚名．新能源汽车更易起火？起火原因是什么？央视新闻，2024-06-20.

七、密封盖

由于纯电动汽车的动力蓄电池包的电压一般都能高达200V以上，电池箱体必须密封防水，防止进水导致电路短路，因此要求其密封盖防护等级达到IP67级或者IP68级。

八、高压维修开关

高压维修开关（见图2-2-8）的主要作用就是在紧急情况或者维修的时候切断高压电的输出，故又称为紧急维修开关。

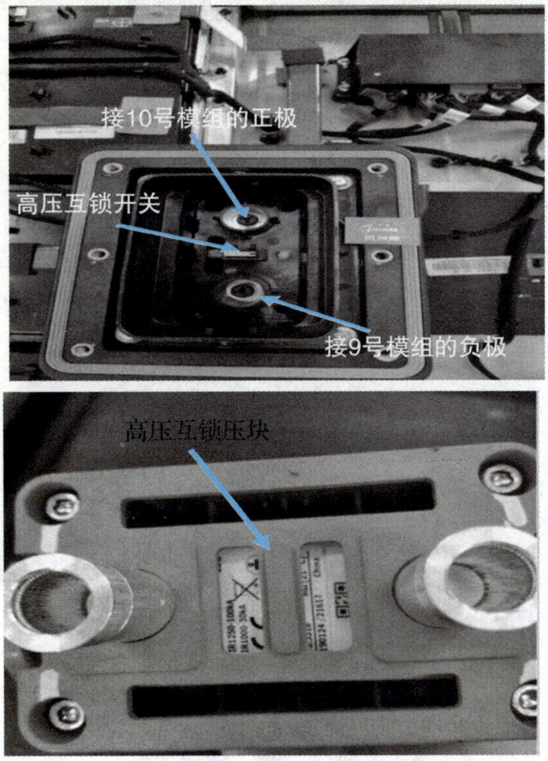

图2-2-8　高压维修开关

九、总正、总负接触器

纯电动汽车中，接触器是一种用小电流控制大电流的装置，也属于一种继电器，其一般由车辆的动力蓄电池管理系统（BMS）来控制。总正接触器存在于电池包放电正极电路，而总负接触器存在于电池包放电负极电路，由动力蓄电池管理系统控制它们接通与断开，从而控制电池包能量的输出与输入，如图 2-2-9 所示。

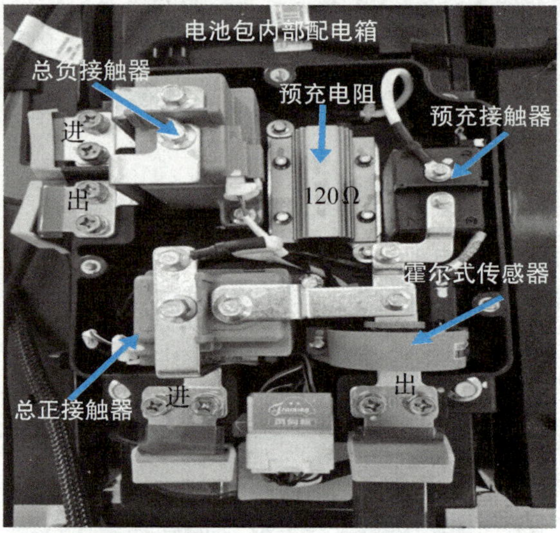

图 2-2-9　总正、总负接触器

十、冷却管道

为了保证电池包的性能和寿命，同时使电池包在适宜的温度下工作，确保其输出最优的功率和电能给车辆，采用冷却管道（见图 2-2-10）通过空调制冷系统对电池包进行冷却。冷却管道除了可以给电池包冷却，还可以在车辆处于低温状态下时通过空调制热系统对电池包进行加热升温，保证电池包处于适宜的工作温度。

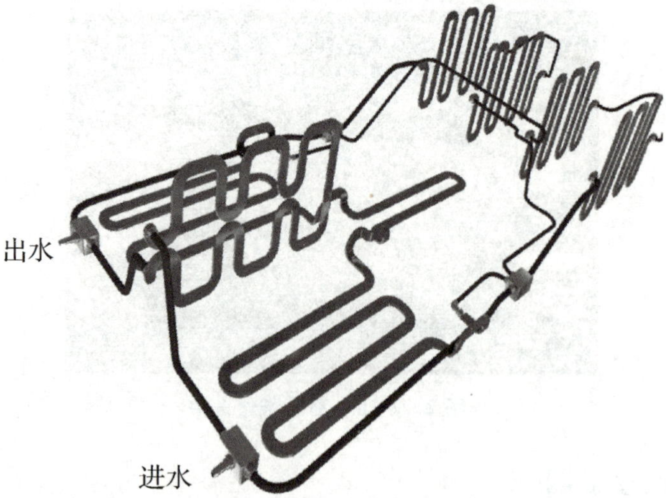

图 2-2-10　冷却管道

知识视界

纯电动汽车的自燃

近年来，特斯拉、蔚来、比亚迪等新能源汽车先后发生自燃事故，让新能源汽车的安全问题再度受到广泛关注，引发了消费者对于电动汽车的不信任和恐慌情绪。

那么新能源汽车为什么会起火呢?

汽车火灾安全联合研究实验室对过去几年发生的新能源汽车起火事件做了详细的分析，结果显示除了交通事故、底部碰撞等情况，与电池相关性最大的起火诱因为电池热失控。2023 年公开报道的全部 270 余起新能源汽车起火案例，其中碰撞后发生火灾的概率仅占 10%左右，在充电或静置状态下起火的比例则超过了 50%。

电池热失控是在使用过程中温度上升的不可控现象，一些不当的充电行为，包括在使用的过程中，一些底部的托底、剐蹭，包括长时间泡水，都可能会触发电池热失控现象的产生。

基于报告和数据分析，还原了一辆车在发生电池热失控后的大致情况。如果从发生电池热失控到起火的时间间隔在 5min 内，则车内最高温度将达到 437℃。而如果可以将时间延长至 5min 以上，则车内最高温度可大幅降低至 85℃，这意味着逃生成功率会大幅提升。

资料来源：佚名．新能源汽车更易起火？起火原因是什么？央视新闻，2024-06-20.

引导问题 2：

动力蓄电池如何进行成组设计？

____

____

____

知识点提示

动力蓄电池成组技术

一、术语解释

电池单体和电池模组的概念在上一知识点已介绍，这里只介绍电池管理系统、电池箱和电池包的概念。

（一）电池管理系统

电池管理系统（动力蓄电池管理系统，BMS）是监视电池的状态（温度、电压、荷电状态等），可以为电池提供通信、安全、电芯均衡及管理控制，并提供与应用设备间通信接口的系统。

（二）电池箱

电池箱用于盛装电池组、电池管理系统及相应的辅助元器件，并包含机械连接、电气连接、防护等功能的总成，也称为动力蓄电池箱。

（三）电池包

电池包通常包括电池模组、电池管理系统、电池箱及相应附件（冷却部件、连接电缆等），是具有从外部获得电能并可对外输出电能的单元。

二、动力蓄电池成组技术要点

在纯电动汽车和插电式混合动力电动汽车中，电池单体难以满足电压需求，需要将若干个电池单体和模块通过串并联的方式组合成电池包。动力蓄电池成组技术如图 2-2-11 所示。串联可以增加电压，但是容量不变；并联可以增加容量，但是电压不变。

图 2-2-11　动力蓄电池成组技术

动力蓄电池的连接方式通常用 $m\mathrm{P}n\mathrm{S}$ 表示。例如，3P91S 表示由 3 个电池单体并联成一组，共有 91 组串联在一起；1P100S 表示由 100 个电池单体串联而成。北汽 EV160 纯电动汽车的电芯组成方式是 1P100S，即将 100 个磷酸铁锂电池单体串联在一起，组成车辆的动力蓄电池组；而北汽 EV200 纯电动汽车的电芯组成方式是 3P91S，即该电池包是由 3 个三元锂电池单体并联组成一个模块，再用 91 个这样的模块串联成一个整体，构成动力蓄电池总成。

（一）电池均衡

组合的电池数量越多，电池组的可靠性越差。在进行电池组合时，应采用同一系列、同一规格的电池，这就是常说的电池均衡问题。动力蓄电池组内电池单体一致性差是指内部电池单体之间出现的剩余容量差异过大、电压差异过大等情况，从而导致新能源汽车的续航能力下降。造成动力蓄电池组内电池单体一致性差的主要原因有以下几点。

1. 生产工艺差异

由于生产工艺的差异，各电池单体之间不可避免地存在差异。改善电池的生产工艺，从生产上尽可能保证电池的一致性，使用同一批次的电池进行配组，这种方法有一定的效果，但无法完全解决一致性差的问题。电池组使用一段时间后，仍会出现一致性差的问题，如果不能及时处理，问题会愈加严重，甚至会发生危险。

2. 温度差异

在新能源汽车上，动力蓄电池的安装位置不同，热环境也存在一定的差异；即使在同一位置的动力蓄电池，由于通风条件的不同，也会导致电池单体之间出现温差，造成电池包温度不均匀，还有可能出现局部高温的情况。

3. 放电倍率差异

同一种电池具有相同的放电倍率，电池的使用容量产生变化，导致最佳放电电流不同。

4. 放电深度差异

放电深度是表示动力蓄电池放电状态的参数，等于实际放电容量与可用容量的百分比。新能源汽车的续驶里程主要是由动力蓄电池的容量决定的，动力蓄电池放电深度的不同会导致电池单体的一致性变差。

5. 可用容量差异

在充电过程中，容量偏小的电池将提前充满电，为使电池组中其他电池也能够充满电，小容量电池必将出现过充电现象。如果为了避免小容量电池发生过充电而提前结束整个电池系统的充电，则会导致其他容量偏大的电池处于欠充电状态。这种情况不仅会影响电池组的充电过程，还会影响电池的使用寿命，甚至会带来安全隐患。

（二）电池安全

电池单体通过并联、串联或串并联方式成组后，作为一个整体对外工作时的安全问题是新能源汽车的核心问题，也是整个社会都关注的问题。电池安全是电池技术实现革命性突破的第一重点，也是促进纯电动汽车性能提升的关键。关于电池系统的安全问题，概括起来主要有以下几个方面。

1. 电芯安全

通过电芯、电池模块标准化来改善电芯安全。在设计方面，把电芯的设计问题集中暴露出来并集中处理，生产设备的标准化程度也会相应高一些。通过标准化，可以把优秀的设备配套商和零配件配套商的经验在行业内推广，这样可以整体提高电池行业的安全技术水平。电芯标准化可以减少低层次劳动的重复，对电芯的安全性能有很大的促进作用，更多厂商做同一个标准的电芯，电芯成本会下降，安全性会提高。

2. 成组安全

相对于电池单体来讲，锂电池成组应用是新能源汽车的关键。新能源汽车的动力蓄电池需要由多个电池单体串并联组成，此时成组应用一致性差的问题就会凸显出来。即使在电池出厂时一致性偏好的情况下，只要在新能源汽车特有工况环境（电池在新能源汽车上的摆放位置不同、温度场不同等）下应用一段时间，因电池组串并联引起的电化学特性的改变就会显现出来，从而导致电池组中某一电池单体由于过充电或过放电等原因率先失效，影响电池组的安全性和循环寿命。电池系统热管理功能的设计，对保证电池成组后的安全性非常重要。温度对电池电压的影响很大，热管理功能设计得好，热量均衡，BMS 便可对每个电芯做精确的检测、管控和预警。

3. 电池管理

BMS 是对新能源汽车动力蓄电池组进行安全监控及有效管理的装置。它能够提高新能源汽车动力蓄电池的使用效率、增加续驶里程、延长使用寿命、降低运行成本、提高电池组可靠性，进而有效提升新能源汽车的整车品质。BMS 主要由控制模块、均衡电源模块和检测模块三部分构成。

4. 设计安全

目前，三元锂电池和磷酸铁锂电池是乘用车动力蓄电池的主流，各种电池材料、电池结构均有各自的优缺点，对安全性的影响程度也不相同，只要设计科学、制造精密，在一定程度上都可以制造出安全性可以接受的动力蓄电池。

5. 充电安全

新能源汽车使用中的安全问题是事关用户生命财产安全和产业发展的底线，而为车辆充电是用车过程中的重要环节。充电安全主要涉及信息安全、电气安全和消防安全三个方面。

（1）信息安全。充电场所中的扫码充电存在信息安全隐患。目前，通过扫描二维码来完成充电设施的起停和充电的支付结算是很多充电运营企业的选择。充电运营企业仅是将一张打印好的二维码张贴到充电桩上供用户使用，这样的方式是存在信息安全隐患的。

（2）电气安全。新能源汽车的公共充电设施需要面向近百家车企的数千个车型提供充电服务，大多存在“高压带电、放置室外、无人值守”的现象。充电设备本体的安全风险逐渐受到了人们的重视，可以通过充电设备硬件电路的设计来降低风险。例如，使用带有保护功能的电气元件来降低风险，通过软件来监测是否超限、过充电等。在绝缘防护、漏电保护和充电过程绝缘监测等方面加强风险管控，防止人身触电。

（3）消防安全。消防安全始终贯穿整个充电过程及充电场地的全生命周期。《电动汽车分散充电设施工程技术标准》（GB/T 51313－2018）对消防安全问题进行了较为详细的阐述和规定。

6. 使用安全

通过使用防火材料，或在防火结构上做防火隔热处理等方式，延缓热失控的扩散过程。增加烟雾检测、化学成分检测、温升检测等环节，通过检测发现早期电池单体热失控，并向驾驶人和乘客发出警报，提醒人员逃生。目前，电动客车国家标准正在推动增加灭火装置，在整车设计方面要增加安全逃生装置。纯电动汽车和传统燃油汽车不一样，动力蓄电池是车辆的唯一动力来源，在车辆发生严重故障的情况下，如果通过切断供电电路的方式进行控制，车门就有可能打不开。所以在整车设计上，增加可以快速、方便打开的逃生门或者其他逃生装置，是一个可行的选择。

7. 安全预警

根据新能源汽车国家标准，可以通过互联网把整车控制器（VCU）收集到的 BMS

信息上传到云端进行大数据分析。监控平台不断收集新能源汽车的工况数据、报警数据、诊断数据等并进行实时分析，向用户提供精准报警推送和智能预警分析结果。当新能源汽车出现安全问题时，通过预警装置可以提醒驾驶人靠边停车，提高了安全预警的可靠性。

任务实施

动力蓄电池认知与成组技术

一、任务描述

不同种类的动力蓄电池，其性能有差异，目前新能源汽车应用较多的是锂离子动力蓄电池。根据相关要求，将电池单体组成电池包以提高总电压和容量，应用于新能源汽车动力蓄电池。

二、实训目标

（1）能正确规范地测量动力蓄电池的电压。
（2）能正确使用防护工具套装规范地进行电池单体的串、并联。
（3）能够理解动力蓄电池成组技术的具体操作。
（4）培养 7S 现场管理、安全、环保等职业素养。

三、实训准备

1. 设备及工具准备

序号	设备及工具名称	数量
1	不同类型的动力蓄电池	若干
2	工位防护套装	6 套
3	人员防护套装	6 套
4	数字式绝缘万用表	6 套
5	导线	若干
6	电池槽	若干

2. 场地设备准备

（1）任务实施前，需要做好场地防护准备，检查实训场地和设备设施是否存在安全隐患，如发现不正常的地方，需及时报告老师或实验员进行处理，完成后方可实施任务。

（2）本实训任务用到动力蓄电池，任务实施前需要了解动力蓄电池正负极判定、导线连接等操作规范。

3. 安全防护准备

（1）禁止在任何情况下短路连接动力蓄电池正负极。

（2）禁止将不同类型的动力蓄电池进行串、并联。

四、实训操作

<table>
<tr><th>步骤</th><th>记录内容</th><th>完成情况记录</th></tr>
<tr><td>1</td><td>根据提供的动力蓄电池，识别其类型，并记录。根据理论知识的学习，检测该电池单体电压并记录
<table>
<tr><th>电池类型</th><th>电池单体电压理论值</th><th>电池单体电压实测值</th></tr>
<tr><td>铅酸电池</td><td></td><td></td></tr>
<tr><td>镍氢电池</td><td></td><td></td></tr>
<tr><td>磷酸铁锂电池</td><td></td><td></td></tr>
<tr><td>三元锂电池</td><td></td><td></td></tr>
</table></td><td>是□　否□</td></tr>
<tr><td>2</td><td>根据测量结果，挑选出电压一致的三元锂电池单体，根据排列方式，填写表格
<table>
<tr><th>排列方式</th><th>总电压理论值</th><th>总电压实测值</th></tr>
<tr><td>3P</td><td></td><td></td></tr>
<tr><td>5S</td><td></td><td></td></tr>
<tr><td>3P5S</td><td></td><td></td></tr>
<tr><td>6P6S</td><td></td><td></td></tr>
</table></td><td>是□　否□</td></tr>
<tr><td>3</td><td>已知一款电池单体的电压为 3.65V，容量为 40A・h，根据排列方式，填写表格
<table>
<tr><th>排列方式</th><th>总电压</th><th>总容量</th></tr>
<tr><td>1P10S</td><td></td><td></td></tr>
<tr><td>3P10S</td><td></td><td></td></tr>
<tr><td>10P10S</td><td></td><td></td></tr>
</table></td><td>是□　否□</td></tr>
<tr><th colspan="3">重难点</th></tr>
<tr><td colspan="3">1. 电池单体串、并联的操作；
2. 动力蓄电池成组技术要求</td></tr>
</table>

续表

步骤	记录内容		完成情况记录
7S 现场管理			
序号	操作步骤	完成情况	备注
1	建立安全操作环境	已完成□ 未完成□	
2	清理及整理工具量具	已完成□ 未完成□	
3	清理及复原设备	已完成□ 未完成□	
4	清理场地	已完成□ 未完成□	
5	物品回收和环保	已完成□ 未完成□	
6	完善和检查工单	已完成□ 未完成□	
实训总结			

任务三 新能源汽车动力蓄电池性能检测

任务目标

知识目标

1. 掌握动力蓄电池主要性能参数的含义。
2. 掌握动力蓄电池性能评价参数。
3. 掌握动力蓄电池基本性能检测项目和方法。

技能目标

1. 能够利用动力蓄电池的性能参数评价各类动力蓄电池的性能优劣。
2. 能够分析阐述新能源汽车对动力蓄电池的性能要求。
3. 能正确进行动力蓄电池的性能检测。

素养目标

1. 培养规范使用仪器和爱护设备的良好素养。
2. 具备分析问题、解决问题的能力。
3. 培养爱岗敬业的工作态度。

知识索引

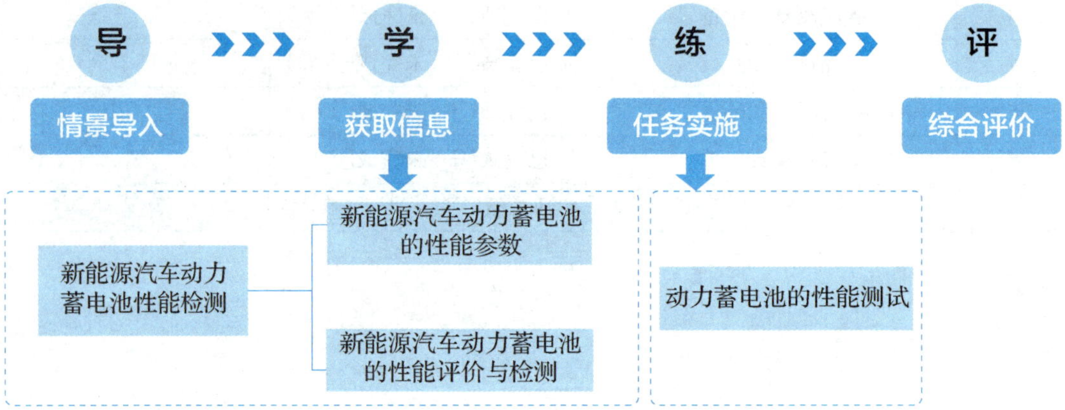

情景导入

目前电池种类众多，规格和型号也特别多，用户该如何选择呢？用户如何辨别不同种类电池性能的优劣，又如何确定哪些规格和型号的电池适合自己的汽车呢？首先需要了解电池的性能参数，这些参数能直接体现电池的性能状况，因此，可以根据电池的性能参数来初步评价不同种类电池的性能优劣。

获取信息

引导问题 1：

查阅相关资料，简述新能源汽车动力蓄电池的性能参数。

知识点提示

新能源汽车动力蓄电池的性能参数

动力蓄电池是新能源汽车的核心组成部件，性能优越的动力蓄电池是新能源汽车高效、安全、稳定运行的前提和基础。动力蓄电池的能量密度、产品性能、使用寿命和成本等直接影响新能源汽车的续驶里程、动力性、安全性和使用成本。

动力蓄电池性能的优劣一般根据其性能参数来评价。动力蓄电池的性能参数主要有电压、容量、比容量、内阻、能量、能量密度、功率、功率密度、荷电状态、放电深度、放电倍率、放电制度、使用寿命、一致性等。

一、电压

（一）电动势

电动势是反映电源把其他形式的能转换成电能的物理量，电动势使电源两端产生电压。电池的电动势是热力学的两极平衡电极电位之差，常用 E 表示，单位是伏（V）。电动势是电池在理论上输出能量大小的度量之一。如果其他条件相同，那么电动势越高，理论上能输出的能量就越大。

实际上，电池的开路电压在数值上接近电池的电动势，所以在工程应用上，常常认为电池在开路条件下，正负极间的平衡电势之差即电池的电动势。

（二）开路电压

电池开路电压（Open Circuit Voltage，OCV）是指在开路状态下（即无负荷情况下），电池两电极之间的内电压。开路电压不等于电池的电动势。电池的电动势是从热力学函数计算而来的，而开路电压则是实际测量出来的。当电池开路时，端电压与电动势基本相等。电池的开路电压取决于电池正负极材料的活性、电解质和温度等条件，而与电池的几何结构和尺寸大小无关。

（三）端电压

端电压即电池正极与负极间的电位差。当电池放电时，端电压低于电动势；当电池充电时，端电压高于电动势。

（四）额定电压

额定电压又称为标称电压，是指该电化学体系的电池工作时公认的标准电压。它是选用不同种类电池时的参考性能参数。额定电压只与电极活性物质的种类有关，而与活性物质的数量无关。

（五）工作电压

工作电压是指电池在接通负载放电过程中所显示的电压，又称负荷（载）电压或放电电压。在电池放电的初始时刻，即开始有工作电流时的电压称为初始电压。

电池在接通负载后，由于欧姆内阻和极化内阻的存在，电池的工作电压低于开路电压。其工作电压计算公式为：

$$V=E-IR(R_{\Omega}+R_{f}) \tag{2-3-1}$$

式中：I——电池的工作电流；

E——电池的电动势；

R_f——极化内阻；

R_{Ω}——欧姆内阻。

从公式（2－3－1）可以看出，工作电压随着负载和电流的变化而发生变化。

（六）放电终止电压

放电终止电压也称为放电截止电压，是指电池在放电时，电压下降到不宜再继续放电的最低工作电压值。

由于对电池的容量和寿命的要求不同，以及不同的电池类型和放电条件，各种电池规定的放电终止电压也不同。一般而言，在低温或大电流放电时，放电终止电压规定得低些；小电流长时间或间歇放电时，放电终止电压规定得高些。对于所有充电电池，放电终止电压都是必须严格规定的重要指标。

各类型电池单体各工况下的电压见表2－3－1。

表2－3－1 各类型电池单体各工况下的电压

电池类型	开路电压（V）	工作电压（V）	放电终止电压（V）	充电限制电压（V）
铅酸电池单体	2.1～2.2	2.0	1.7	2.3
镍镉电池单体	1.4	1.2	1.0	1.5
镍氢电池单体	1.4	1.2	1.0	1.5
锂电池单体	4.1～4.2	3.6～6.7	2.6～2.7	4.2～4.3

二、容量与比容量

电池完全放电的过程中，电极的通电材料所能释放出的电荷数量称为电池容量（Battery Capacity），用符号 C 表示，其单位为安时（A·h）。电池容量既与放电电流的大小有关，又与充、放电终止电压有关。表征电池容量的常用专用术语有三个，即理论容量、额定容量和实际容量。有时还会用到剩余容量和比容量的概念。

（一）理论容量

理论容量是指根据参加电化学反应的活性物质电化学当量数计算得到的电量，是根据法拉第定律计算得到的最高理论值。

（二）额定容量

额定容量是指环境温度为25℃±3℃条件下，充满电的电池以额定电流放电至终止电压所能放出的电量，单位为A·h（或mA·h）。假设一个电池的额定容量是1 500mA·h，那么如果以150mA的电流给电池放电，则该电池可以持续工作10h（1 500mA·h/150mA=10h）；如果放电电流为1 500mA，则供电时间就只有1h左右。

（三）实际容量

实际容量指在一定的放电条件（放电电流、温度）下，工作中的电池实际放出的电量，是放电电流与放电时间的积分。实际放电容量受放电率的影响较大，所以常在字母 C 的右下角标明放电率，如 C_{20}=50A·h，表示在 20h 放电率下的容量为 50A·h。由于电池内阻和其他原因，活性物质不可能完全被利用，所以实际容量、额定容量总是小于理论容量。理论容量通常比额定容量大 10%～20%。电池实际容量的大小，与正、负极上活性物质的数量和活性有关，也与电池的结构、制造工艺和放电条件（放电电流、温度）有关。

（四）剩余容量

剩余容量是指电池在一定放电倍率下放电后剩余的可用容量。剩余容量的估计和计算受电池前期应用的放电率、放电时间，以及电池老化程度、应用环境等多种因素影响，所以在准确估算上存在一定的困难。

（五）比容量

为了比较不同系列的电池，常用比容量的概念。比容量是指单位质量或单位体积的电池所能放出的电量，相应地也称为质量比容量（A·h/kg）或体积比容量（A·h/L）。

三、内阻

电流通过电池内部时受到阻力，使电池的工作电压降低，该阻力称为电池内阻。由于电池内阻的作用，电池放电时端电压低于电动势和开路电压，充电时端电压高于电动势和开路电压。电池内阻是化学电源的一个极为重要的参数，它直接影响电池的工作电压、工作电流、输出能量与功率等，对于一个实用的化学电源来说，其内阻越小越好。

电池内阻不是常数，它在放电过程中随活性物质的组成、电解液浓度和电池温度及放电时间的变化而变化。电池内阻包括欧姆内阻（R_Ω）和电极在电化学反应时所表现出的极化内阻（R_f），两者之和被称为电池的全内阻（R_i），即

$$R_i=R_\Omega+R_f \qquad (2-3-2)$$

欧姆内阻主要由电极材料、电解液、隔膜的内阻及各部分零件的接触电阻组成。它与电池的尺寸、结构、电极的成形方式（如铅酸电池的涂膏式电极与管式电极，碱性电池的有极盒式电极和烧结式电极）及装配的松紧度有关。欧姆内阻遵循欧姆定律。

极化内阻是指化学电源的正极与负极在电化学反应时由于极化所引起的内阻，它是电化学极化和浓差极化所引起的电阻之和。极化内阻与活性物质的本性、电极的结构、电池的制造工艺有关，尤其与电池的工作条件密切相关，放电电流和温度对其影响很大。在大电流条件下放电时，电化学极化和浓差极化均增加，甚至可能引起负极的钝化，极化内阻增加。低温对电化学极化、离子的扩散均有不利的影响，故在低温条件下电池的极化内阻也增加。因此极化内阻并非一个常数，而是随放电率、温度等条件的改变而改变。

电池内阻较小，在许多工况下常常忽略不计，但新能源汽车的动力蓄电池常处于大

电流、深放电的工作状态，内阻引起的压降较大，此时内阻对整个电路的影响不能忽略。对应电池内阻的构成，电池产生极化现象有三个方面的原因。

（1）欧姆极化。在充放电过程中，为了克服欧姆内阻，外加电压就必须额外施加一定的电压，以克服阻力，推动离子迁移。该电压以热的方式转化给环境，出现所谓的欧姆极化现象。随着充电电流的急剧加大，欧姆极化将造成电池在充电过程中温度升高。

（2）浓度极化。电流流过电池时，为了维持正常的反应，最理想的情况是电极表面的反应物能及时得到补充，生成物能及时离去。实际上，生成物和反应物的扩散速度远远比不上化学反应速度，从而造成极板附近电解质溶液浓度发生变化。也就是说，从电极表面到中部溶液，电解液浓度分布不均匀，这种现象就是浓度极化。

（3）电化学极化。这种极化是由电极上进行的电化学反应的速度落后于电极上电子运动的速度造成的。

四、能量与能量密度

电池的能量是指电池在一定放电条件下，对外做功所能输出的电能，通常用 W·h 或 kW·h 表示，它等于电池的容量（A·h）和平均工作电压（V）的乘积。电池的能量反映了电池做功能力的大小，也是电池放电过程中能量转换的量度，它影响新能源汽车的续驶里程。

（一）放电能量

放电能量包括理论能量和实际能量。电池在放电过程中始终处于平衡状态，其放电电压保持电动势的数值，而且活性物质的利用率为 100%，在此条件下电池所输出的能量为理论能量。而实际能量是指电池放电时实际输出的能量，它在数值上等于电池的实际容量和平均工作电压的乘积。由于活性物质不可能完全被利用，而且工作电压总是低于电池的电动势，因此电池的实际能量总是小于理论能量。

（二）比能量

电池的比能量也称为能量密度，可分为质量比能量和体积比能量，即分别指单位质量和单位体积的电池所能输出的能量。质量比能量的单位为 W·h/kg；体积比能量的单位为 W·h/L。电池的比能量直接影响新能源汽车的整车质量和续驶里程，是评价新能源汽车的动力蓄电池是否满足预定的续驶里程的重要指标。

在相同的电池能量下，动力蓄电池的比能量越大，意味着动力蓄电池的体积更小，重量更轻。目前，磷酸铁锂电池的能量密度在 150W·h/kg 左右，三元锂电池的能量密度在 250W·h/kg 左右，相同电池能量下，三元锂电池的重量比磷酸铁锂电池要轻。2020 年 10 月，由工业和信息化部指导、中国汽车工程学会组织编制的《节能与新能源汽车技术路线图 2.0》（简称《路线图 2.0》）正式发布。《路线图 2.0》提出，高端能量型动力蓄电池单体比能量要在 2025 年达到 350W·h/kg，2030 年要达到 400W·h/kg，2035 年要达到 500W·h/kg，届时纯电动汽车的续驶里程将远超传统燃油汽车。

电池容量和能量容易混淆，下面我们通过一个简单的例子来说明。一节 5 号干电池的电压为 1.5V，电池容量 $Q=500mA\cdot h$，这表示此节干电池以 500mA 的电流放电可以工作 1h，这是容量的概念。如果我们用这节电池给工作电流为 65μA 左右的石英钟供电，可使用时间 $t=500mA\cdot h/65\mu A\approx 7\,692h\approx 320$ 天，即可供电将近一年的时间。那么这节干电池的能量为：

$$E=W=UQ=1.5V\times 500mA\cdot h=0.75W\cdot h=2\,700J$$

五、功率与功率密度

（一）功率

电池的功率是指在一定的放电制度下，单位时间内电池输出的能量，其单位为瓦（W）或千瓦（kW）。理论上电池的功率可以表示为：

$$P_0=\frac{W_0}{t}=\frac{C_0E}{t}=IE \tag{2-3-3}$$

式中：t——放电时间；

C_0——电池的理论容量；

I——恒定的放电电流。

此时，电池的实际功率应为

$$P_0=IV=I(E-IR_W)=IE-I^2R_W \tag{2-3-4}$$

式中：I^2R_W——消耗于电池内阻上的功率，这部分功率对负载是无用的。

（二）功率密度

单位质量或单位体积电池输出的功率称为功率密度，又称比功率，单位为 kW/kg 或 W/g。功率密度的大小，表征电池所能承受的工作电流的大小，电池的功率密度大，表示它可以承受大电流放电。功率密度是评价电池及电池组是否满足新能源汽车加速和爬坡能力的重要指标。

六、荷电状态

荷电状态（State of Charge，SOC）又称剩余电量，是指电池当前还有多少电量。美国先进电池联合会（USABC）在《电动汽车电池实验手册》中将 SOC 定义为：电池在一定放电倍率下，剩余电量与相同条件下额定容量的比值。SOC 一般用百分比的方式来表示，SOC 的取值为 0～100%，如 SOC=100%表示电池处于充满状态，0 代表电池完全没电了。SOC 反映电池容量的变化，电池放电的高效区为 SOC 在 50%～80%。

SOC 的主要影响因素有放电电流、温度、一致性、自放电和容量衰减。SOC 是动力蓄电池管理的关键参数，也是最不易获得的参数，人们试图通过测量内阻、电压、电流的变化等来推算 SOC，但目前的公式和算法还不能得到统计数据的有效支持。目前 SOC 的主流计算方法及其优缺点见表 2-3-2。

表 2-3-2　目前 SOC 的主流计算方法及其优缺点

SOC 计算方法	优点	缺点
放电实验法	准确、可靠	必须中断，时间长
安时计量法	计算较为简单	相对误差较大
开路电压法	在数值上接近电池电动势	需要长时间静置
线性模型法	模型简单	不够准确
内阻法	与 SOC 关系密切	测量困难
卡尔曼滤波法	适合非线性模型	需准确的模型算法
神经网络法	精度比较高	需大量训练方法和数据

七、放电深度

放电深度（Depth of Discharge，DOD）是放电容量与额定容量之比的百分数，与 SOC 之间存在如下数学计算关系：

$$DOD=1-SOC \quad (2-3-5)$$

放电深度的高低对动力蓄电池的使用寿命有很大的影响，一般情况下，动力蓄电池常用的放电深度越深，其使用寿命就越短，因此在电池使用过程中应尽量避免动力蓄电池深度放电。

八、放电倍率

放电倍率表示电池放电快慢的程度，用 C 表示。电池 1h 放电完毕，称为 1C 放电倍率，0.5h 放电完毕称为 2C 放电倍率，5h 放电完毕称为 0.2C 放电倍率。假设某电池的额定容量为 50A·h，以 1C 放电倍率放电，则放电电流为 50A；以 2C 放电倍率放电，则放电电流为 100A；以 0.2C 放电倍率放电，则放电电流为 10A。

九、放电制度

放电制度就是电池放电时所规定的各种条件，主要包括放电速率（电流）、终止电压和温度等。放电电流是指电池放电时的电流大小。放电电流的大小直接影响电池的各项性能指标，因此，介绍电池的容量或能量时，必须说明放电电流的大小，指出放电的条件。

十、使用寿命

（一）循环寿命

动力蓄电池单体在充放电循环使用过程中，由于一些不可避免的副反应的存在，电池可用活性物质逐渐减少，性能逐渐退化，其退化程度随着充放电循环次数的增加而加剧，其退化速度与动力蓄电池单体充放电的工作状态和环境有着直接的联系。

循环寿命是评价电池寿命性能的一项重要的指标。电池经历一次充电和放电，称为一次循环，或者一个周期。按一定测试标准，当电池容量降到某一规定值（一般规定为额定值的80%）以前，电池经历的充放电循环总次数，称为蓄电池的循环寿命或使用周期。各类电池的循环寿命都有差异，即使同一系列、同一规格的产品，循环寿命也可能有很大差异。目前常用的动力蓄电池中，锌银电池的循环寿命最短，一般只有30～100次；铅酸电池的循环寿命为300～500次；锂离子电池的使用周期较长，循环寿命可达1 000次以上。

电池循环寿命的影响因素主要包括充放电速率、充放电深度、环境温度、存储条件、电池维护过程、电流波纹、过充电量和过充频度等。动力蓄电池成组应用中，电池单体的不一致性、电池单体所处温区不同、车辆的振动环境等都会对电池寿命产生影响。

（二）储存寿命

电池在长期搁置后容量会发生变化，这种特性被称为储存性能。电池在储存期间，虽然没有放出电能，但是在电池内部总是存在着自放电现象，即使是干储存，也会由于密封不严，进入水分、空气及二氧化碳等物质，使处于热力学不稳定状态的部分正极和负极活性物质构成微电池腐蚀机理，自行发生氧化还原反应而白白消耗掉；如果是湿储存，则更是如此。这种自放电的程度大小通过电池容量下降到某一规定容量所经过的时间来表示，即储存寿命（也称搁置寿命）。

十一、一致性

电池的一致性是电池组的重要参数指标之一，是指同一规格、同一型号的电池在电压、内阻、容量、充电接受能力、循环寿命等参数方面存在的差别。在现有的电池技术水平下，新能源汽车必须使用多个电池单体构成的电池组来满足使用要求。由于一致性的影响，动力蓄电池组在新能源汽车上使用的性能指标往往达不到电池单体原有水平，使用寿命可能缩短几倍甚至十几倍，严重影响新能源汽车的性能和应用。

电池的一致性一般以电压差、容量差、内阻差的统计规律来表示。

十二、三种常见类型动力蓄电池主要性能对比

表2-3-3为铅酸电池、镍氢电池、锂离子电池（三元锂）主要性能对比。

表2-3-3 铅酸电池、镍氢电池、锂离子电池（三元锂）主要性能对比

电池类型	能量效率（%）	能量密度/（W·h/kg）	额定电压（V）	循环寿命（次）
铅酸电池	80	35～50	2.1	500～1 000
镍氢电池	70	60～80	1.2	1 000～1 500
锂离子电池（三元锂）	90	150～200	3.7	1 500～3 000

铅酸电池作为纯电动汽车的动力源，在比能量、放电深度、循环寿命、快速充电能力等方面均比镍氢电池、锂离子电池差，因此不适用于纯电动汽车。但由于其价格低廉，国

内外最终将其定位于速度不高、路线固定、充电站设立容易规划的纯电动汽车上。

镍氢电池具有无污染、高比能量、大功率、快速充放电、安全性好、循环寿命长的优点。与铅酸电池相比，镍氢电池的能量密度接近普通铅酸电池的 3 倍，循环寿命也远长于铅酸电池，80%放电深度（DOD）下循环寿命达 1 000 次以上，在混合动力电动汽车上可以使用 5 年以上。镍氢电池不含铅、镉等有害金属，对环境更加友好。镍氢电池使用温度范围较广，正常工作温度范围为−30～55℃，工作可靠性更高。镍氢电池在短路、针刺、挤压、跌落、加热等安全性测试上要优于锂离子电池，而且成本也比锂离子电池低，限制镍氢电池在纯电动汽车上应用的主要不足是能量密度远低于锂离子电池，影响纯电动汽车的续驶里程。

从表 2-3-3 中可以看出，相比铅酸电池、镍氢电池，锂离子电池的各方面性能均遥遥领先。与镍氢电池相比，锂离子电池的额定电压是镍氢电池的 3 倍，能量密度是镍氢电池的 2.5 倍左右，而且体积小、自重轻、循环寿命长、自放电率低、无记忆效应、无污染等。所以锂离子电池很快成为混合动力电动汽车和纯电动汽车动力蓄电池的最佳选择，国内外的汽车制造厂商纷纷在其混合动力电动汽车和纯电动汽车上搭载锂离子电池。

除上述主要性能指标外，还要求电池无毒性，不对周围环境造成污染或腐蚀，使用安全，有良好的充电性能，充电操作方便，耐振动，无记忆性，对环境温度变化不敏感，易于调整和维护等。

知识视界

电池均衡控制

BMS 设计均衡电路的原因是电池的一致性差异，这种差异来自电池负极材料的浓度差异。电池均衡控制分为主动均衡和被动均衡两种。

1. 主动均衡

主动均衡利用电池信息采集器中的电容作为中转站，以能量转移的方式进行均衡，其最大均衡电流为 5A。

主动均衡具有以下优点：

（1）采用 DC-DC 双向有源均衡电路，均衡效率高。

（2）在车辆充电、行驶和停车过程中都做主动均衡。

（3）均衡电流大、均衡速度较快。

主动均衡也具有以下缺点：

（1）技术复杂、成本高、实现困难。

（2）频繁切换均衡电路对电池伤害较大，从而影响电池的寿命。

2. 被动均衡

被动均衡通过电阻放电的方式，对电压较高的电池进行放电，以热量的形式释放电量。

被动均衡只在充电的过程中才起作用，整个系统的电量受制于容量最小的电池。充电过程中，当某一组电池达到恒压充电时，BMS 会起动被动均衡电路，将电压高的电池单体通过电阻散热的方式进行放电。如果充电时的电压超过 3.85V（也就是“过充电”），锂电池就有可能起火或者爆炸。

由于主动均衡的控制策略更为烦琐，而且电路设计复杂，成本较高，节省的能耗未达到预期，因此目前国内的主流新能源汽车所搭载的 BMS 以被动均衡为主。

引导问题 2：

查阅相关资料，简述如何对新能源汽车动力蓄电池进行性能评价与检测。

____

____

____

知识点提示

新能源汽车动力蓄电池的性能评价与检测

一、新能源汽车动力蓄电池的评价参数

新能源汽车动力蓄电池的评价参数就是新能源汽车对动力蓄电池的性能要求。

动力蓄电池是为混合动力电动汽车和纯电动汽车提供动力的电池，其最重要的特点就是高功率和高能量。高功率意味着更大的充放电强度，高能量表示更高的质量比能量和体积比能量。动力蓄电池系统需要按照最优化的整车设计应用指标去设计，但从使用角度而言，新能源汽车对动力蓄电池的性能要求主要有以下几个方面。

（一）高能量

高能量对于新能源汽车而言，意味着更长的续驶里程。作为交通工具，续驶里程的延长可有效提升车辆应用的方便性和适用范围。能量计量复杂，传统小功率应用常限于几安时以下，放电过程平稳，工作时间长，容量（A·h）计量相对容易。动力蓄电池不同，容量也不同，如电动助力车为 15～25A·h，电动自行车为 20～80A·h，电动轿车为 80～120A·h，电动客车为 300～600A·h，满载时使用放电过程迅速，电流变化剧烈，容量计量要求更精确。锂离子电池能够在新能源汽车上得到广泛推广和应用，主要原因就是其能量密度是铅酸电池的 3 倍，并且还有继续提高的可能性。

（二）高功率

车辆作为交通工具，追求高速，所以要求动力蓄电池能为驱动电机提供高功率输出，以满足车辆动力性的要求。但长期大电流、高功率放电对电池的使用寿命和充放电效率会产生负面影响，甚至影响电池使用的安全性，因此还需要一定的功率储备，避免让动力蓄电池在全功率工况下工作。充电过程中电流受控状态相对稳定，放电过程中电流的稳定程度由负载特性决定，电池内部电化学动力行为波动更剧烈，使得基于电压变化的硬件保护方法更加难以有效实现。以纯电动汽车为例，正常行驶时大部分时间的充放电电流处于 $0.3C$～$1.5C$，其间还会有刹车逆变充电，其电压波动幅度和频度非常紊乱，硬件保护容易受扰动或导致做出错误判断。

（三）长寿命

铅酸电池的使用寿命在深度充电、深度放电工况下可以达到 400 次，锂离子电池可以达到 1 000 次以上，用镍氢电池的混合动力电动汽车的使用寿命可以达到 10 年以上。在使用寿命限定周期内，不需要进行维护和修理。动力蓄电池的使用寿命关系到电池成本。车辆应用过程中电池更换的费用，是新能源汽车使用成本的重要组成部分，提高动力蓄电池的使用寿命目前是电池技术研究的重点问题之一。

（四）低成本

电池的成本与电池的新技术含量、材料、制作方法和生产规模有关，目前新开发的高比能量的电池成本较高，使得新能源汽车的造价也较高，开发和研制高效、低成本的动力蓄电池是新能源汽车发展的关键。

（五）安全性好

动力蓄电池为新能源汽车提供了高达 300V 以上的驱动供电电压，可能危及人身安全和车载电器的使用安全。动力蓄电池作为高能量密度的储能载体，自身也存在一定的安全隐患，以锂离子电池为例：

（1）充放电过程如果发生热失控，可能导致电池短路起火，甚至发生爆炸现象。

（2）锂离子电池采用的有机电解质，在 4.6V 左右易发生氧化，并且溶剂易燃，若出现泄漏等情况，也会引起电池着火，甚至爆炸。

（3）发生碰撞、挤压、跌落等极端状况，导致电池内部短路，也会引起危险状况的出现。

基于上述原因，对于车用动力蓄电池的检验标准非常严格，我国已经制定了动力蓄电池及电池模块安全性检验的标准。对动力蓄电池在高温、高湿、穿刺、挤压、跌落等极端状况进行检验，要求在这些状况下动力蓄电池不发生燃烧、起火等现象。

（六）工作温度适应性强

车辆应用一般不应受地域的限制，不同的空间和时间应用，需要车辆适应不同的温度。以北京地区的车辆应用为例，北京夏季地表温度可达 50℃以上，冬季可低至−15℃以下，在该温度变化范围内，动力蓄电池应可以正常工作。因此，对于动力蓄电池而言，需要其具有良好的温度适应性。现在的动力蓄电池系统设计，考虑到电池的温度适应性问题，一般都需要设计相应的冷却系统或加热系统以达到动力蓄电池的最佳工作温度。

（七）可回收性好

按照动力蓄电池使用寿命的标准定义，电池在其容量衰减到额定容量的 80%时，确定为动力蓄电池寿命终结。随着新能源汽车的大量应用，必然出现大量废旧动力蓄电池的回收问题。对于动力蓄电池的可回收性，在电化学性能方面，首先要求做到电池正负极及电解液等材料无毒，对环境无污染。其次是研究电池内部各种材料的回收再利用。对于动力蓄电池的再利用，还存在梯次利用问题，即按照动力蓄电池寿命标准，电池的衰减量达到初始容量的20%时，可将淘汰的电池转移到对电池容量和功率要求相对较低的领域继续应用。

二、新能源汽车动力蓄电池的性能检测

化学电源的电化学基本性能包括容量、电压、内阻、自放电、储存性能、高低温性能等，动力蓄电池作为典型的二次化学电源，还包括充放电性能、循环性能、内压等，因此，对于动力蓄电池单体而言，其主要性能测试内容包括充电性能测试、放电性能测试、放电容量及倍率性能测试、高低温性能测试、能量和比能量测试、功率和比功率测试、储存性能及自放电测试、寿命测试、内阻测试、内压测试和安全性测试等。

从车辆实际应用角度出发，应用于新能源汽车的动力蓄电池需要以动力蓄电池组作为测试对象进行适合于车用的一系列测试，如静态容量检测、动态容量检测、静置测试、起动功率测试、快速充电能力测试、循环寿命测试、安全性测试、电池振动测试等。

（一）静态容量检测

该测试的主要目的是确定车辆在实际使用时，动力蓄电池组具有充足的电量和能量，可以在各种预定放电倍率和温度下正常工作。主要的测试方法为恒温条件下恒流放电测试，放电终止以动力蓄电池组电压降低到设定值或动力蓄电池组内的电池单体一致性（电压差）达到设定的数值为准。

（二）动态容量检测

新能源汽车在行驶过程中，动力蓄电池的使用温度、放电倍率都是动态变化的。动态容量检测主要检测动力蓄电池组在动态放电条件下的能力，其主要表现为不同温度和不同放电倍率下的能量和容量。主要测试方法为采用设定的变电流工况或实际采集的车辆使用时电流变化曲线，进行动力蓄电池组的放电性能测试，试验终止条件根据试验工况及动力蓄电池的特性有所调整，基本也是以电压降低到一定数值为标准。该方法可以更加直接和准确地反映新能源汽车的实际应用需求。

（三）静置测试

静置测试的目的是检测动力蓄电池组在一段时间未使用时的容量损失，用来模拟新能源汽车一段时间没有行驶而电池开路静置时的情况。静置测试也称自放电及储存性能测试，它是指在开路状态下电池储存的电量在一定环境条件下的保持能力。

（四）起动功率测试

由于汽车起动功率较大，为适应不同温度条件下的汽车起动需要，对动力蓄电池组进行某一低温（如－18℃）起动功率和某一高温（如50℃）起动功率测试。该项测试除了在设定温度下进行，为了能够确定电池在不同荷电状态的放电能力，一般还设定SOC值。常见的测试在SOC为90%、50%和20%时进行。

（五）快速充电能力测试

快速充电能力测试的目的是通过对动力蓄电池组进行高倍率充电来检测电池的快速充电能力，并考察其效率、发热及对其他性能的影响。对于快速充电，中国电力企业联合会和日本电动汽车快速充电器协会共同发布了新的快充标准。在新的快充标准下，直流充电功率可超过 500kW（最大电流为 600A）。

（六）循环寿命测试

电池的循环寿命直接影响电池的使用经济性。当电池的实际容量低于初始容量或额定容量的 80%时，即被视为动力蓄电池寿命终止。该测试采用的主要测试方法是在一定的条件下进行充放电循环，以循环的次数作为其寿命的指标。动力蓄电池的寿命测试周期比较长，一般测试下来需要数月甚至一年的时间。因此，在实际操作中，经常采用确定测试循环数量的方法，测定容量衰减情况，并根据此数据进行线性外推或采用加速电池老化等方法进行测试。

（七）安全性测试

电池的安全性测试是对电池在使用及搁置期间对人和装备可能造成伤害的评估。尤其是电池在被滥用时，特定的能量输入，导致电池内部组成物质发生物理或化学反应而产生大量的热量，如果热量不能及时散逸，可能导致电池热失控。热失控会使电池发生毁坏，如猛烈地泄气、破裂，并伴随起火，造成安全事故。通用的电池安全性测试项目见表 2-3-4。

表 2-3-4　通用的电池安全性测试项目

安全性测试项目	主要测试方法
电性能测试	过充电、过放电、外部短路、强制放电等
机械测试	自由落体、冲击、针刺、振动、挤压等
热测试	焚烧、热成像、热冲击、油浴、微波加热等
环境测试	高空模拟、浸泡、耐菌性等

（八）电池振动测试

电池振动测试的目的是检测由于道路引起的频繁振动和撞击对动力蓄电池及动力蓄电池组性能和寿命的影响。电池振动测试主要考察动力蓄电池（组）对振动的耐久性，并以此作为指导改正动力蓄电池（组）在结构设计上不足的依据。振动测试中的振动模式一般使用正弦振动或随机振动两种。由于动力蓄电池（组）主要是装载于车辆上使用，为更好地模拟电池的使用工况，一般采用随机振动。

三、锂离子电池的安全要求和测试方法

目前锂离子电池广泛应用于新能源汽车上，而关于新能源汽车自燃的报道经常出现在公众的视野中，因此，对锂离子电池的安全要求更有现实意义。锂离子电池的安全性能要求与测试方法见表 2-3-5。

表 2-3-5　锂离子电池的安全性能要求与测试方法

<table>
<tr><th colspan="2">项目</th><th>测试方法</th><th>指标要求</th></tr>
<tr><td colspan="2">外观</td><td>检查外观</td><td>外观不得有变形及裂纹，表面应平整、干燥、无外伤、无污物等，且标志清晰、正确</td></tr>
<tr><td colspan="2">常温放电性能</td><td>20℃±5℃，终止电压为 3.0V，I_3(A) 放电</td><td>$\frac{\text{实际电池容量}}{\text{额定容量}}>110\%$</td></tr>
<tr><td colspan="2">高温性能</td><td>55℃±2℃恒温 5h，I_3(A) 放电</td><td>$\frac{\text{实际电池容量}}{\text{额定容量}}>95\%$</td></tr>
<tr><td colspan="2">低温性能</td><td>−20℃±2℃恒温 20h，I_3(A) 放电，终止电压为 2.8V</td><td>$\frac{\text{实际电池容量}}{\text{额定容量}}>70\%$</td></tr>
<tr><td colspan="2">荷电保持能力</td><td>20℃±5℃搁置 28 天，放电，终止电压为 3.0V</td><td>$\frac{\text{实际电池容量}}{\text{额定容量}}>80\%$</td></tr>
<tr><td rowspan="4">环境适应性</td><td>恒定湿热性能</td><td>40℃±2℃，湿度为 90%～95%，搁置 48h；20℃±5℃搁置 2h，I_3(A) 放电，终止电压为 3.0V</td><td>无明显变形、锈蚀、冒烟式爆炸</td></tr>
<tr><td>振动</td><td>(1) 三维方向从 10～55Hz 循环扫频振动 30min，扫频速率为 1oct/min
(2) 振动频率：10～30Hz，位移幅值（单振幅）：0.38mm
(3) 振动频率：30～55Hz，位移幅值（单振幅）：0.19mm</td><td>不出现放电电流锐变、电压异常等</td></tr>
<tr><td>碰撞</td><td>三维方向固定，脉冲峰值加速度：100m/s^2；每分钟碰撞次数：40～80 次；脉冲持续时间：16ms；碰撞次数：(1 000±10) 次</td><td>无明显变形、锈蚀、冒烟式爆炸</td></tr>
<tr><td>自由跌落</td><td>最低点高度：1 000mm；厚度为 18～20mm 的硬木板置于水泥地面；三维六个方向各个自由跌落 1 次；$1I_3$(A) 放电，终止电压为 3.0V；可充电循环次数不多于 3 次</td><td>不漏液、不冒烟、不爆炸</td></tr>
</table>

续表

项目		测试方法	指标要求
安全保护性能	过充电保护性能	恒流：$3I_3$(A) 外接电流，充电至电池电压达到 5.0V 或充电时间达到 90min	
	过放电保护性能	20℃±5℃，I_3(A) 充电，终止电压为 0V	不漏液、不冒烟、不爆炸或起火
	短路保护性能	外部短路 10min，外部电路电阻应小于 5mΩ	
电池安全性能	重物冲击	10kg 重锤自 1m 高度自由落下，冲击电池	
	热冲击	(5℃±2℃)/min 的速率升温至 130℃±2℃，保温 30min	不爆炸、不起火
循环寿命		(1) 充电：20℃±5℃下以 I_3(A) 放电至电压达 4.2V，转恒压充电至电流小于 $0.1I_3$(A) (2) 放电：在 20℃±2℃下以 $1.5I_3$(A) 放电，直到放电容量达到额定容量的 80%	大于 500 次
储存		(1) 样品电池生产日期至测试日期，在 3 个月内保持在 20℃±5℃下，$0.2I_3$(A) 充电至额定容量的 40%～50% (2) 搁置 12 个月，20℃±5℃，相对湿度为 45%～85% (3) $0.2I_3$(A) 充电至限压，转恒压充电至电流小于 $0.01I_3$(A) (4) 220℃±5℃，$0.2I_3$(A) 放电，终止电压为 2.75V/节	放电时间大于 4h

注：I_3(A) 表示以 $C/3$ 的放电率放电。

任务实施

动力蓄电池的性能测试

一、任务描述

针对不同种类的动力蓄电池，能够正确运用仪器，做到高压安全防护，测量各类动力蓄电池的电压和内阻，进行性能测试。

二、实训目标

（1）能正确阐述动力蓄电池性能参数的定义。
（2）能正确使用绝缘工具及测试仪器测量各类动力蓄电池的电压和内阻。
（3）能正确进行各类动力蓄电池性能评价。
（4）能做到 7S 现场管理，培养安全实践素养。

三、实训准备

1. 场地、设备及工具准备

（1）任务实施前，需要做好场地防护准备，检查实训场地和设备设施是否存在安全隐患，如发现不正常的地方，需及时报告老师或实验员进行处理，完成方可实施任务。

（2）实训设备和工具主要是各类动力蓄电池、内阻测试仪、绝缘工具等。

2. 制订实训计划

序号	作业项目	操作要点
1	检查动力蓄电池外观	检查电池有无损坏
2	用电池测试仪测量动力蓄电池的电压和内阻	需实际测出电压和内阻
3	整理工作台面	将动力蓄电池放置回对应位置

3. 实训注意事项

（1）按要求使用设备。不能随意敲击和碰撞动力蓄电池以免损坏。

（2）防止短路。不能直接短接电池正负极，防止短路损坏电源。

（3）按照步骤实训。必须按照实训要求进行实训，以防损坏元器件，甚至发生安全事故。

（4）实训过程中需记录相关信息。建议在实训过程中记录一些实训数据、实训现象，以便实训后进行数据整理和实训原理的核对。

（5）实训结束后做到 7S 现场管理。实训完成后，需要把元器件恢复到原来的状态，并打扫场地。若实训过程中有发现元器件损坏，需要联系实训老师处理。

四、实训操作

步骤	记录内容	完成情况记录
1	信息收集，解释下列性能参数，在正确答案前的□内打“√” （1）电动势：组成电池的两个电极的平衡电极电位之（　　） □差　　□和　　□积 （2）容量：电池在一定的放电条件下所能放出的（　　） □功率　　□电量　　□电荷	是□　否□

续表

<table>
<tr><th>步骤</th><th>记录内容</th><th>完成情况记录</th></tr>
<tr><td>1</td><td>（3）能量：电池在一定放电条件下所能释放出的电能，单位为（　　）
□W・h　　□W　　□W・h/kg
（4）内阻：电流通过电池内部时受到（　　），使电池的工作电压（　　）
□阻力，降低　　□动力，升高
（5）荷电状态：描述了电池的（　　）电量
□使用　　□损耗　　□剩余
（6）端电压：电池正极和负极之间电位之（　　）
□差　　□和　　□积
（7）负载电压：电池接上负载后处于（　　）状态下的电压
□充电　　□放电
（8）开路电压：电池在（　　）负载情况下的端电压
□有　　□无</td><td>是□　否□</td></tr>
<tr><td>2</td><td>（1）连接和调整电池测试仪
检查设备电源线与插座连接是否正常，并打开总电源开关

电源线与插座连接是否正常：________（正常或不正常）
总电源开关操作：________（打开或断开）
（2）连接电池容量测试仪测试线

红色测试线接 P+和 R+接口，黑色测试线接 P−和 R−接口
（3）电池容量测试仪功能选择
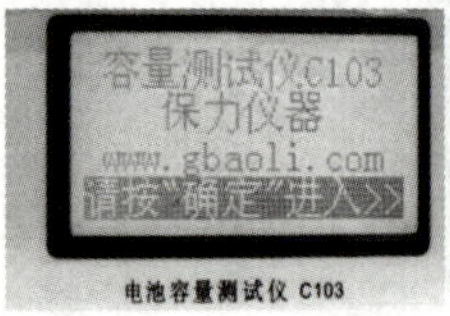  </td><td>是□　否□</td></tr>
</table>

续表

<table>
<tr><th>步骤</th><th colspan="2">记录内容</th><th>完成情况记录</th></tr>
<tr><td>2</td><td colspan="2">按“确定”键选测试主页，按上、下选择键选电压内阻测试
（4）调整电池容量测试仪测试上、下限
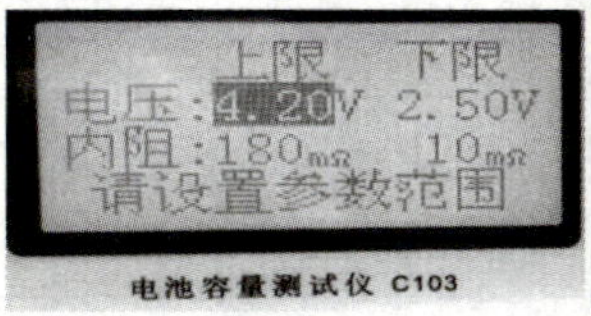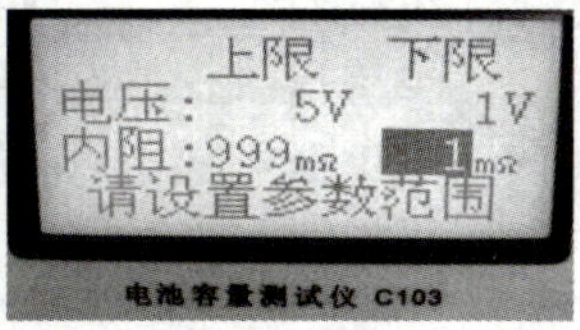</td><td>是□ 否□</td></tr>
<tr><td>3</td><td colspan="2">接好动力蓄电池正负极，测出电池的电压和内阻
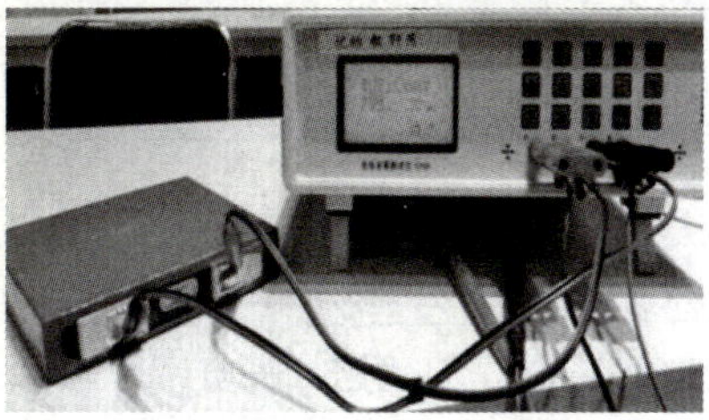
测试仪的红测试线接被测电池的正极，黑测试线接被测电池的负极</td><td>是□ 否□</td></tr>
<tr><td>4</td><td></td><td>电池名称：________
测量电压（V）和内阻（mΩ）
电压 1：________内阻 1：________
电压 2：________内阻 2：________
电压 3：________内阻 3：________
平均值：________平均值：________</td><td>是□ 否□</td></tr>
<tr><td>5</td><td></td><td>电池名称：________
测量电压（V）和内阻（mΩ）
电压 1：________内阻 1：________
电压 2：________内阻 2：________
电压 3：________内阻 3：________
平均值：________平均值：________</td><td>是□ 否□</td></tr>
<tr><td>6</td><td></td><td>电池名称：________
测量电压（V）和内阻（mΩ）
电压 1：________内阻 1：________
电压 2：________内阻 2：________
电压 3：________内阻 3：________
平均值：________平均值：________</td><td>是□ 否□</td></tr>
</table>

续表

步骤	记录内容		完成情况记录
7		电池名称：________ 测量电压（V）和内阻（mΩ） 电压 1：________内阻 1：________ 电压 2：________内阻 2：________ 电压 3：________内阻 3：________ 平均值：________平均值：________	是□　否□
8		电池名称：________ 测量电压（V）和内阻（mΩ） 电压 1：________内阻 1：________ 电压 2：________内阻 2：________ 电压 3：________内阻 3：________ 平均值：________平均值：________	是□　否□
9		电池名称：________ 测量电压（V）和内阻（mΩ） 电压 1：________内阻 1：________ 电压 2：________内阻 2：________ 电压 3：________内阻 3：________ 平均值：________平均值：________	是□　否□
10	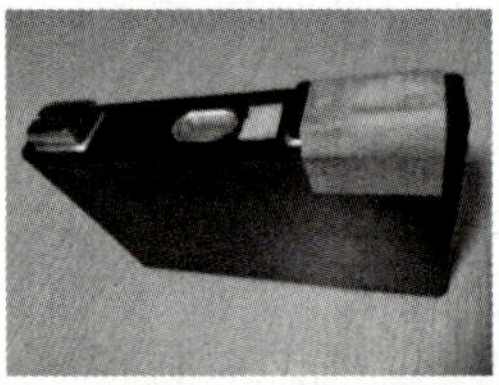	电池名称：________ 测量电压（V）和内阻（mΩ） 电压 1：________内阻 1：________ 电压 2：________内阻 2：________ 电压 3：________内阻 3：________ 平均值：________平均值：________	是□　否□
11		电池名称：________ 测量电压（V）和内阻（mΩ） 电压 1：________内阻 1：________ 电压 2：________内阻 2：________ 电压 3：________内阻 3：________ 平均值：________平均值：________	是□　否□

重难点
1. 正确识别动力蓄电池性能评价指标； 2. 正确测量数据； 3. 安全防护操作

续表

7S 现场管理			
序号	操作步骤	完成情况	备注
1	建立安全操作环境	已完成□　未完成□	
2	清理及整理工具量具	已完成□　未完成□	
3	清理及复原设备	已完成□　未完成□	
4	清理场地	已完成□　未完成□	
5	物品回收和环保	已完成□　未完成□	
6	完善和检查工单	已完成□　未完成□	
实训总结			

巩固练习

一、单选题

1. 如果一个电池单体的容量是 30A · h，采用（　　）放电能在 2h 内放完电。

A. 1C　　B. 2C

C. 0.5C　　D. 3C

2. SOC 与 DOD 相加的值是（　　）。

A. 1　　B. 0

C. −1　　D. 2

3. 电池单体的电压，对于动力蓄电池管理系统的意义有（　　）。

A. 可以用来累加获取整个动力蓄电池的电压

B. 可以根据电池单体电压压差来判断电池单体差异性

C. 可以用来检测电池单体的运行状态

D. 以上都是

二、多选题

1. 下列关于动力蓄电池自放电率描述正确的有（　　）。

A. 电池在储存过程中，容量会逐渐下降，其减少的容量的比例，称为自放电率

B. 由于电极在电解液中的不稳定性，电池的两个电极发生了化学反应，活性物质被消耗，转为电能的化学能减少，电池容量下降

C. 环境温度对电池影响较大，高温会加速电池的自放电

D. 电池自放电将直接降低电池的容量，自放电率直接影响电池的储存性能，自放电率越低，储存性能越好

2. 动力蓄电池的性能指标有（　　）。

A. 电压　　B. 容量

C. 内阻　　D. 能量

3. 锂电池按照正极材料进行分类主要有（　　）。

A. 三元锂电池　　B. 磷酸铁锂电池

C. 锰酸锂电池　　D. 钴酸锂电池

4. 锂电池的优点主要有（　　）。

A. 电池单体标准电压高

B. 重量轻，比能量大

C. 循环寿命长

D. 无记忆效应

5. 目前市面上比较常见的动力蓄电池主要有（　　）。

A. 铅酸电池　　B. 镍氢电池

C. 锂电池　　D. 燃料电池

6. 动力蓄电池的直接作用是为新能源汽车提供动力的来源，要求其必须具有（　　）。

A. 高能量　　B. 高功率

C. 工作温度范围宽　　D. 安全可靠

7. 纯电动汽车的动力蓄电池系统总体结构一般由（　　）组成。

A. 电池模组　　B. 电池信息采集器

C. 配电箱（总正、总负接触器）　　D. 冷却管道

8. 电池单体是直接将化学能转化为电能的基本单元装置，主要包括（　　）。

A. 电极　　B. 隔膜

C. 电解质　　D. 外壳

9. 按照结构形状来分，电芯主要分为（　　）。

A. 圆柱电芯　　B. 方形电芯

C. 软包电芯　　D. 燃料电池

10. 电池模组由多个电芯串并联组合而成，包括（　　）。

A. 电芯单体　　B. 固定框架

C. 温度传感器　　D. 电压检测线路

三、填空题

1. 动力蓄电池内阻包括________和极化内阻，内阻的单位是________。

2. ________表示电池放电状态的参数，等于实际放电容量与额定容量的百分比，英文缩写是________。

3. 3.6V，40A·h电芯单体的能量为________。

4. ________是直接将化学能转化为电能的基本单元装置，包括电极、________、电解质、外壳和端子，并设计成可充电的形式。

5. ________的主要作用就是在紧急情况或者维修的时候切断高压电的输出，故又称为紧急维修开关。

6. 端电压即电池正极与负极间的________。

7. ________也称公称电压或标称电压，指的是在________规定条件下电池工作的标准电压，它是选用不同种类电池时的参考性能指标。

8. 电池充放电性能检测是最基本的性能检测，一般由________和________组成。

四、判断题

1. 动态容量检测方法为恒温条件下恒流放电测试，放电终止以动力蓄电池组电压降低到设定值或动力蓄电池组内的单体一致性（电压差）达到设定的数值为准。（　　）

2. 静置测试也称自放电及储存性能测试，它是指在开路状态下电池储存的电量在一定环境条件下的保持能力。（　　）

3. 快速充电能力测试的目的是通过对动力蓄电池组进行高倍率充电来检测电池的快速充电能力，并考察其效率、发热及对其他性能的影响。（　　）

4. 动力蓄电池常用的应用环境模拟包括温度、湿度及在车辆上应用时随道路情况变化而出现的振动环境。（　　）

五、简答题

1. 电池性能测试内容包括哪些？

2. 通用的电池安全测试项目有哪些？

模块三

新能源汽车动力蓄电池管理系统

新能源汽车动力蓄电池性能的好坏与动力蓄电池管理系统有着很大的关系。在新能源汽车上，动力蓄电池管理系统能够对动力蓄电池系统进行监测、运行、保护和检测，能够保证动力蓄电池系统安全稳定地运行。本模块主要学习新能源汽车动力蓄电池管理系统，分为以下三个任务：

任务一　新能源汽车动力蓄电池管理系统认知

任务二　新能源汽车动力蓄电池热管理系统

任务三　新能源汽车低压电源系统

通过以上三个任务的学习，学生可以掌握动力蓄电池管理系统和热管理系统的结构组成、类型和工作原理，掌握动力蓄电池管理系统的主要功能，能够对动力蓄电池管理系统进行故障诊断与排除，从而在一定程度上延长新能源汽车的使用寿命。

任务一　新能源汽车动力蓄电池管理系统认知

任务目标

知识目标

1. 掌握动力蓄电池管理系统的结构组成、类型和工作原理。
2. 掌握动力蓄电池管理系统的主要功能。
3. 掌握动力蓄电池管理系统性能检测、故障诊断和排除方法。

技能目标

1. 能正确认知动力蓄电池管理系统各组成部件。
2. 能正确进行动力蓄电池管理系统性能检测。
3. 能正确进行动力蓄电池管理系统故障诊断与排除。

素养目标

1. 提升善于观察、勤于思考的能力。

2. 培养严格要求、专心致志的工匠精神。

3. 能够按照 7S 现场管理标准整理、恢复实训场地。

知识索引

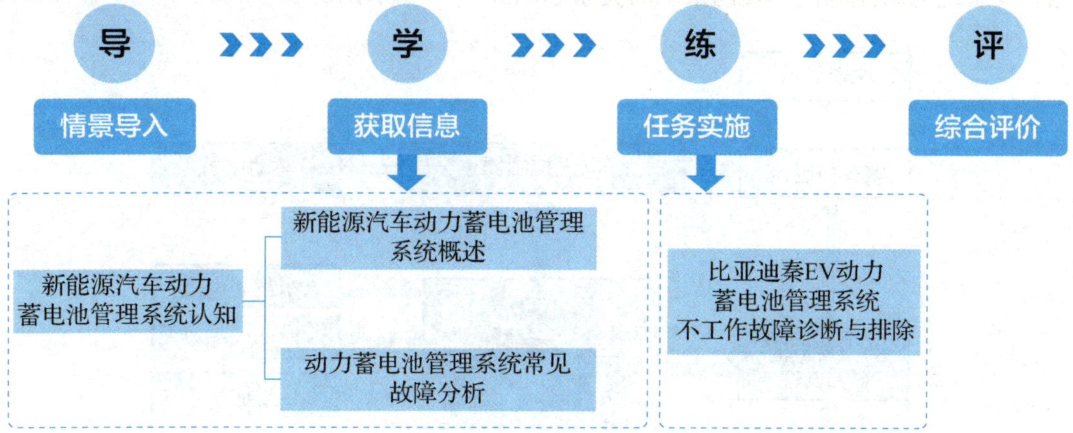

情景导入

一辆比亚迪秦 EV 轿车，车辆起动时，仪表上的 OK 灯未点亮，动力系统故障指示灯点亮，经检查，动力蓄电池管理系统出现故障。你知道什么是动力蓄电池管理系统吗？它的结构和工作原理是什么？请你根据故障提示对车辆进行故障诊断和维修。

获取信息

引导问题 1：

查阅相关资料，简述动力蓄电池管理系统的定义、结构和工作原理。

____

____

____

知识点提示

新能源汽车动力蓄电池管理系统概述

微课视频

动力蓄电池管理系统

一、动力蓄电池管理系统

动力蓄电池管理系统（Battery Management System，BMS）是对新能源汽车动力蓄电池系统进行监测、保护、运行和检测的一套系统，它能保证电池组工作在安全区间内，为车辆提供控制所需的必要信息，在电池出现异常时能及时响应处理，并根据环境温度、电池状态及车辆需求等决定电池的充放电功率等，以保证动力蓄电池系统安全稳定地运行。

动力蓄电池管理系统通过对动力蓄电池包及电池单体进行状态估计、参数监测、在线故障自诊断、能量均衡及运算分析等，而且动力蓄电池通过 BMS 与整车控制器（VCU）、车载充电机（OBC）等进行通信，整车控制器可以上报动力蓄电池的各项信息并通过仪表进行显示，BMS 通过车载充电机可以控制动力蓄电池的充电。动力蓄电池管理系统与新能源汽车其他系统的关系如图 3-1-1 所示。

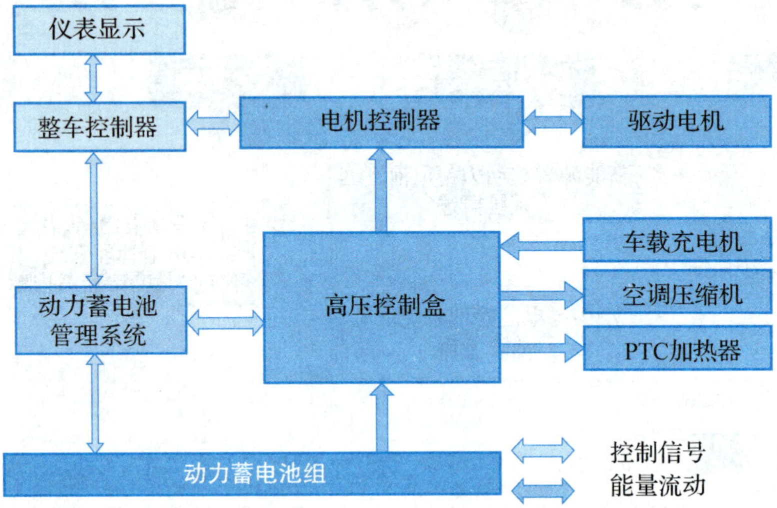

图 3-1-1 动力蓄电池管理系统与新能源汽车其他系统的关系

二、动力蓄电池管理系统的基本功能

（一）数据采集

数据采集是动力蓄电池管理系统所有功能的基础，电池参数监控、控制均来自准确的数据采集，需要采集的数据信息包括动力蓄电池组总电压、电池单体电压、温度、电流、绝缘阻值、高压互锁（HVIL）信号、碰撞信号、热管理系统进（出）水口温度等。动力蓄电池组总电压分别采集动力蓄电池包输出电压和母线电压。温度采集需要反映电池单体整体温度的实时变化。绝缘阻值周期性采样高压上电后或充电时母线正负极和整车车身电平台之间的绝缘阻值。

数据采集的途径包括通过 CSC 采集线采集动力蓄电池的电压、温度，通过电池高压分配单元 BDU 中的电流传感器采集高压母线电流等。采样精度是影响电池性能的重要指标。部分数据的采集周期和精度见表 3-1-1。

动力蓄电池管理系统还对高压系统接插件的连接可靠性、高压维修开关及部件开合状态进行高压互锁检测，以保证高压系统能够安全有效运行。碰撞信号检测来自安全气囊的 PWM 信号或 CAN 网络的碰撞信号。BMS 所有采集的数据均通过动力系统 CAN 总线与整车控制器 VCU 进行交互。

表 3-1-1 部分数据的采集周期和精度

数据信息	采样周期	采样精度	误差
电池单体电压	≤50ms（20Hz）	≤±0.5% FS（满量程）	≤±10mV
温度（－40～125℃）	≤1s		0～50℃采样误差≤±1℃ 全温度范围内采样误差≤±2℃
动力蓄电池总电压	≤10ms	≤±0.5% FS（满量程）	最大误差≤±5V
总电流	≤10ms	≤±2% FS（满量程）	最大误差≤±5A
绝缘阻值（0～5MΩ）	≤3s	（1）正常：≥500Ω/V；（2）轻微绝缘故障：100Ω/V≤绝缘阻值<500Ω/V；（3）严重绝缘故障：<100Ω/V	

（二）状态估算

状态估算主要是指电池的状态估算，是 BMS 的重要功能之一，包括动力蓄电池的电荷状态（SOC）、健康状态（SOH）和功能状态（SOF）等状态估算。SOC 用来提示动力蓄电池的剩余电量，以估算新能源汽车的续驶里程。SOH 是用来衡量电池技术状态、预计可使用寿命状态的重要参数。SOF 通过对 SOC、SOH、外部环境等因素的计算，判定动力蓄电池在某种环境下的工作时长和次数。

（三）能量管理

能量管理主要包括充电管理、放电管理和均衡管理。

充电管理以电流、电压、温度、SOC 和 SOH 为输入，以延长电池使用寿命、提高电池充电效率为目标，对充电电压和充电电流进行控制。例如，BMS 与快充接口及充电机通信，控制 BDU 的充电继电器的结合，以及调节充电电流。

放电管理是指以 SOC、SOH 和温度等参数为条件，根据车辆动力请求及电池状态对放电电流的大小进行控制。例如，在动力蓄电池组剩余容量小于 10%的状态下，适当限制车辆的动力输出。

均衡管理主要是指对动力蓄电池组内的各个电池单体进行均衡控制，确保电池单体工作状态的一致性，从而提高动力蓄电池的整体性能和使用寿命。

（四）安全管理

安全管理主要用于监测电池的电压、电流、温度等是否超过安全许可范围，防止出现过充电、过放电、过热等情况。当出现过充电、过放电、过热等情况时，BMS 会对动力蓄电池进行限流、限压和下电控制。此外，安全管理还包括绝缘检测、高压互锁检测、碰撞断电等，在绝缘电阻低于规定值、高压互锁线路断开、收到气囊控制单元

（ACU）碰撞信号等状态下，控制主正、主负继电器断开高压电，并迅速释放高压电路电容储存的高压电。

（五）热管理

动力蓄电池热管理是整车热管理的一部分，主要用于控制动力蓄电池在最佳温度状态下工作。当动力蓄电池温度过低时，通过 PTC 加热器等对动力蓄电池进行加热；当动力蓄电池温度过高时，起动制冷系统对动力蓄电池进行冷却。在动力蓄电池工作的整个过程中，保持电池单体间温度的一致性。热管理系统主要由温度传感器、冷却液温度传感器、BMU、VCU、冷却液泵及冷却管路等组成。

（六）数据通信与显示

BMS 具有与整车控制器（VCU）、车载充电机（OBC）及直流充电桩等进行通信的功能。通信方式包括模拟信号、PWM 信号和动力 CAN 总线，动力 CAN 总线的速率大于或等于 500kbit/s。根据应用需求，通信采用不同的通信接口。为了帮助驾驶人及时准确地了解新能源汽车动力系统的状态，动力蓄电池管理系统还需将温度、SOC 状态和各种警示信息通过仪表进行显示。

（七）在线故障诊断

BMS 具有故障自诊断功能，系统上电后根据动力蓄电池工作状况、数据采集等情况进行动力蓄电池及其管理系统自身的故障判断和报警，保存故障信息以便快捷地进行故障排查。故障诊断包括对电池单体电压测量电路和动力蓄电池电压、电流、温度测量电路的故障进行诊断，确定故障的位置和级别，并进行相应的容错控制。

三、动力蓄电池管理系统的组成和分类

动力蓄电池管理系统主要由数据采集单元（采集模块）、中央处理单元（主控模块）、显示单元、均衡单元检测模块（电流传感器、电压传感器、温度传感器、漏电检测）、控制部件（熔断控制、继电器）等组成。动力蓄电池管理系统一般采用模块化设计，主要包括两大功能模块：动力蓄电池管理控制单元（BMU）和电池单体监控电路（CSC），即主控模块和从控模块。CSC 为动力蓄电池信息采集与均衡控制模块，主要负责采集动力蓄电池的信息和执行 BMU 的均衡控制。BMU 负责处理信息及进行相关的控制。按照采集模块和主控模块在实体上的分配布置不同，动力蓄电池管理系统分为集中式和分布式两类。

（一）集中式动力蓄电池管理系统

集中式动力蓄电池管理系统高度集成，将主控模块、从控模块组成一个一体机，集成于同一块 PCB 板内，即将所有的采集电池单体电压和温度的单元全部集中在一块 BMS 板上，由整车控制器直接控制继电器控制盒，大部分的低压 HEV 都是这样的结构。集中式动力蓄电池管理系统（见图 3－1－2）的全部电压、温度、电流采集信号线直接连接到控制器上，采集模块和主控模块的信息交互在电路板上直接实现。

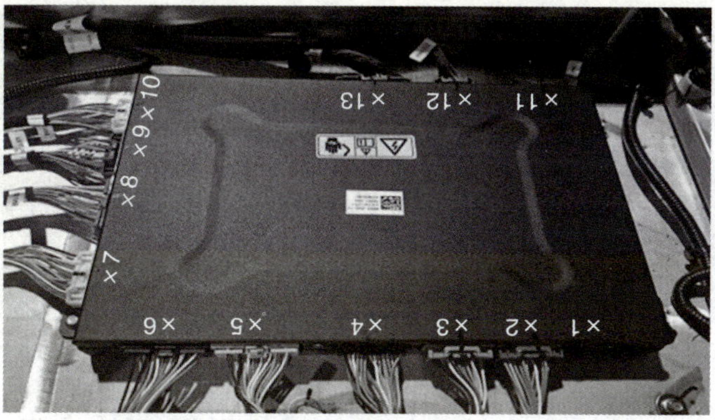

图 3-1-2　集中式动力蓄电池管理系统

集中式动力蓄电池管理系统成本低，结构简单，维护比较简单，省去了从板，进而省去了主板和从板之间的通信线束和插口，信号传递可靠性高。集中式动力蓄电池管理系统一般常见于容量低、总电压低、电池串数比较少、动力蓄电池系统体积小的应用场景中，如在总电压比较低的小型车上。但是集中式动力蓄电池管理系统的全部线束都直接走线到控制盒，无论控制器布置在什么位置，总有一部分线束过长，信号受到干扰的概率增加，容易造成信号失真和均衡时额外的电压降，对线束质量和制作水平及固定方式有较高要求。

集中式动力蓄电池管理系统可分为高压区域和低压区域。高压区域负责进行电池单体电压的采集、系统总电压的采集、绝缘电阻的监测。低压区域包括供电电路、CPU 电路、CAN 通信电路、控制电路等。

（二）分布式动力蓄电池管理系统

分布式动力蓄电池管理系统（BMS）是将电池模组的功能独立分离，一个从控模块对应一个电池模组，负责对该模组中的电池单体进行电压采集、温度采集、均衡管理和故障诊断，整个系统包括电池单体监控电路（CSC）、动力蓄电池管理控制单元（BMU）、继电器控制器和整车控制器。形式上，它由一个主控盒和几个从控盒共同组成，主控盒只接入通信线、信号线、电源线等必须有的线束；而从控盒布置在需要采集温度、电压的电池模组附近，从控盒把采集到的信号通过 CAN 总线报告给主控模块。有的电池模组直接把电压、温度采集线放在模组内部，用一个线对线插接器引出，组装动力蓄电池包时，直接对插插接器即可。

分布式 BMS 如图 3-1-3 所示。

分布式 BMS 的架构能较好地实现模块级和系统级的分级管理。局部从控单元（Local Electronic Control Unit，LECU）负责对模块中的电池单体进行电压检测、温度检测、均衡管理及相应的诊断工作；高压管理单元（HVU）负责对动力蓄电池包中的电池总电压、母线总电压、绝缘电阻等状态进行监测（母线电流可由霍尔式传感器或分流器进行采集）。LECU 和 HVU 将分析后的数据发送至主控单元——动力蓄电池管理控制单元（Battery Management Unit，BMU），由 BMU 对动力蓄电池系统进行评估、接触器管理、热管理、运行管理、充电管理、诊断管理、通信网络管理等。

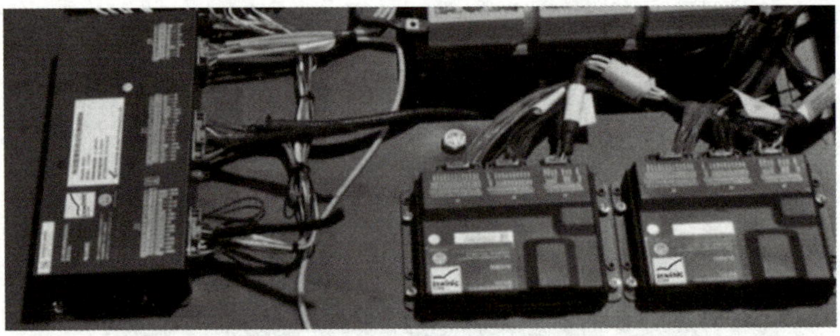

图 3-1-3　分布式 BMS

分布式 BMS 可以将模组装配过程简化，其采样线束固定起来相对容易，线束距离均匀，不存在压降不一的问题，在动力蓄电池包较大时，这种模式很有优势。缺点是成本较高，需要额外的微控制单元（MCU），独立的 CAN 总线支持将各个模块的信息整合发送给 BMS，所以总线的电压信息对齐设计也相对复杂。这种方案系统成本最高，但是移植起来最方便。

采用分布式 BMS 的动力蓄电池包可大可小，主要应用于高电压系统、动力蓄电池串数多或者一辆车上布置几个动力蓄电池箱的情况（如商用车）。分布式 BMS 的成本有所提高，但同时减少了线束，降低了现场接线工作量，也降低了接线错误的概率。分布式 BMS 适合大批量、自动化生产的设计形式。

分布式 BMS 由 1 个主控制器、1 个高压控制器、若干从控制器及相关采样控制线束组成，通过 CAN 总线实现各控制器间的信息交互。

BMU 为 BMS 总控制器。BMU 的功能：处理从控制器和高压控制器上报的信息，同时根据上报信息判断和控制动力蓄电池的运行状态，进行充放电控制，实现 BMS 相关控制策略，并做出相应故障诊断及处理。

动力蓄电池控制单元（BCU）为 BMS 从控制器。BCU 的功能：实时采集并上报动力蓄电池中电池单体的电压、温度信息，反馈每一个电池单体的 SOH 和 SOC，同时具备主动/被动均衡电路功能，有效保证了动力蓄电池的使用过程中电池单体的一致性。

四、动力蓄电池管理系统的工作原理

BMS 的工作原理可简单归纳为：数据采集电路采集动力蓄电池状态信息数据后，由电子控制单元进行数据处理和分析，然后根据分析结果对系统内的相关功能模块发出控制指令，向外传递信息。

（一）充电原理

1. 预充电

车载充电机接收到充电枪插入信号后唤醒整车控制器及 BMS，BMS 进行初检和初始化，完成后上报给整车控制器。整车控制器控制主负继电器闭合，BMS 控制预充继电器闭合，对各电池单体进行预充电，确定电池单体无短路后，预充电完成。充电初期预充电流程如图 3-1-4 所示。

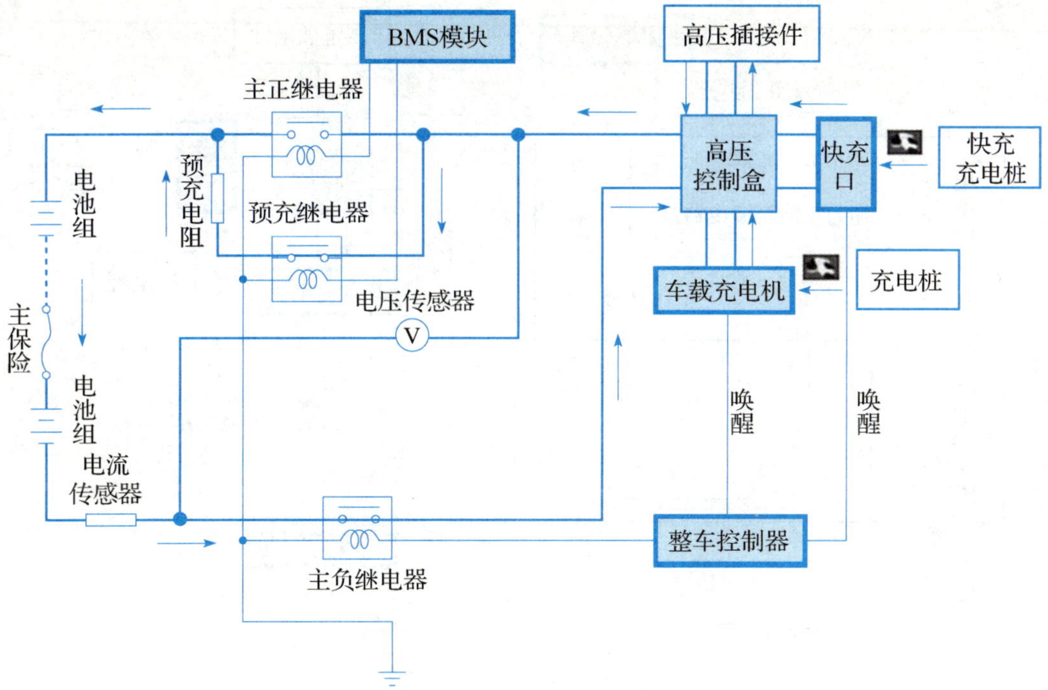

图 3-1-4 充电初期预充电流程

慢充流程：充电桩→车载充电机→高压控制盒→高压插接件→预充继电器→预充电阻→电池组正极→主保险→电池组负极→电流传感器→主负继电器→高压插接件→高压控制盒→车载充电机→充电桩，构成回路，进行预充。

快充流程：快充充电桩→高压控制盒→高压插接件→预充继电器→预充电阻→电池组正极→主保险→电池组负极→电流传感器→主负继电器→高压插接件→高压控制盒→快充充电桩，构成回路，进行预充。

2. 充电

预充电完成后，BMS 闭合主正继电器，随后断开预充继电器，主电路接通，动力蓄电池开始充电，充电流程如图 3-1-5 所示。

慢充流程：充电桩→车载充电机→高压控制盒→高压插接件→主正继电器→电池组正极→主保险→电池组负极→电流传感器→主负继电器→高压插接件→高压控制盒→车载充电机→充电桩，构成回路，进行慢充。

快充流程：快充充电桩→高压控制盒→高压插接件→主正继电器→电池组正极→主保险→电池组负极→电流传感器→主负继电器→高压插接件→高压控制盒→快充充电桩，构成回路，进行快充。

（二）放电原理

1. 放电初期

打开点火开关至 ON 挡，整车控制器唤醒 BMS，BMS 进行自检和初始化，完成后上报给整车控制器。整车控制器发出高压供电指令，BMS 开始按顺序控制继电器的闭合和断开。

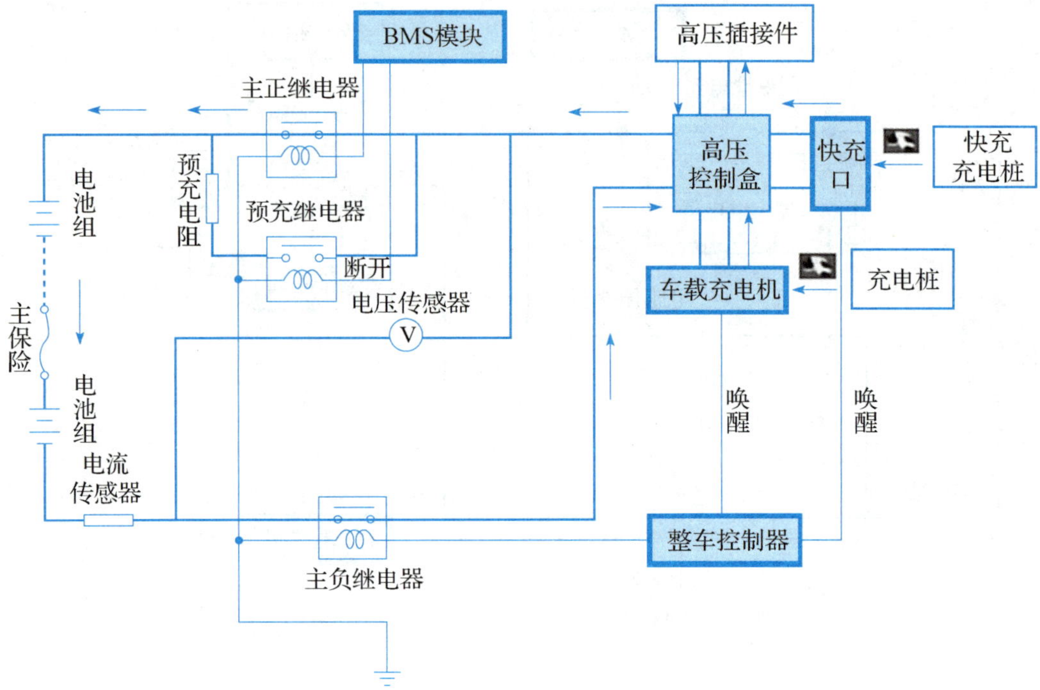

图 3-1-5　充电流程

因电路中电机控制器和空调压缩机控制器等含有电容，在放电初期，BMS 控制预充继电器闭合，给各控制器电容采用低压、小电流进行放电，当电容两端电压接近动力蓄电池总电压时，断开预充继电器。放电初期流程如图 3-1-6 所示。

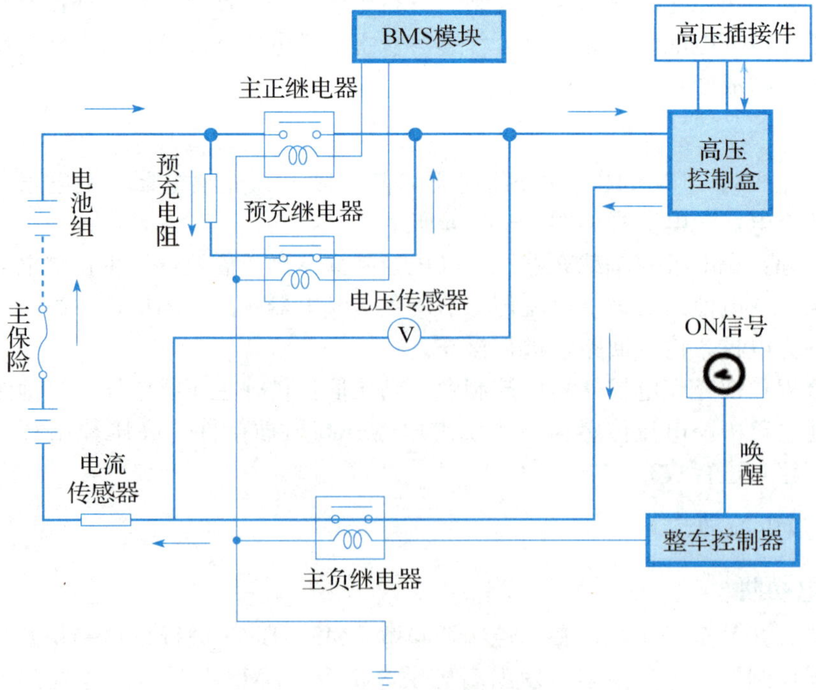

图 3-1-6　放电初期流程

放电初期流程：电池组负极→主保险→电池组正极→预充电阻→预充继电器→高压插接件→高压控制盒→主负继电器→电流传感器→电池组负极，构成回路。

2. 放电

BMS 闭合主正继电器，断开预充继电器，主电路接通，电池组开始放电。放电流程如图 3-1-7 所示。

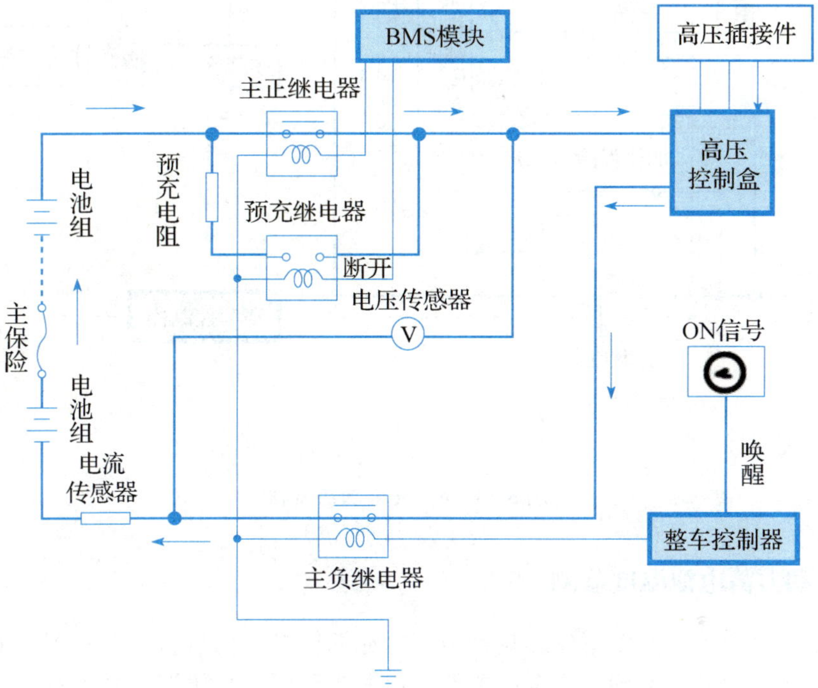

图 3-1-7　放电流程

放电流程：电池组负极→主保险→电池组正极→主正继电器→高压插接件→高压控盒→负载（图中未画出）→主负继电器→电流传感器→电池组负极，构成回路，完成放电。

（三）充电加热原理

当动力蓄电池在冬季低温环境下工作时，充放电容量会降低。汽车动力蓄电池充电容量会随温度的降低而下降，因而设置了动力蓄电池加热系统，当车辆充电时，如果电芯温度低于设定值，则 BMS 会控制加热继电器闭合，利用动力蓄电池内部的加热元件给电芯加热。充电加热流程如图 3-1-8 所示。

（四）电池单体电压监测

电池单体电压是动力蓄电池管理系统的重要控制参数，其性能的好坏或精度的高低决定了 SOC、SOH 的估算准确性，并进一步影响后续控制策略的有效实施。

电池单体电压监测按照采样电路的不同可分为继电器阵列法、恒流源法、隔离运放采集法、压/频转换电路采集法和线性光耦放大电路采样法等。

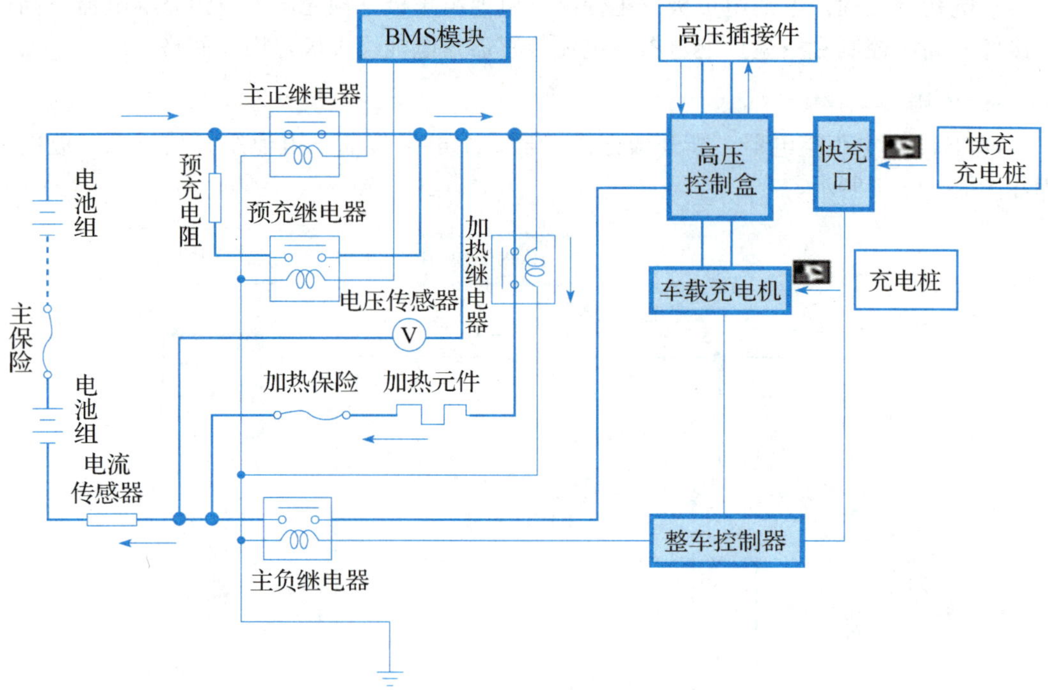

图 3-1-8　充电加热流程

（五）动力蓄电池温度监测

动力蓄电池的工作温度不仅影响动力蓄电池的性能，而且直接关系到新能源汽车使用的安全问题，因此，准确采集温度参数显得尤为重要。采集温度并不难，关键是如何选择合适的温度传感器（见图 3-1-9）。目前，使用的温度传感器很多，如热敏电阻、热电偶、集成温度传感器等。

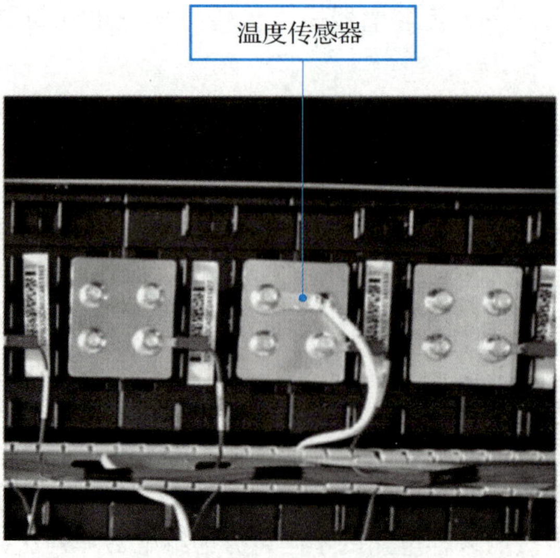

图 3-1-9　温度传感器

1. 热敏电阻采集法

热敏电阻采集法的原理是利用热敏电阻阻值随温度的变化而变化的特性，用一个定值电阻和热敏电阻串联起来构成一个分压器，从而把温度的高低转换成电压信号，再通过 A - D 转换得到温度的数字信息。热敏电阻成本低，但线性度不好，而且制造误差一般也比较大。

2. 热电偶采集法

热电偶采集法的原理是双金属体在不同温度下会产生不同的热电动势，采集热电动势的值，通过查表就可得到温度的值。由于热电动势的值只和材料有关，因此热电偶的准确度很高。但是由于热电动势都是毫伏等级的信号，因此需要放大，外部电路比较复杂。金属的熔点一般都比较高，所以热电偶采集法一般用于高温的测量。

3. 集成温度传感器采集法

由于温度的测量在日常生产、生活中用得越来越多，因此半导体生产商们纷纷推出了很多集成温度传感器。这些集成温度传感器虽然很多都是基于热敏电阻式的，但都在生产的过程中进行了校正，所以精度可以与热电偶相媲美，而且直接输出数字信息，很适合在数字系统中使用。

（六）动力蓄电池电流监测

动力蓄电池管理系统充放电总电流是重要的控制参数，动力蓄电池电流的监测需将电流信号转换成电压信号，目前新能源汽车动力蓄电池管理系统电流监测主要有分流器和霍尔式电流传感器两种方式。

分流器电流监测方法如图 3 - 1 - 10 所示。在动力蓄电池工作回路中串联一个分流器，当电流流过分流器时，会在分流器两端形成电压差，电流越大，电压差越大，采集分流器两端电压差即可计算出电流的大小。分流器的安装位置如图 3 - 1 - 11 所示。

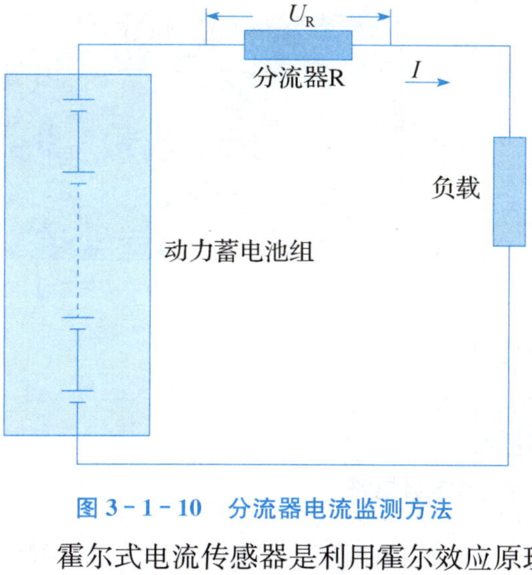

图 3 - 1 - 10　分流器电流监测方法

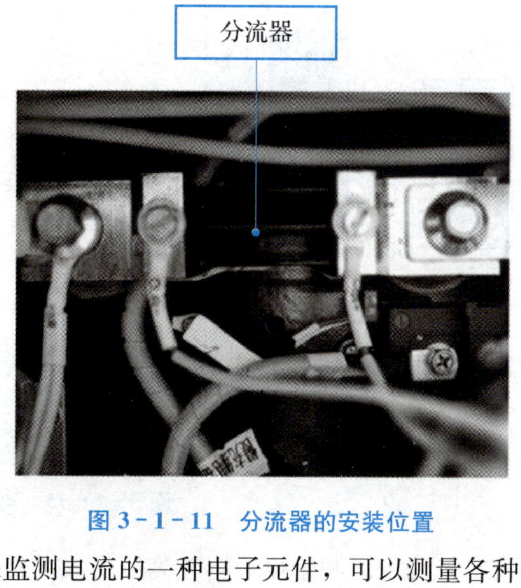

图 3 - 1 - 11　分流器的安装位置

霍尔式电流传感器是利用霍尔效应原理来监测电流的一种电子元件，可以测量各种类型的电流，包括从直流电流到几十千赫兹的交流电流。图 3 - 1 - 12 所示为用于新能源汽车电流监测的霍尔式电流传感器。霍尔式电流传感器通过电磁场“感应”得到的电压信号通常较小，只有几毫伏，因此在输入 A－D 转换器前，同样需要放大电路来对信号电压进行放大，目前大部分的霍尔式电流传感器已将放大电路集成到传感器内部，传感器输出的电压信号可直接被利用。

图 3－1－12　霍尔式电流传感器

（七）高压绝缘监测

根据《电动汽车安全要求》(GB 18384－2020）的要求，动力蓄电池管理系统（BMS）必须配备安全监测模块，对高压回路绝缘性进行在线监测。高压绝缘监测系统电路（见图 3－1－13）包括绝缘电阻测量模块、MCU 控制单元、显示与报警模块和 CAN 收发模块等。

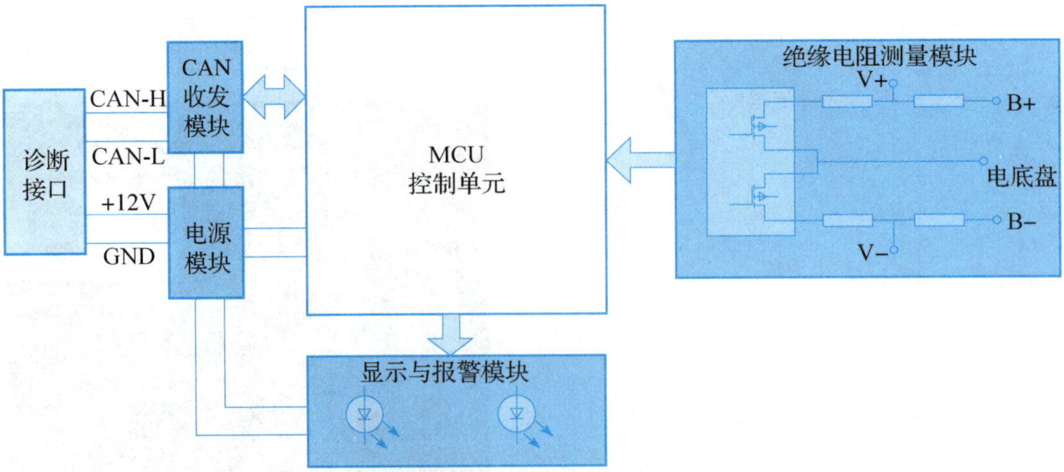

图 3－1－13　高压绝缘监测系统电路

绝缘电阻测量模块测量高压母线的绝缘性；MCU 控制单元处理绝缘电阻测量模块传来的信息，并根据测量结果发出相应的控制信息；显示与报警模块在系统出现绝缘故障时，警告驾驶人系统检测出该新能源汽车存在绝缘故障，应采取相应的保护措施；CAN 收发模块向整车控制器输出系统检测出的绝缘故障信息，用于优化整车控制策略。也有一些 BMS 将 MCU 控制单元、显示与报警模块、CAN 收发模块集成于 BMS 主控模块中。

（八）高压互锁监测

按照国际标准 ISO 6469－3：2001《电动道路车辆 安全规范 第 3 部分：人员电气伤害防护》规定，电动汽车上的高压部件应具有高压互锁装置。大部分电动汽车上的高压互锁监测功能由动力蓄电池管理系统（BMS）完成，也有部分车型由整车控制器（VCU）完成。电动汽车高压互锁的主要功用有：

（1）确保高压上电前高压系统的完整性，提高高压系统的安全性。

（2）运行过程中高压回路断开或者完整性受到破坏时，启动安全防护程序。

（3）防止带电插拔高压插接器给高压端子造成的拉弧损坏。

高压互锁（High Voltage Interlock Loop，HVIL）就是用低压信号来监测高压回路电气连接完整性与控制功能完整性。图 3－1－14 所示为某车型高压互锁控制回路示意图，动力蓄电池管理系统（BMS）发出一个 20mA 的低压控制电流信号，经驱动控制单元、高压配电盒、DC－DC 转换器等，最后回到动力蓄电池管理系统，形成一个封闭回路。

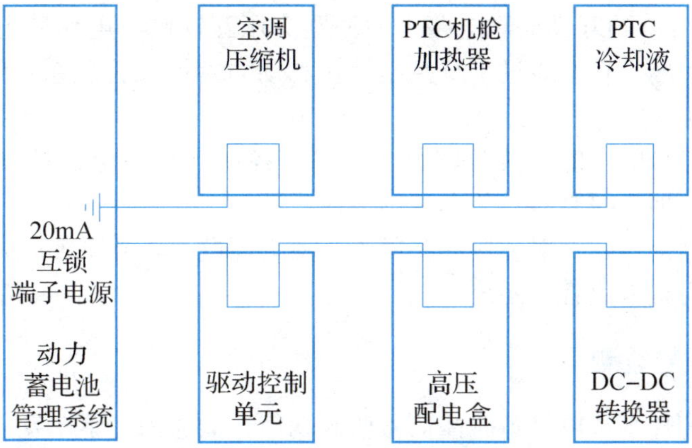

图 3－1－14　高压互锁控制回路示意图

高压互锁通过在高压插接器、手动维修开关（MSD）、高压部件盒盖中集成的高压互锁检测接口等来完成连接状态监测。

当高压插接器等插接到位后，高压互锁接口闭合；当高压插接器断开后，高压互锁接口断开，如图 3－1－15 所示。高压插接器中的高压互锁接口与高压大电流接口在插接或拔出时有时间差。高压插接器插入时，高压接口先接触，高压互锁接口后闭合；拔出时，高压互锁接口先断开，高压接口后断开。这样确保高压插接器插拔时无高压，从而对高压插接器的意外断开起到预判作用。

高压互锁回路的检测方法主要有电阻检测法、电压检测法和 PWM 检测法 3 种。其中电阻检测法相对简单，从高压互锁的初始端推至末端，由电阻值来判断是哪个节点断

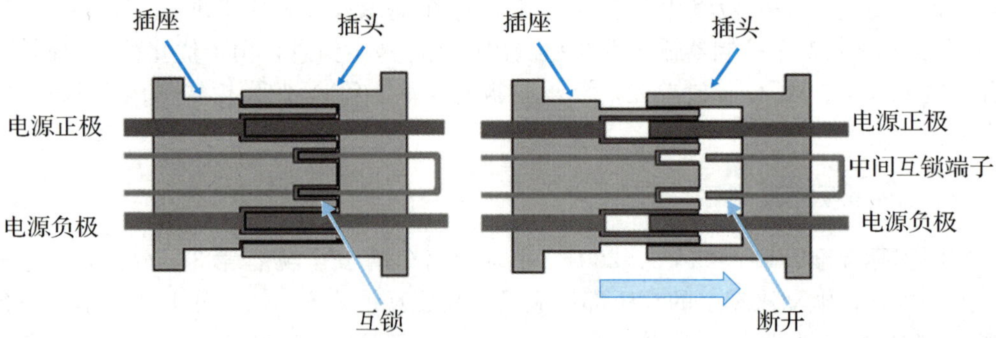

（a）高压插头（高压互锁连接状态）　（b）高压插头（高压互锁断开状态）

图 3-1-15　高压互锁的连接和断开状态

开。在开始验证前，先进行高压断电处理，关闭钥匙开关，断开辅助电池负极连接，拔下动力蓄电池高、低压插件，并做好绝缘防护。

电池管理系统（BMS）、整车控制器（VCU）向外发送一个低电平信号，该信号经过所有高压线束插头互锁线后，分别回到 BMS 和 VCU，并通过返回信号确认高压线路的完整性。如果信号出现异常，BMS 和 VCU 就会默认车辆的高压插头被人为地拔出或者存在插接不牢等问题。此时为避免危险情况的发生，BMS 会根据车辆状态做出故障报警、高压切断、降功率运行等反馈。

吉利帝豪 EV450 的互锁监测电路由主回路高压互锁监测电路和电池内部高压互锁监测电路两部分组成。它们通过车身控制模块和动力蓄电池管理系统间的 CAN 网络进行通信。

主回路互锁信号的发射和接收路径为：整车控制模块→电机控制模块→车载充电机→空调压缩机→加热控制器→整车控制模块。

电池内部互锁信号的发射和接收路径为：动力蓄电池管理系统→高压母线接口和直流快充接口→动力蓄电池管理系统。

（九）碰撞信号监测

动力蓄电池管理系统应具备碰撞信号监测功能，能够识别整车发出的碰撞信号，该碰撞信号是安全气囊发出的硬线信号或是来自 CAN 网络的碰撞信号。动力蓄电池管理系统监测到该信号后，将断开高压继电器，切断高压输出。

图 3-1-16 所示为吉利帝豪 EV450 碰撞信号电路。碰撞传感器将信号传给安全气囊控制器（ACU），ACU 确认碰撞信号后，会在 20ms 内向总线发送“碰撞解锁和断电”信号，碰撞信号以 20ms 为一个周期共发送 3s。BCM 和 BMS 连续收到 3 个以上的信号时，就会分别执行解锁和断电功能。注意：在吉利帝豪 EV450 中，BMS 同时监测 ACU 输出的硬线碰撞信号与 VCU 的碰撞 CAN 信号，两个信号同时满足时 BMS 判断车辆发生碰撞并切断高压输出。ACU 输出的碰撞信号（硬线信号）线路故障（断路、对地或电源短路）均不会导致 BMS 控制动力蓄电池断电。

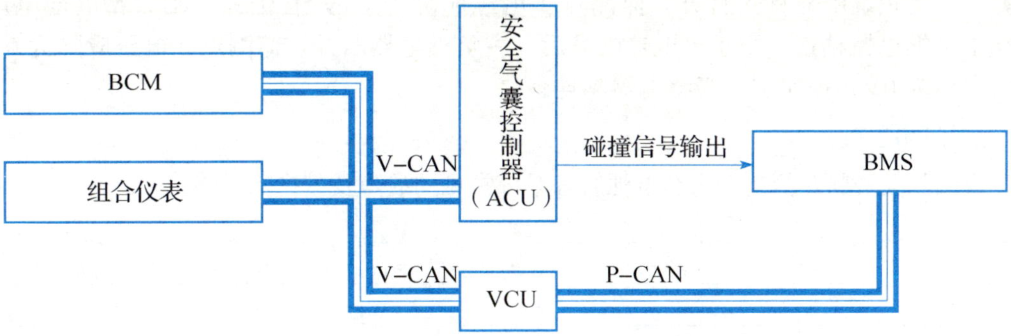

图 3-1-16　吉利帝豪 EV450 碰撞信号电路

（十）继电器状态监测

高压继电器又称为高压接触器，通过低压电路控制高压回路的通断。继电器烧蚀无法接合会造成系统无法正常充放电，继电器粘连不能断开会导致高压无法下电，存在重大安全隐患，因此动力蓄电池管理系统（BMS）必须具备继电器状态监测功能。继电器状态监测的方法大同小异，主要通过继电器前后的电压变化来识别继电器的通断状态。继电器状态监测电路如图 3-1-17 所示。

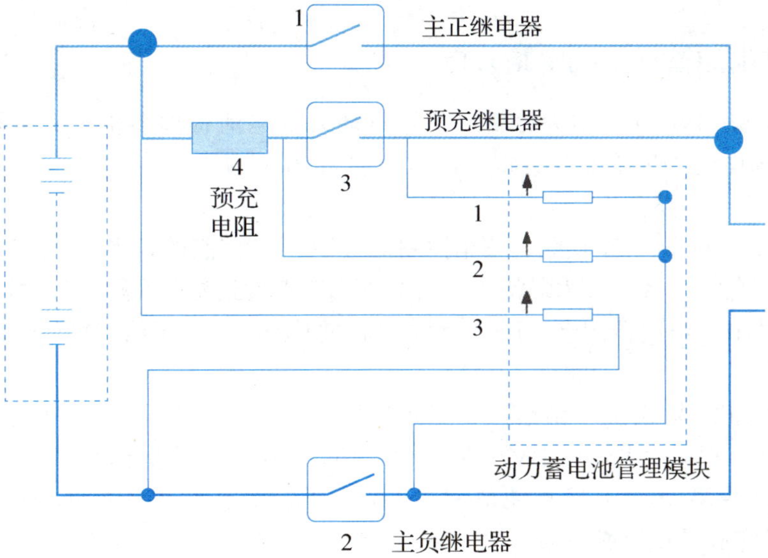

图 3-1-17　继电器状态监测电路

继电器触点开路监测时，高压供电系统没有上电，监测点 3 电压为动力蓄电池电压。执行上电操作时，主负继电器首先闭合，监测点 2 电压变为动力蓄电池电压，若为 0V，说明主负继电器触点断开。接着预充继电器闭合，监测点 1 电压变为动力蓄电池电压，若为 0V，说明预充继电器触点断开。随后主正继电器闭合，预充继电器断开，监测点 1 电压仍为动力蓄电池电压，若为 0V，说明主正继电器触点断开。处于高压上电状态时，监测点 1、2、3 电压均为动力蓄电池电压。继电器触点粘连监测时，执行下电操作，主正继电器首先打开，监测点 1 电压应降为 0V，若仍保持动力蓄电池电压，说明主正继电器粘连。主正继电器断开后，主负继电器断开，监测点 2 电压应降为 0V，若没有降为 0V，说明主负极继电器粘连。

引导问题 2：

查阅相关资料，简述动力蓄电池管理系统常见的故障及其排除思路。

____

____

____

知识点提示

动力蓄电池管理系统常见故障分析

动力蓄电池管理系统（BMS）通过传感器及监测模块对动力蓄电池状态进行监测、运算分析，按一定的控制策略对动力蓄电池进行能量控制、均衡控制、故障自诊断等，并与整车控制器（VCU）、车载充电机（OBC）、仪表等进行交互。动力蓄电池管理系统的各组成部件故障可导致新能源汽车无法上电、无法充电等故障。动力蓄电池管理系统常见故障包括 CAN 总线通信故障、BMS 控制器自身故障、电池单体电压采集异常、电池单体温度采集异常、电池单体电流采集异常、高压绝缘故障、总电压检测故障、高压互锁故障等。

一、动力蓄电池管理系统电路分析

以吉利帝豪 EV450 车型为分析对象，对动力蓄电池管理系统相关电路进行分析，EV450 动力蓄电池管理系统电路如图 3－1－18 和图 3－1－19 所示。

EV450 BMS 电路分析：

（1）BMS 是由 PCAN 唤醒、整车控制器（VCU）控制的，当在一定时间内接收不到任何操作信息时，将进入休眠状态，当上电或者接收到充电唤醒信号时，室内保险丝继电器盒中的 IG2 继电器闭合，IF18 保险丝通过 CA69/7 端子给 BMS 控制器供电，唤醒 BMS。

（2）BMS 的电源由两路供给：一路是低压电池（B＋）通过 EF01 保险丝给 BMS 模块的 CA69/1 端子供电，由 BMS 模块的 CA69/2 端子完成搭铁形成回路；另一路由 IG2 通过 IF18 保险丝给 BMS 模块的 CA69/7 端子提供点火开关电源，由 BMS 模块的 CA69/2 端子完成搭铁形成回路。

（3）BMS 唤醒正常工作后，采集线对动力蓄电池及电池模组进行数据采集，计算车辆能量管理状态，通过网络总线进行数据传输。

（4）在对动力蓄电池进行直流充电时，与直流充电插座进行通信验证，控制车辆预充继电器、总负继电器、总正继电器的顺序工作，满足充电要求，同时监测直流充电口的正极和负极温度，确保直流充电过程的安全。

（5）BMS 控制模块与安全气囊控制器（ACU）以碰撞信号线连接，如果有碰撞事故发生，BMS 能够在第一时间断开高压电，确保相关人员安全。

（6）车身通信 CAN 线，连接至 OBD 诊断接口。

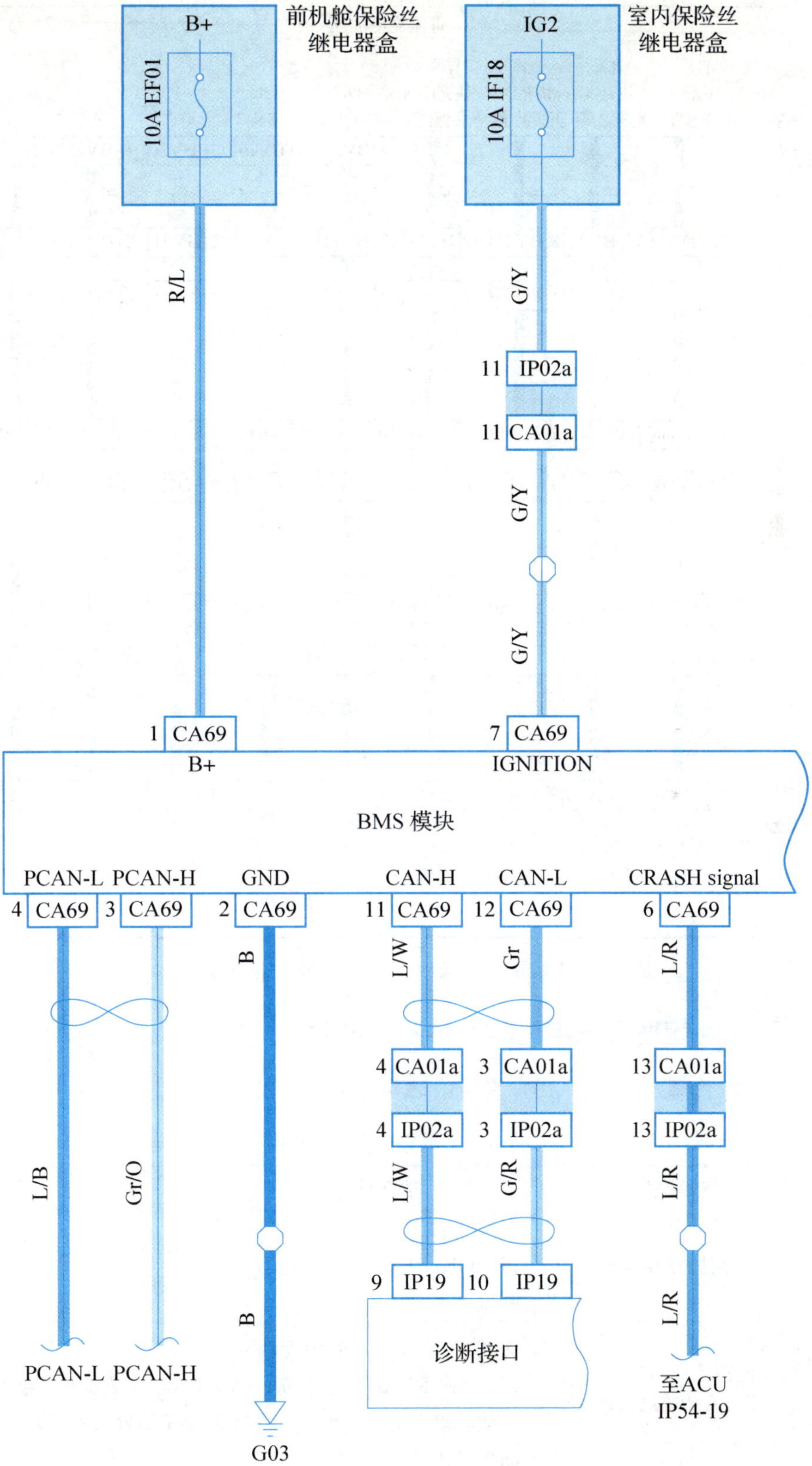

图 3-1-18　EV450 动力蓄电池管理系统电路（一）

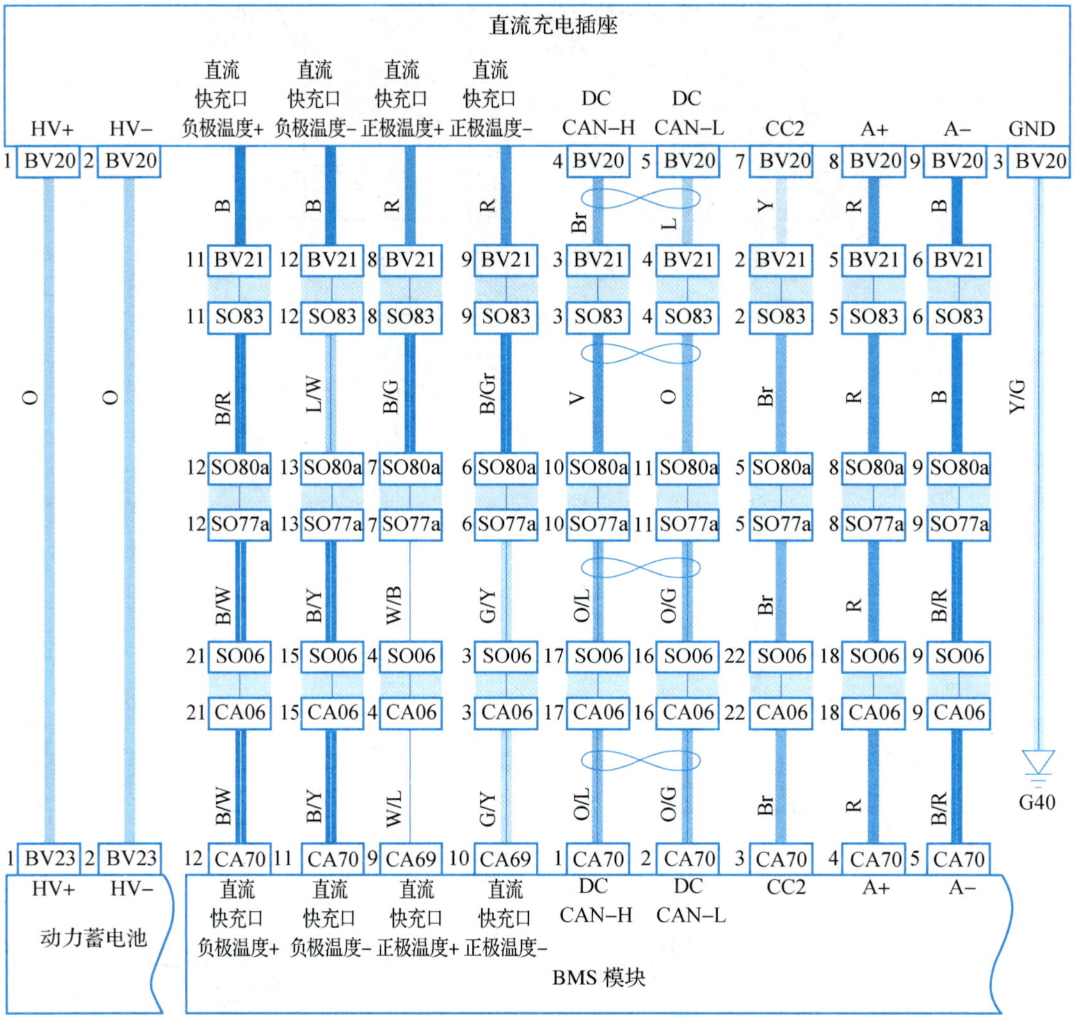

图 3-1-19　EV450 动力蓄电池管理系统电路（二）

二、动力蓄电池管理系统常见故障诊断与排除

动力蓄电池管理系统（BMS）常见故障见表 3-1-2。

表 3-1-2　动力蓄电池管理系统（BMS）常见故障

序号	故障名称	故障现象	故障原因
1	高压互锁故障	无法上高压电，车辆无法运行，OK/READY 灯不亮（诊断仪可进 BMS）	高压插件松动、未插好或互锁线路故障
2	CAN 通信故障	无法上高压电，车辆无法运行，OK/READY 灯不亮，动力故障灯点亮，SOC 为 0（诊断仪进不了 BMS）	CAN 线端脱落、断路，CAN 端子退针（松动）

续表

序号	故障名称	故障现象	故障原因
3	BMS 电源线路故障	无法上高压电，车辆无法运行，OK/READY 灯不亮，动力故障灯点亮，SOC 为 0（诊断仪进不了 BMS）	BMS 供电保险丝烧断；供电异常、线束短路或断路
4	绝缘检测报警	无法上高压电，车辆无法运行，OK/READY 灯不亮，诊断仪可进 BMS，读到绝缘电阻值为 0	电池或其他高压部件漏电；绝缘模块检测线接错；漏电传感器故障
5	采集模块数据为 0	无法上高压电，车辆无法运行，动力蓄电池故障灯点亮，OK/READY 灯不亮，诊断仪可进 BMS，无法读取 BMS 采集信息	采集模块采集线断开、采集模块损坏、采集模块与 BMS 通信故障
6	动力蓄电池电流数据错误	车辆可以运行，但是电流表和功率表都为 0	霍尔式信号线插头松动、霍尔式传感器损坏、采集模块损坏
7	动力蓄电池温度过高	动力蓄电池过热故障灯点亮	电池冷却水少、外部水管漏水，电池冷却水泵故障
8	不能使用充电机充电	其他正常，无法正常充电	充电机与 BMS 通信不正常，车载充电机控制端故障
9	SOC 异常	OK/READY 灯点亮，SOC 为 0	更换 BMS 后未匹配
10	预充电故障	无法上高压电，车辆无法运行，OK/READY 灯不亮	预充继电器开路，预充电阻开路
11	上电后主继电器不吸合	无法上高压电，车辆无法运行，OK/READY 灯不亮	预充未完成（预充继电器开路、预充电阻开路）或主继电器故障
12	电池单体电压异常	无法上高压电，车辆无法运行，OK/READY 灯不亮，动力蓄电池故障灯点亮	电池单体电压过低或过高，均衡失败，过充过放电

（一）BMS 电源电路故障诊断与排除

动力蓄电池管理系统（BMS）需要系统提供稳定的电源，其电源电路如图 3－1－20 所示。若动力蓄电池电压不足、电源线路故障会导致 BMS 系统不工作，车辆无法上电，诊断仪无法访问 BMS 系统。

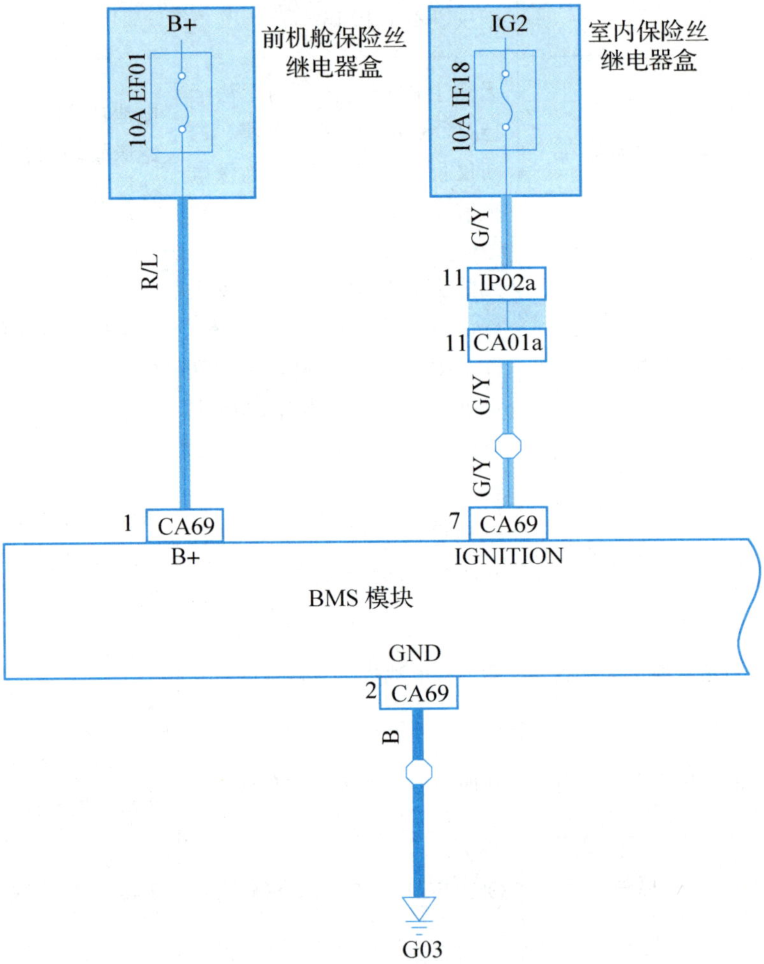

图 3－1－20　BMS 的电源电路

BMS 电源电路故障的原因有 BMS 供电电压过低、BMS 供电电压过高及电源电路搭铁失效等。

BMS 电源电路故障诊断与排除的方法如下：

（1）使用故障诊断仪访问 BMS 模块，读取故障代码，根据故障代码提示进行故障诊断；若没有故障代码，检测低压电池的电压。

具体操作：将万用表调到直流电压挡，测量低压电池的电压应为 11～14V。如果电压值不正常，则为低压电池充电或者更换低压电池；如果正常，则检查供电线路。

（2）起动车辆，测量 EF01 保险丝上端与车身搭铁之间的电压，电压的标准值应该为 11～14V。如果测量值不正常，则需要更换保险丝上端的线束；如果测量值正常，则检查保险丝 EF01 和 IF18，若保险丝损坏，则更换保险丝，若保险丝正常，则检查保险丝 EF01 和 IF18 下端与 BMS 之间的线路。如果检查结果不正常，则更换保险丝 EF01 和 IF18 下端与 BMS 之间的线束；如果检查正常，则检查 CA69/1 和 CA69/2 对车身搭铁之间的电压，电压的标准值应为 11～14V。如果测量值不正常，则需要更换或者维修相关线束；如果测量值正常，则测量 CA69/2 与车身搭铁之间的电阻值是否符合相关要求，电阻的标准值应该小于 1Ω，如果不正常，则需要更换或者维修相关线束。

（二）BMS 通信电路故障诊断与排除

吉利帝豪 EV450 有 2 路 CAN 通信总线，即 PCAN（动力 CAN）和 VCAN（多媒体 CAN）。整车 CAN 网络由 BMS、整车控制器、P 挡控制单元（PCU）、驾驶模式开关（DMS）、电机控制器等组成。BMS 的通信电路如图 3－1－21 所示。动力 CAN 总线的通信采用双绞线，一条为数据总线高线（CAN－H），另一条为数据总线低线（CAN－L）。

当控制器发出通信信号时，两条总线的数据互为镜像，动力 CAN 总线通信数据波形图如图 3－1－22 所示。当总线信号电压为 2.5V 时，称为闲置电平，是隐性传输数据并解释为逻辑 1。数据传输时，线路被驱动，数据总线高线（CAN－H）将升高 1V，而数据总线低线（CAN－L）将降低 1V，极限电压差 2V 被认为是显性传输数据并解释为逻辑 0。

在动力 CAN 总线中，设置 2 个终端电阻，电阻值为 120Ω。其作用是在信号传输完成后，消除线路中的电流，网络通信由显性快速转变为隐性，提高网络数据的精确性。吉利帝豪 EV450 的 2 个终端电阻设置在电机控制器和 BMS 中。

CAN 网络是由多个模块组成的，且每个模块 CAN 总线都是并联关系，任何模块失去通信功能，诊断仪将无法进入该模块且均会有与通信相关的故障代码产生。CAN 通信出现故障的原因如下：

（1）模块故障，如模块工作电压不正常、模块损坏等。

（2）CAN 线路故障，如插接器接头松动、CAN 线路断路或短路。

（3）动力 CAN 总线中的终端电阻不匹配。

CAN 通信诊断的方法如下：

（1）使用示波器检测动力 CAN 总线上传递的信号。使用示波器双通道输入可以对 CAN 总线上传递的信号进行监测，起动开关调至 ON 挡后，动力 CAN－H 线上的电压信号为 2.5～3.5V，CAN－L 线上的电压信号为 1.5～2.5V。

（2）使用万用表测量总线电阻。起动开关置于 OFF 挡，断开铅酸电池负极。在诊断接口的总线端子测量电阻，吉利帝豪 EV450 的动力 CAN 总线在诊断接口的端子为 3 号、11 号，正常阻值为 55～63Ω。如果显示阻值为 110～125Ω 或不导通，表明动力 CAN 总线可能出现断路故障，需要根据电路图，测量动力 CAN 总线各段的线路是否断路。

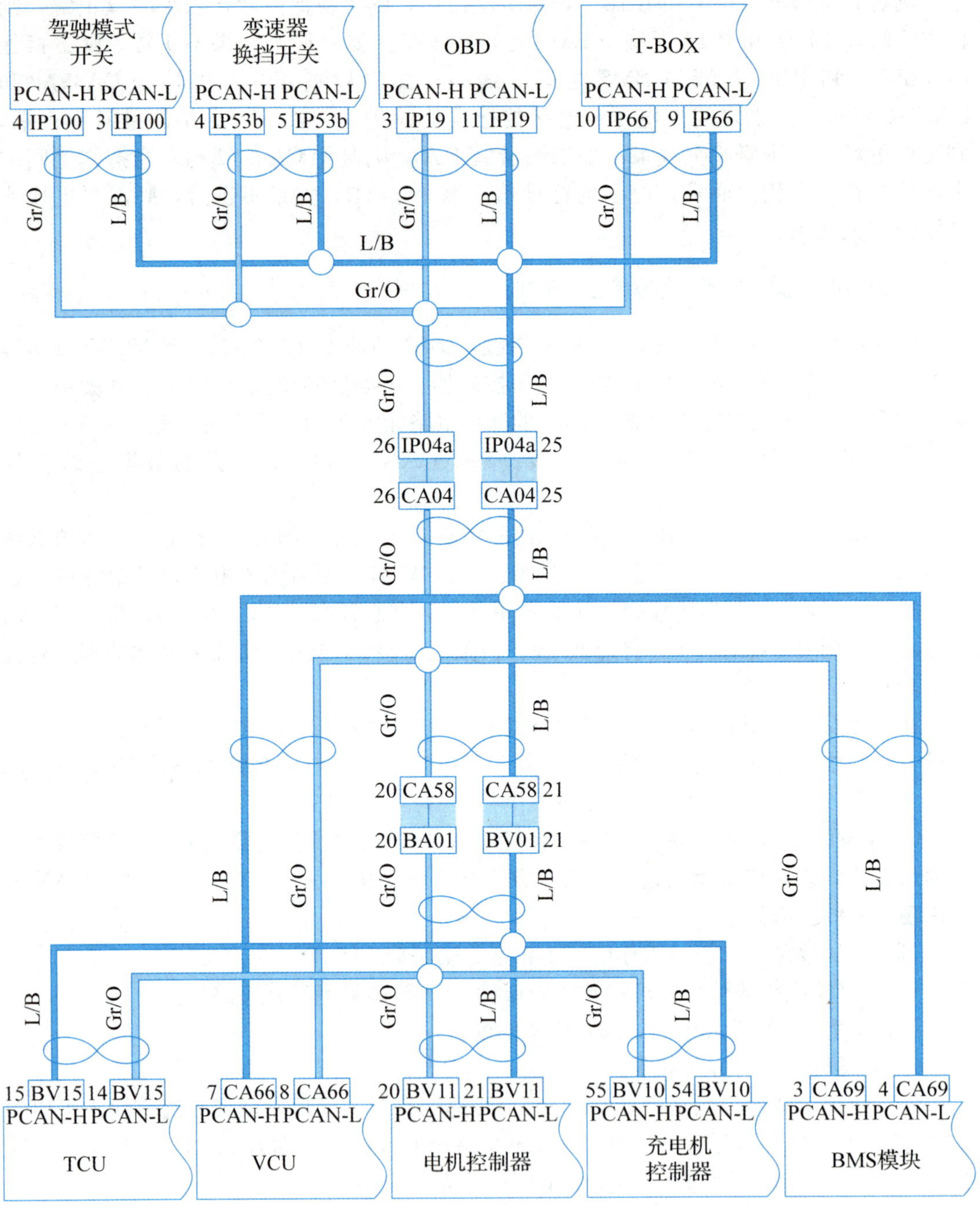

图 3-1-21　BMS 的通信电路

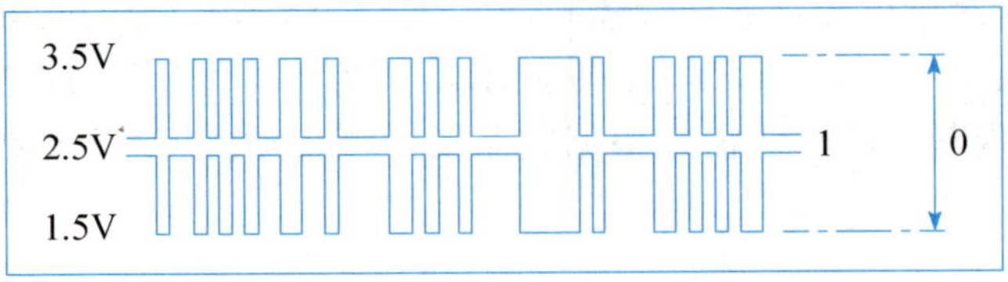

图 3-1-22　动力 CAN 总线通信数据波形图

吉利帝豪 EV450 BMS 通信电路故障诊断与排除的方法如下：

（1）操作起动开关使电源模式调至 OFF 挡，断开动力蓄电池负极，找到对应端子 CA69/3 和 CA69/4，测量 PCAN－H 与 PCAN－L 间的电阻，电阻标准值约为 60Ω。如果电阻测量值不正常，说明终端电路出现了问题。

（2）操作起动开关使电源模式调至 ON 挡，测量 PCAN－H 对车身搭铁电压，标准电压约为 2.8V，测量 PCAN－L 对车身搭铁电压，标准电压约为 2.2V，或者使用示波器观察波形。如果测量值或者波形不正常，说明动力 CAN 总线出现故障。

技能拓展

一辆吉利帝豪 EV450 新能源汽车，踩下制动踏板，按下起动按钮，组合仪表正常亮，READY 灯无法正常亮，充电指示灯和整车系统故障指示灯亮，挡位无法切换到前进挡或倒挡，车辆无法行驶，如图 3－1－23 所示。

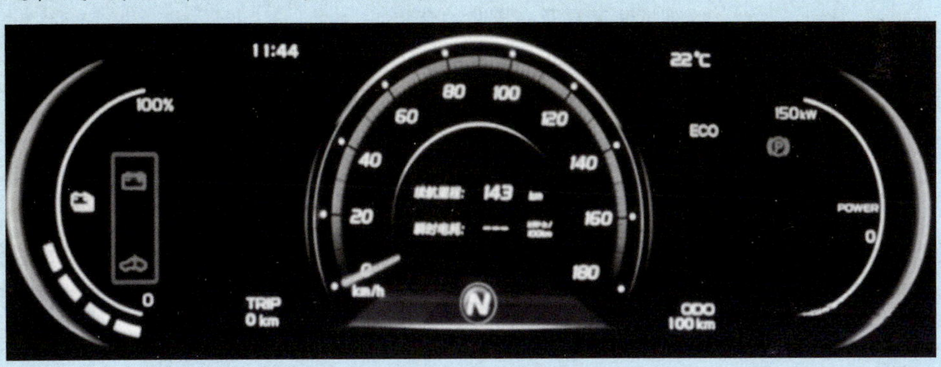

图 3－1－23　仪表故障显示

读取故障代码，VCU 中存在以下故障代码：

“P1C4096 高压互锁故障”

“P1C8E04 高压互锁 PWM 输出信号断路”

在 VCU 中进一步读取数据流，数据流显示高压互锁信号“未连接”。经过维修人员初步诊断，属于高压互锁故障。

任务实施

比亚迪秦 EV 动力蓄电池管理系统不工作故障诊断与排除

一、任务描述

一辆比亚迪秦 EV 纯电动汽车，起动车辆，仪表显示“动力故障指示灯”“低压充电指示灯”“动力蓄电池温度过高报警灯”“水温过高报警灯”“动力蓄电池故障指示灯”等亮了；仪表的 SOC 值为 0，显示“请及时充电”“请检查动力系统”等；起动按钮亮橙色灯，前舱风扇进入高速运转。

二、实训目标

（1）能正确使用工具套装进行动力蓄电池管理系统的拆装。

（2）能正确使用诊断仪读取动力蓄电池管理系统的数据流。

（3）能够配合实车说出动力蓄电池管理系统的工作原理。

（4）能独立完成动力蓄电池管理系统不工作的故障诊断。

三、实训准备

1. 设备及工具准备

序号	设备及工具名称	数量
1	比亚迪秦 EV	1 辆
2	绝缘拆装工具及高压防护套装	1 套
3	故障诊断仪	1 台
4	万用表	1 套

2. 场地设备准备

（1）任务实施前，需要做好场地防护准备，检查实训场地和设备设施是否存在安全隐患，如发现不正常的地方，需及时报告老师或实验员进行处理，完成后方可实施任务。

（2）本实训任务用到实车，任务实施前需要在车辆周围围上隔离带，并摆上注意安全提示牌。

3. 安全防护准备

（1）禁止在车辆上高压电的情况下检查与更换电池模组。

（2）禁止在带电状态下触碰任何带安全警示标识的部件。

（3）禁止徒手触摸所有橙色的线束。

四、实训操作

步骤	记录内容	完成情况记录
1	上电验证故障现象	是□　否□
2	故障现象确认 OK 指示灯：□点亮　　□熄灭 仪表提示语： 仪表点亮的故障灯：	是□　否□
3	动力蓄电池管理系统的电路原理和工作原理分析	是□　否□
4	可能的故障原因分析	是□　否□
5	故障诊断排除思路及计划制订	是□　否□

续表

<table>
<tr><th>步骤</th><th colspan="3">记录内容</th><th>完成情况记录</th></tr>
<tr><td>6</td><td colspan="3">正确连接故障诊断仪</td><td>是□ 否□</td></tr>
<tr><td>7</td><td colspan="3">读取车辆故障信息
模块： 故障代码：
模块： 故障代码：
模块： 故障代码：
若有故障代码，按照故障代码提示进行故障排除</td><td>是□ 否□</td></tr>
<tr><td>8</td><td colspan="3">读取模块数据流
模块： 数据流记录：
模块： 数据流记录：
模块： 数据流记录：</td><td>是□ 否□</td></tr>
<tr><td>9</td><td colspan="3">BMS 供电电源来源</td><td>是□ 否□</td></tr>
<tr><td rowspan="3">10</td><td colspan="3">BMS 供电电压</td><td rowspan="3">是□ 否□</td></tr>
<tr><td>实测值</td><td>标准值</td><td>是否正常</td></tr>
<tr><td>________ V</td><td>________ V</td><td>是□ 否□</td></tr>
<tr><td>11</td><td colspan="3">BMS 电源搭铁是否正常 是□ 否□</td><td>是□ 否□</td></tr>
<tr><td>12</td><td colspan="3">BMS 供电保险丝是否正常 是□ 否□</td><td>是□ 否□</td></tr>
<tr><td>13</td><td colspan="3">BMS 唤醒信号来源</td><td>是□ 否□</td></tr>
<tr><td>14</td><td colspan="3">BMS 唤醒信号电压为________</td><td>是□ 否□</td></tr>
<tr><td>15</td><td colspan="3">BMS 唤醒信号是否正常 是□ 否□</td><td>是□ 否□</td></tr>
<tr><td>16</td><td colspan="3">检查 CAN 通信线路工作是否正常 是□ 否□</td><td>是□ 否□</td></tr>
<tr><td>17</td><td colspan="3">故障结论</td><td>是□ 否□</td></tr>
<tr><td>18</td><td colspan="3">故障排除与恢复</td><td>是□ 否□</td></tr>
<tr><th colspan="5">重难点</th></tr>
<tr><td colspan="5">1. 正确读取电气原理图；
2. 正确测量数据</td></tr>
</table>

<table>
<tr><th colspan="4">7S 现场管理</th></tr>
<tr><th>序号</th><th>操作步骤</th><th>完成情况</th><th>备注</th></tr>
<tr><td>1</td><td>建立安全操作环境</td><td>已完成□ 未完成□</td><td></td></tr>
<tr><td>2</td><td>清理及整理工具量具</td><td>已完成□ 未完成□</td><td></td></tr>
<tr><td>3</td><td>清理及复原设备</td><td>已完成□ 未完成□</td><td></td></tr>
<tr><td>4</td><td>清理场地</td><td>已完成□ 未完成□</td><td></td></tr>
</table>

续表

7S 现场管理			
序号	操作步骤	完成情况	备注
5	物品回收和环保	已完成□　未完成□	
6	完善和检查工单	已完成□　未完成□	
实训总结			

任务二　新能源汽车动力蓄电池热管理系统

任务目标

知识目标

1. 掌握动力蓄电池热管理系统的功用和类型。
2. 掌握动力蓄电池热管理系统的工作原理。
3. 掌握动力蓄电池热管理系统性能检测、故障诊断与排除方法。

技能目标

1. 能正确认知动力蓄电池热管理系统各组成部件。
2. 能正确进行动力蓄电池热管理系统性能检测。
3. 能正确进行动力蓄电池热管理系统故障诊断与排除。

素养目标

1. 培养干一行、钻一行的匠人精神。
2. 培养主动学习的良好习惯。

知识索引

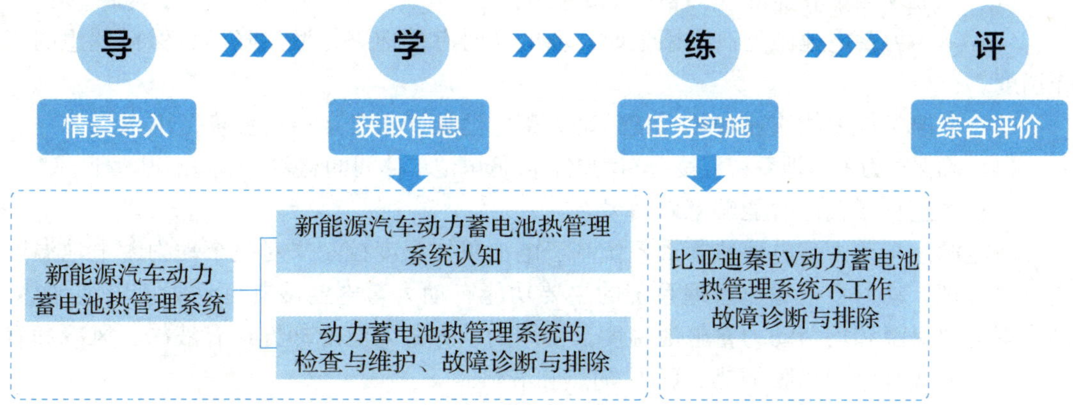

情景导入

一辆比亚迪秦 EV 轿车，车辆起动时，仪表上的 OK 灯不点亮，动力系统故障指示灯点亮，经检查，动力蓄电池热管理系统出现了故障。你知道什么是动力蓄电池热管理系统吗？它的结构和工作原理是什么？请你根据故障提示对车辆进行故障诊断和维修。

获取信息

引导问题 1：

查阅相关资料，分别简述动力蓄电池温度过高或者过低时可能出现的情况。

____

____

____

知识点提示

新能源汽车动力蓄电池热管理系统认知

一、动力蓄电池热管理系统概述

动力蓄电池是新能源汽车的动力源，温度对动力蓄电池的充放电性能有很大影响。环境温度过低可能导致动力蓄电池容量急剧下降，使车辆无法行驶；动力蓄电池充放电过程会导致自身发热，缩短使用寿命，甚至会导致严重事故发生。为了保证动力蓄电池在适合的温度条件下工作，动力蓄电池热管理系统（Battery Thermal Management System，BTMS）用来调节动力蓄电池的温度。动力蓄电池热管理系统是新能源汽车动力蓄电池管理系统的重要组成部分，它不仅对动力蓄电池的性能、使用寿命等有重要影响，而且与整车热管理有着密不可分的关系。从宏观上讲，动力蓄电池热管理系统是对动力蓄电池系统内部热环境进行控制、调节和利用。具体而言，热管理就是在动力蓄电池系统温度过高时，对系统进行降温；在温度过低时，对系统进行升温；在特殊情况下

（如停车等待过程中），对系统进行保温。

动力蓄电池热管理系统要有以下基本功能要求：

（1）能准确测量和监测动力蓄电池的温度。

（2）当动力蓄电池温度高于限值时，要能及时有效地进行散热降温，保持理想的工作温度。

（3）低温条件下能快速加热，使得动力蓄电池处于正常运行的温度范围内。

（4）确保动力蓄电池系统温度分布均匀，降低电池单体间的温差，温差不得大于5℃。

（5）产生有害气体时能够有效通风。

新能源汽车动力蓄电池热管理系统基于电池单体温度控制来对整个动力蓄电池温度进行热管理。动力蓄电池热管理系统的主要功能有动力蓄电池冷却、动力蓄电池加热、动力蓄电池保温和均衡动力蓄电池温度。常用的动力蓄电池冷却方式有液冷、风冷和直冷，加热方式有电加热膜加热、PTC加热和液热。

（一）动力蓄电池冷却系统

动力蓄电池冷却系统是通过空调系统、冷却液循环系统等对动力蓄电池进行冷却调控，确保动力蓄电池处于适合的温度环境下，以保持最佳的性能。

1. 液冷系统

液冷是一种利用液态混合物作为热量交换媒介，通过冷却水泵使冷却液在管路回路中循环，进而完成动力蓄电池箱与热交换器间循环热交换的冷却方式。

图3-2-1所示为动力蓄电池液冷系统。动力蓄电池液冷系统在动力蓄电池内部建立了一套液体冷却管路，通过热交换器与整车空调制冷系统相结合，冷却液将从动力蓄电池带走的热量传给整车空调制冷系统，然后整车空调制冷系统将热量传递到环境空气中。动力蓄电池液冷系统的核心部件是压缩机、热交换器和水泵。压缩机作为制冷的动力发起点，决定着

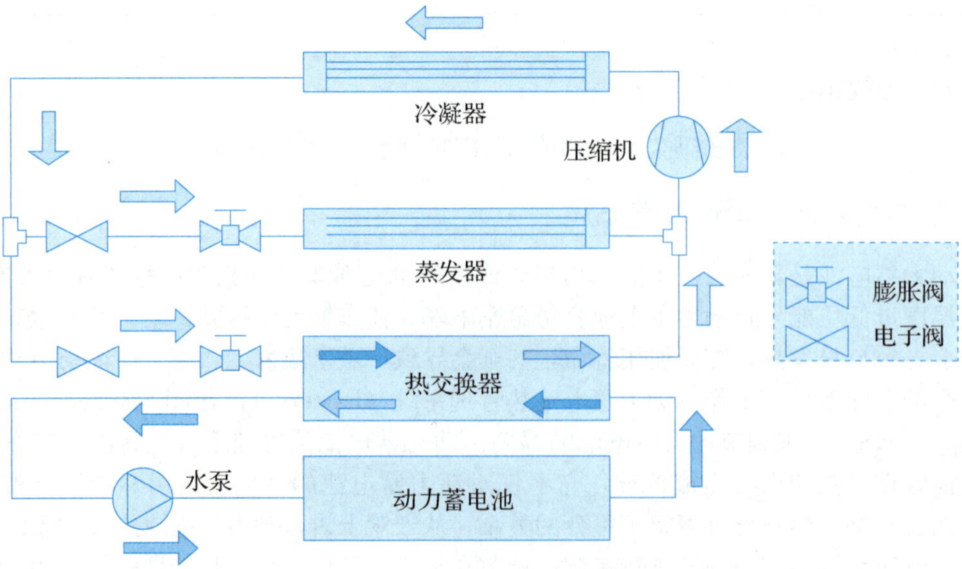

图3-2-1　动力蓄电池液冷系统

整个系统的换热能力。热交换器是液冷系统的一个关键部件，它的作用是引入空调系统中的制冷剂，在膨胀阀节流后蒸发，吸收动力蓄电池冷却回路中冷却液的热量。水泵的转速则决定了管路内冷却液的流速，流速越快，换热性能越好，反之，换热性能越差。

2. 风冷系统

（1）自然风冷。

自然风冷是以车外空气作为传热介质的被动形式，即汽车行驶过程中，直接让车外流过的空气作为传热介质流过动力蓄电池箱体内部，通过空气与动力蓄电池、电通体等导热部件之间的对流换热实现对动力蓄电池的冷却，如图 3-2-2 所示。这种方式虽然结构简单，不消耗额外的能量，成本低，但对流传热系数较小 [5～25W/(m^2 · K)]，散热效果有限，仅用于早期容量小、能量密度低的动力蓄电池中，或作为现代动力蓄电池的辅助冷却手段。

图 3-2-2　自然风冷

（2）强制风冷。

强制风冷属于主动冷却，在动力蓄电池内部布置通风管道，通过鼓风机将空气引入动力蓄电池箱体内部，空气以一定的流速流过电池模组的表面，将动力蓄电池产生的热量散入环境空气中去，如图 3-2-3 所示。强制风冷的空气有两种：一种是没有经过车内空调制冷系统降温直接将常温空气引入动力蓄电池箱体内部的自然空气；另一种是经过车内空调制冷系统降温后再流向动力蓄电池箱体内部进行散热冷却的空气。

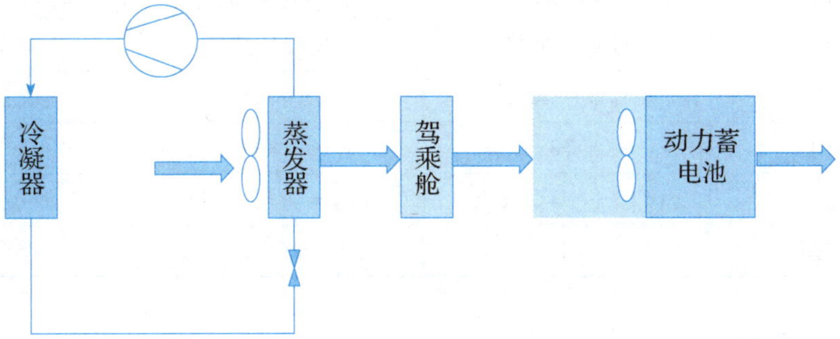

图 3-2-3　强制风冷

3. 直冷系统

直冷系统是利用整车空调制冷系统的制冷剂作为换热媒介直接对动力蓄电池进行冷却的一种高效冷却系统。它主要由压缩机、冷凝器、蒸发器和高压管等组成。直冷系统的组成和工作原理如图 3-2-4 所示。

直冷系统中的蒸发器直接作为动力蓄电池冷板，安装在电池模组底部并与其紧密贴合，制冷剂在冷板（蒸发器）中蒸发，直接将动力蓄电池产生的热量带走，从而实现更快、更有效地冷却。直冷系统比液冷系统的散热效率高很多，能够应对大倍率的快充问题，还具有结构紧凑、无泄漏风险等优点。

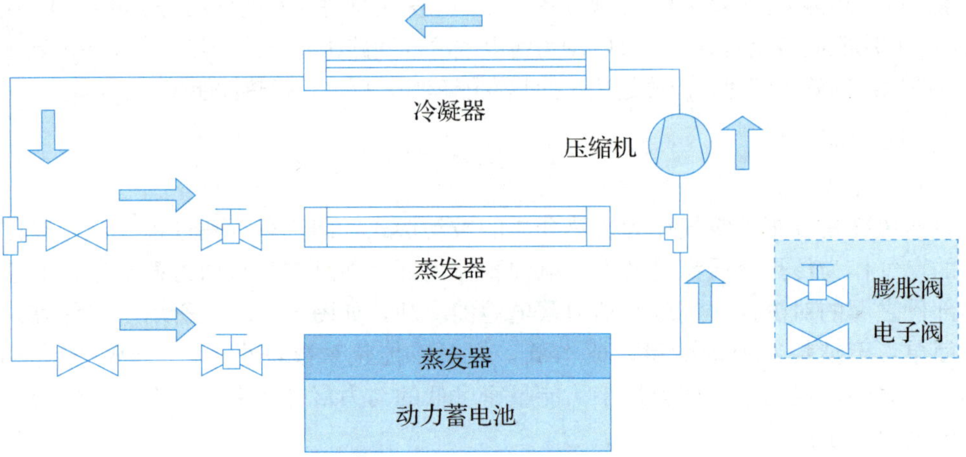

图 3-2-4　直冷系统的组成和工作原理

（二）动力蓄电池加热系统

低温对电池的危害已经成为限制普及纯电动汽车的技术瓶颈之一。通常，要引入加热系统对动力蓄电池进行加热及保温调控，以保证动力蓄电池正常工作。目前常用的动力蓄电池加热方式有三种：电加热膜加热、PTC 加热和液热。三种加热方式的特性对比见表 3-2-1。

表 3-2-1　三种加热方式的特性对比

项目	电加热膜加热	PTC 加热	液热
加热特点	恒功率加热	恒温加热	对流加热
厚度	0.3～2mm	5～8mm	集成在加热器
干烧温度	60～130℃	60～80℃	25～40℃
升温速率	0.15～0.3℃/min	0.15～0.3℃/min	0.3～0.6℃/min
电池温差	≈8℃	≈10℃	≤5℃

1. 电加热膜加热

电加热膜加热属于电阻加热方式，由金属加热电阻丝、绝缘包覆层、引出导线和接插件组成。电阻丝以镍镉合金或铁铬铝合金作为加热材料，绝缘包覆层材料一般为聚酰亚胺（PI），所组装成的加热器一般称为电热膜加热器。若电加热膜厚度较为轻薄，可以直接安装在动力蓄电池箱体内部对动力蓄电池进行热源接触式加热，也可安装在电池单体侧边、底部或两个电池单体之间，常见的是安装在两个电池单体之间，如图 3-2-5 所示。

电加热膜的高压回路由电加热膜、保险丝和继电器串联而成，整个高压回路与电池系统的高压回路并联。此外，为了减少继电器粘连的风险，加热高压回路中使用了两个继电器，如图 3-2-6 所示。

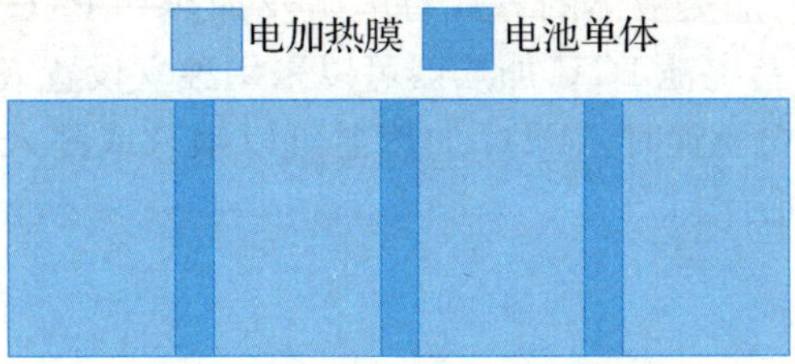

图 3-2-5 电加热膜的安装位置

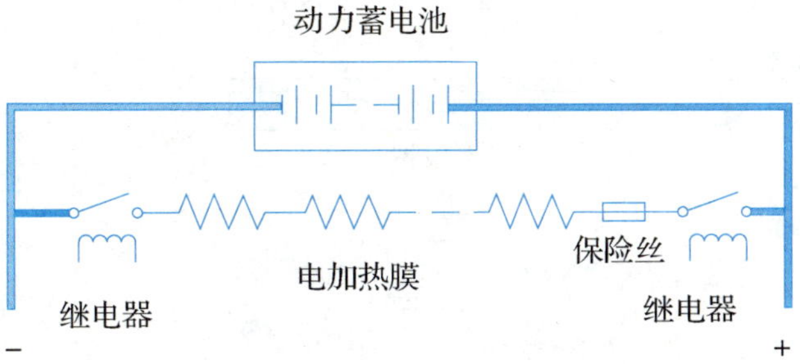

图 3-2-6 加热高压回路

2. PTC 加热

PTC（Positive Temperature Coefficient）是指正温度系数材料，其电阻值会随温度的升高而增大。PTC 材料作为加热源可实现自动恒温加热，即当加热器温度升高时，其内阻增大引起加热功率减小，自身温度下降；当加热温度下降时，其内阻减小引起加热功率增大，自身温度升高。PTC 加热器由 PTC 元件、导热金属板和引出导线组成。PTC 元件是 PTC 加热器的发热元件，被绝缘密封于导热金属板内部，通过引出导线串入加热高压回路。导热金属板起导热、均热和提高结构强度的作用。导热金属板的厚度就是 PTC 加热器的厚度，PTC 加热器的厚度一般在 8mm 左右，因厚度太大，不适宜安装在电池单体之间，所以 PTC 加热器一般安装在电池模组的底部或侧面。PTC 加热器的电气回路常采取多个 PTC 并联后与继电器串联，并入高压回路的连接方式，如图 3-2-7 所示。

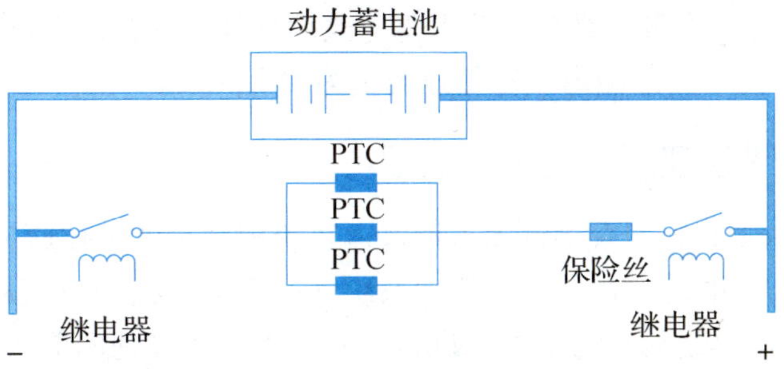

图 3-2-7 PTC 加热器的高压电气回路

3. 液热

液热采用加热液体流经动力蓄电池表面对动力蓄电池进行加热，是新能源汽车动力蓄电池加热的主要方式。加热液体的方式有电阻丝加热和 PTC 加热两种，目前比较常用的是 PTC 加热。动力蓄电池 PTC 加热器可以采用独立设置或与整车空调制热系统的 PTC 共用的方式。当独立设置时，PTC 加热器可以串入或并入液冷系统回路，共用液体回路，如图 3-2-8 所示。

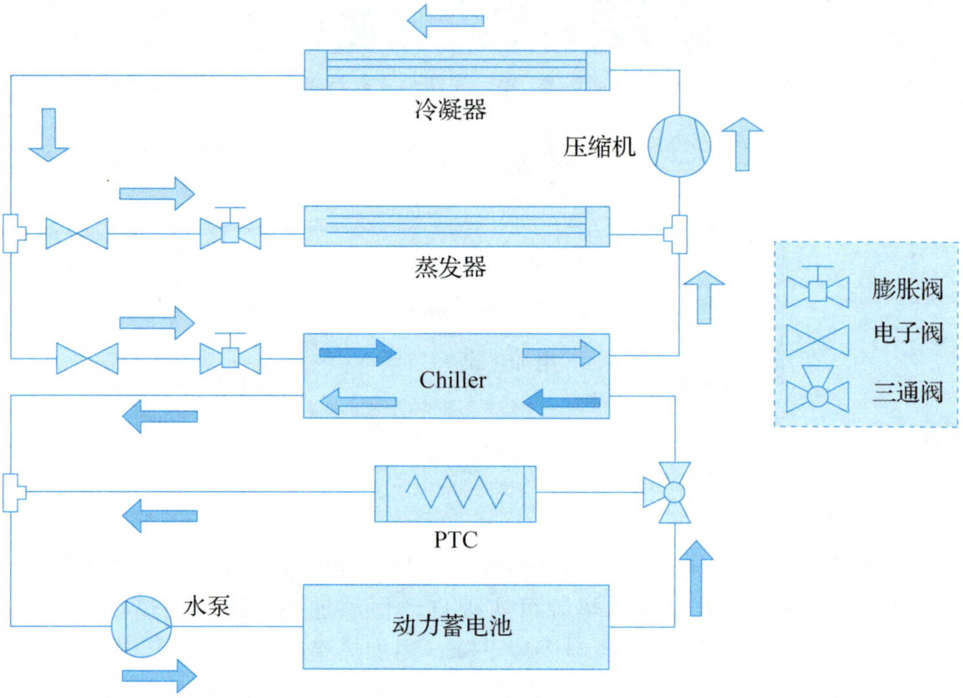

图 3-2-8　PTC 加热器液热系统

当与整车空调制热系统共用 PTC 加热器时，整车空调制热 PTC 加热器常采用换热器方式对液冷回路液体进行加热，不共用液体回路。吉利帝豪 EV450 采用的就是换热器方式，吉利帝豪 EV450 动力蓄电池加热系统与整车空调制热系统共用 PTC 加热器，空调制热液体回路在热交换器中通过换热器与动力蓄电池加热液体回路完成传热，从而给动力蓄电池加热。整车 PTC 加热器液体回路与动力蓄电池加热液体回路是各自独立的。液热系统的主要工作参数是流入动力蓄电池的冷却液入口的温度和流量。通常冷却液入口的温度在 40～60℃范围内，冷却液流量为 10L/min。

二、动力蓄电池热管理系统的工作原理

以吉利帝豪 EV450 为例来讲解动力蓄电池热管理系统的工作原理。

吉利帝豪 EV450 的动力蓄电池热管理系统（ITCS 2.0）与电驱动冷却系统相结合，利电驱动回路的冷却热量对动力蓄电池进行加热，提高热管理的能效。同时，它针对快充时电池单体温度变化进行精准“热管理”，进一步提升了动力蓄电池的充电效率。

吉利帝豪 EV450 整车热管理系统分为三部分：乘员舱热管理、动力蓄电池系统热管理和电驱动系统热管理。整车热管理系统包括一个空调制冷系统（R134a）和三个冷却液回路（水和乙二醇）。空调制冷系统有两个制冷回路：一个用于乘员舱空调制冷，

该回路由制冷管路电磁阀控制；另一个通过热交换器给动力蓄电池降温，该回路由热交换器电磁阀控制。

三个冷却液回路分别为电驱动系统冷却液回路、动力蓄电池冷却液回路和 PTC 加热冷却液回路。电驱动系统冷却液回路用于电驱动系统冷却。动力蓄电池冷却液回路用于动力蓄电池的热管理。电驱动系统冷却液回路与动力蓄电池冷却液回路通过三通阀控制可相互连通，故共用一个膨胀罐。PTC 加热冷却液回路与电驱动系统冷却液回路、动力蓄电池冷却液回路均不连通，单独使用一个膨胀罐，如图 3－2－9 所示。

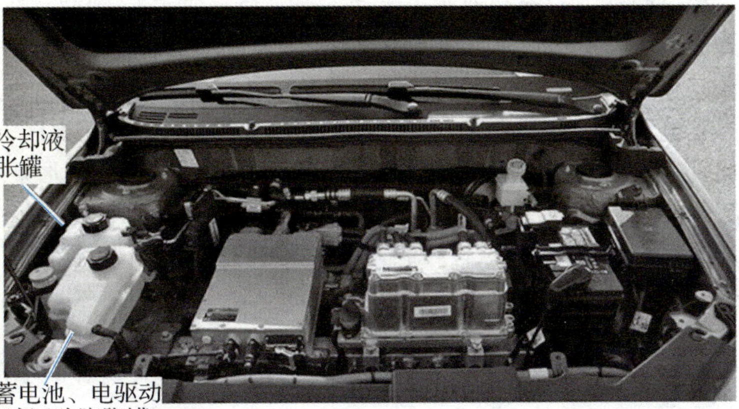

图 3－2－9　冷却液回路膨胀罐

PTC 加热冷却液回路由两个循环回路组成：一个用于乘员舱空调制热；另一个用于给动力蓄电池加热。

热交换器集成了 PTC 加热换热片、空调制冷换热片（蒸发器）、动力蓄电池冷却液换热片，可实现动力蓄电池的加热与冷却。

吉利帝豪 EV450 的动力蓄电池热管理系统采用的是液冷与 PTC 加热系统相结合，液冷利用整车乘员舱制冷系统进行降温，大大提高了动力蓄电池工作环境温度的可靠性。吉利帝豪 EV450 的动力蓄电池热管理系统还与电驱动制冷系统相结合，充分利用电驱动系统的热量给动力蓄电池加热，降低了动力蓄电池的非驱动电耗。

动力蓄电池热管理冷却回路包括压缩机、冷凝器、热交换器、H 型膨胀阀、热交换器电磁阀、电池水泵、三通电磁阀等。当动力蓄电池热管理系统监测到电池单体温度超过限值时，需要起动制冷系统对动力蓄电池进行降温，热管理控制器控制热交换器电磁阀打开，起动压缩机进行制冷；同时控制三通电磁阀的管路接通，驱动电池水泵使动力蓄电池中吸热的高温冷却液流向热交换器，在热交换器中进行热交换，将热量传给制冷系统；随时根据动力蓄电池温度状态的变化调节制冷量和水泵的转速，精确控制动力蓄电池的温度。

低温状态下，动力蓄电池热管理系统主要利用 PTC 加热回路进行加热。动力蓄电池 PTC 加热回路主要由 PTC 加热器、PTC 水泵、三通电磁阀、电池水泵和集成于热交换器中的换热器组成。

当动力蓄电池最低温度低于－10℃时，热管理控制器控制三通电磁阀管路接通，起动 PTC 加热器并控制电池水泵、PTC 水泵驱动电池回路与 PTC 回路的冷却液在热交换器中传递热量，给动力蓄电池加热，并随时根据动力蓄电池温度的变化调整水泵的转速和 PTC 加热器的功率，精确控制动力蓄电池的温度。图 3-2-10 所示为吉利帝豪 EV450 的动力蓄电池加热回路 PTC 加热水泵（P1）、电池冷却水泵（P2）和 PTC 加热器控制器电路图。

当动力蓄电池加热回路中冷却液因温度高而膨胀时，可通过一个单向阀流进电驱动回路膨胀罐。当温度低时，由电驱动回路经三通电磁阀流回动力蓄电池加热回路，确保动力蓄电池加热回路中的冷却液稳定流动。

为了降低动力蓄电池加热的电耗，吉利帝豪 EV450 将电驱动冷却系统与动力蓄电池加热回路相结合，充分利用电驱动的热量给动力蓄电池加热。当动力蓄电池有加热需求时（动力蓄电池最低温度高于−10℃时），热管理控制器控制 PTC 不起动，三通电磁阀管路接通，动力蓄电池回路与电驱动冷却回路相通，起动电驱水泵和电池水泵，促使电驱动回路的高温冷却液流向动力蓄电池，对动力蓄电池进行加热，同时利用电池回路的低温冷却液对电驱动系统进行冷却。

吉利帝豪 EV450 热管理系统的控制策略如下：

（1）车辆在交流充电、直流充电、智能充电、行车过程中（包括车速为 0）都可以起动热管理对动力蓄电池进行加热或冷却。

1）当动力蓄电池有冷却需求时，热管理控制器起动压缩机，动力蓄电池回路通过热交换器与空调制冷回路进行换热，利用空调制冷回路给动力蓄电池降温。

2）当动力蓄电池有加热需求时（动力蓄电池最低温度低于−10℃，且暖风开启），PTC 加热器起动，动力蓄电池回路通过热交换器集成的换热器与 PTC 加热回路进行换热，利用 PTC 加热回路给动力蓄电池加热。

3）当动力蓄电池有加热需求时（动力蓄电池最低温度高于−10℃时），PTC 加热器不起动，利用电驱回路加热动力蓄电池回路。

（2）动力蓄电池冷却控制策略。当动力蓄电池需要冷却时，BMS 根据电池单体最高温度发送热管理控制信号，包括“冷却”“匀热”“关闭”三种模式。

1）动力蓄电池在放电模式与慢充模式，当电池单体温度大于等于 38℃时，动力蓄电池冷却系统开始工作；当电池单体温度小于等于 32℃时，动力蓄电池冷却系统停止工作。

2）动力蓄电池在快充模式，当电池单体温度大于等于 32℃时，动力蓄电池冷却系统开始工作；当电池单体温度小于等于 28℃时，动力蓄电池冷却系统停止工作。

3）动力蓄电池冷却系统起动后，若动力蓄电池平均温度大于等于 25℃，且冷却液温度与动力蓄电池最高温度差大于等于 14℃，则动力蓄电池冷却系统关闭，电池水泵继续运转，开启匀热模式。若动力蓄电池最高温度持续 10min 不变，则匀热模式关闭，重启动力蓄电池冷却系统。

（3）动力蓄电池加热控制策略。当动力蓄电池需要加热时，BMS 根据电池单体最低温度发送热管理控制信号，包括“加热”“匀热”“关闭”三种模式。

1）动力蓄电池在放电模式，当电池单体温度小于等于−20℃时，电池加热系统开始工作；当电池单体温度大于等于−18℃时，动力蓄电池 PTC 加热系统停止工作。

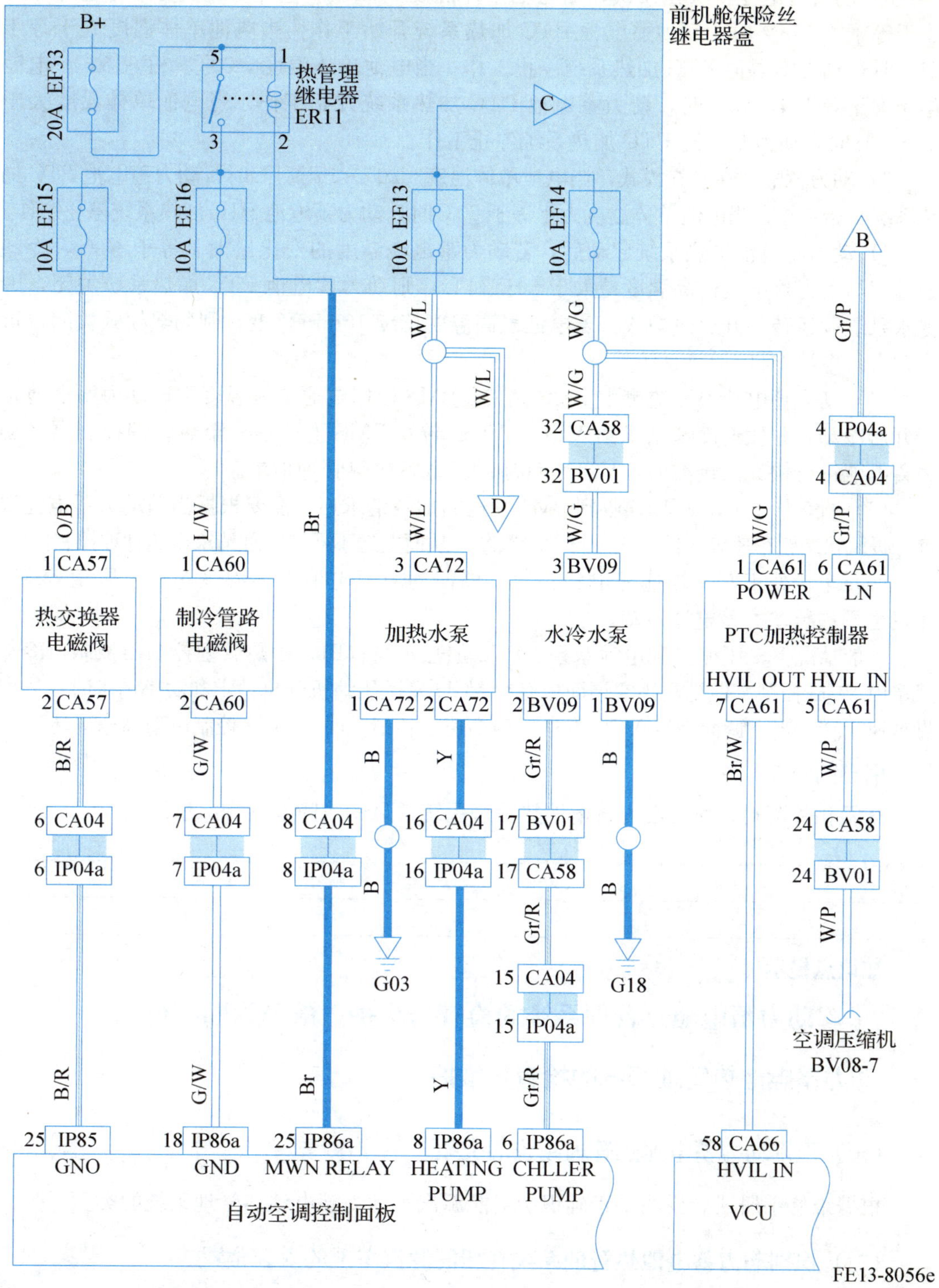

图 3-2-10　吉利帝豪 EV450 的动力蓄电池加热回路 PTC 加热水泵（P1）、电池冷却水泵（P2）和 PTC 加热器控制器电路图

2）动力蓄电池在快充模式，当电池单体温度$-20℃<T\leqslant 20℃$，动力蓄电池电压小于等于4.148V时，动力蓄电池PTC加热系统开始工作，当电池单体温度大于等于21℃时，动力蓄电池PTC加热系统停止工作；当电池单体温度$-20℃<T\leqslant 5℃$，电池电压大于等于4.148V时，动力蓄电池PTC加热系统开始工作，当电池单体温度大于等于7℃时，动力蓄电池PTC加热系统停止工作。

3）动力蓄电池在慢充模式，当电池单体温度$-20℃<T\leqslant 1℃$时，动力蓄电池PTC加热系统开始工作，当电池单体温度大于等于20℃时，动力蓄电池PTC加热系统停止工作。

4）动力蓄电池加热系统起动后，若动力蓄电池温度的变化量大于等于12℃，冷却液温度与动力蓄电池最高温度差大于等于14℃，则动力蓄电池PTC加热系统关闭，电池水泵继续运转，开启热模式。若电池最高温度持续10min不变，则匀热模式关闭，重启动力蓄电池PTC加热系统。

（4）动力蓄电池温度监测由BMS完成，BMS根据电池单体温度判定动力蓄电池是否开启冷却，并发送冷却请求给VCU，VCU转发BMS上述信号至热管理控制器。动力蓄电池进行快充及慢充时，VCU直接转发BMS的热管理请求。

（5）行车状态下，VCU接收到BMS发送的加热请求后，需要根据当前动力蓄电池温度、暖风状态、车速等条件再次进行逻辑判断，从而发送不同热管理请求至热管理控制器。

（6）车辆处于ON挡非充电状态时，即使动力蓄电池单体温度超过上限值55℃，车辆也不进行动力蓄电池冷却。

一般情况下，压缩机和电池水泵、PTC加热水泵（P1）由热管理控制器控制，冷却风扇由VCU控制。但是，当空调面板有给VCU发送压缩机开机请求和功率请求时，风扇做低速运转；当空调面板给VCU发送风扇高速运转请求时，VCU控制风扇高速运转。

引导问题2：

查阅相关资料，简述动力蓄电池热管理系统常见的故障及其排除思路。

____

____

____

知识点提示

动力蓄电池热管理系统的检查与维护、故障诊断与排除

一、动力蓄电池热管理系统的检查与维护

（一）识别动力蓄电池热管理系统的类型

根据维修手册或者说明书正确识别新能源汽车动力蓄电池热管理系统的类型。

（二）识别动力蓄电池热管理系统在新能源汽车上的安装位置

根据维修手册或者说明书找出液冷系统和液热系统各部件的安装位置，并准确判断液冷系统和液热系统的工作流程；按照维修手册对动力蓄电池热管理系统进行基本检查和维护。

（三）检查、更换动力蓄电池冷却液

能够正确检查冷却液的液位及冰点，并且能按照规范流程正确排放冷却液；按照相关要求进行冷却液加注并排气。

1. 检查冷却液

冷却液的主要成分是水、乙二醇和添加剂。当汽车长时间使用时，冷却液中的乙二醇水溶液会产生热蒸发等损失，从而导致冷却回路中冷却液不足。因此在检查冷却液时，要观察储液罐内的冷却液容量是否在 MIN 线和 MAX 线之间。当乙二醇水溶液低于 MIN 线时，应当及时补充冷却液。否则冷却系统会灌入空气，影响动力蓄电池及驱动电机的冷却效果。当然，液面也不能太高，如果液面太高，当冷却液再膨胀进入储液罐时，由于容量有限，可能会导致部分冷却液从蓝色管道流出造成浪费。

此外，随着冷却液的长时间循环工作，其中乙二醇会逐渐被氧化衰变，防腐剂不断被消耗掉。当冷却液质量下降到一定程度后，就会出现被腐蚀或达不到防冻要求的现象。因此，为了保证冷却液质量，需要对冷却液进行定期检测。

2. 更换动力蓄电池冷却液

当冷却液含量不足，或者冷却液冰点不合格时，需要对冷却液进行补充或者更换。下面以吉利帝豪 EV450 汽车为例，介绍更换新能源汽车冷却液的步骤。

（1）排放冷却液。

1）打开冷却液膨胀水箱盖。

2）断开散热器出水管，用回收容器接收排放的冷却液。

（2）加注冷却液。

1）连接散热器出水管。

2）检查管路，确保冷却管路连接完整。

3）静态加注：将车辆起动至 ON 挡且处于非充电状态，连接诊断仪，选择 FE-3ZA 车型→手工选择系统→空调控制器→特殊功能，选择加注初始化，车辆进入加注初始化状态。

4）打开膨胀水箱盖，缓慢加注冷却液，当膨胀水箱内冷却液的量达到 80%左右且液位不再下降时，停止加注冷却液。

5）系统排气：控制诊断仪，使车辆处于排气状态，如果液位下降，要及时补充冷却液，排气过程时长不少于 10min。

6）观察膨胀水箱内冷却液下降的速度，及时补充冷却液，保持冷却液液位处于 MAX 线和 MIN 线之间。

二、动力蓄电池热管理系统常见的故障诊断与排除

（一）换热器故障

高温动力蓄电池组能否得到良好的冷却效果主要取决于换热器功能是否正常。可以把它想象为蒸发器和换热器组合在一起的复合结构，即冷却散热管与制冷吸热管相互交

叠，如图 3-2-11 所示。当开启空调液冷回路时，空调系统回路中的制冷剂流到封装在换热器内的蒸发器进行汽化吸热，把冷却管内的高温冷却液冷却，进而达到循环冷却动力蓄电池的目的。

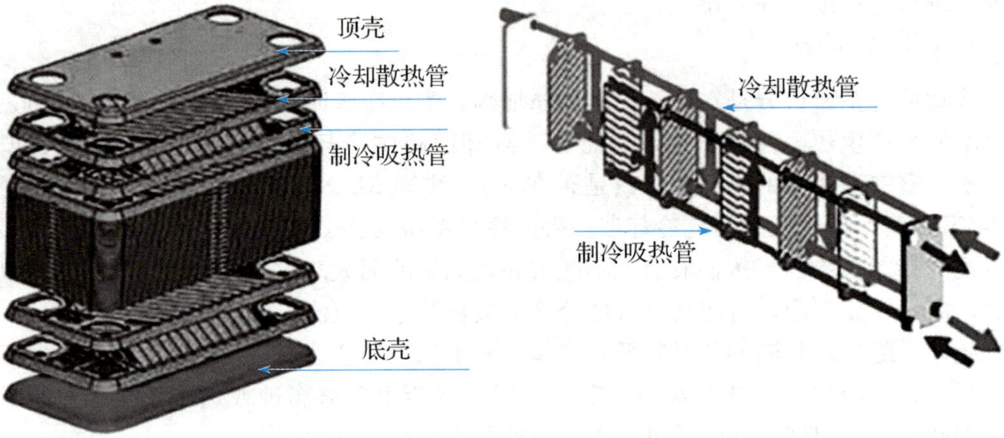

图 3-2-11　换热器的结构

换热器常出现的故障多为管路接头松动、管路腐蚀漏液、管内污垢堵塞、管路热形变等；在进行维护检修过程中，应做好以下工作：

（1）使用测温表测量换热器进、出口冷却液温度；使用流量器测试进、出口的流量；多次测量减小测试误差，并认真填写记录数据；分析数据，并根据说明书判断换热器功能是否正常。

（2）若换热器功能不正常，则应该进行以下检测：检查壳体（顶壳、底壳）及进出口管路等连接处是否出现异响、腐蚀及泄漏等现象；检查换热器及管路附件的绝热层，观察绝热层是否出现热形变、破损开裂等现象。

（3）若出现了密封面泄漏、两种介质互串、阻力降超过允许值、传热效果差及换热器冷热不均的现象，可以按表 3-2-2 进行维修处理。

表 3-2-2　换热器常见故障现象及处理方法

现象	原因	处理方法
密封面泄漏	1. 换热板原有伤痕变形； 2. 密封条上的凸缘未嵌入板片定位槽内； 3. 密封条、密封垫或黏合剂老化失效； 4. 拉杆螺栓受力不均	1. 修整或更换板片； 2. 重装，使密封条上的凸缘嵌入板片定位槽内； 3. 更换密封条、密封垫或黏合剂； 4. 先将四根拉杆对角交叉拧紧螺栓，再将上中部位拉杆螺栓拧紧至规定尺寸，最后将对角线四个拉杆螺栓均匀拧紧
两种介质互串	1. 换热板片腐蚀穿透； 2. 换热板片有裂纹； 3. 密封垫损坏	1. 更换换热板片； 2. 更换换热板片； 3. 更换密封垫

续表

现象	原因	处理方法
阻力降超过允许值	1. 换热器角孔有脏物堵塞； 2. 板片通道污垢； 3. 压力表失灵	1. 清除脏物； 2. 清除污垢； 3. 校验或更换压力表
传热效果差	1. 冷却介质入口温度高； 2. 换热板片结垢； 3. 水浊度大，油污与微生物多； 4. 超过清晰间隔期； 5. 设备内空气未排净	1. 降温或加大流量； 2. 清洗板片； 3. 加强过滤，净化水质； 4. 定期清洗过滤器； 5. 排净空气
换热器冷热不均	1. 开车时空气未排净； 2. 部分通道堵塞，介质走其他通道； 3. 停车时介质未排净，尤其是结晶的介质	1. 注意排净空气； 2. 加强清洗与过滤，疏通被堵通道； 3. 排净设备内的介质

（二）电子三通阀故障

在液热系统中，电子三通阀是控制各热回路循环的关键部件。电子三通阀是一种集成传感器、控制器和执行器的可按预设程序对通道进行切换及流量调节的调控元件。它的工作逻辑如下：当电磁阀线圈通电时，接口 2 通向接口 3，接口 1 关闭，电子三通阀处于图 3-2-12(a) 所示的状态；当电磁阀线圈断电时，接口 2 关闭，接口 1 通向接口 3，电子三通阀处于图 3-2-12(b) 所示的状态。

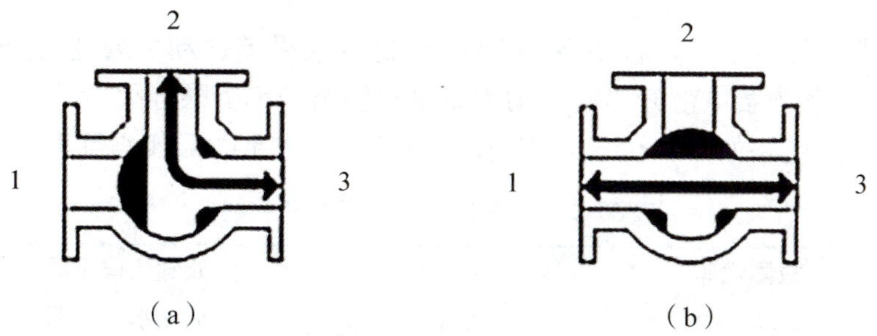

图 3-2-12 电子三通阀的工作逻辑

电子三通阀出现运行故障，将导致动力蓄电池热管理系统调控失效，引发电机、动力蓄电池等故障。电子三通阀的常见故障及分析检修方法见表 3-2-3。

表 3-2-3　电子三通阀的常见故障及分析检修方法

现象	原因	处理方法
电子三通阀的阀门处于全闭状态	正常时，电子三通阀在通电前，针阀处于打开位置。阀体出厂时开度是 480 个脉冲，但由于转子是通过螺纹结构固定的，在运输过程中可能会由于振动而使转子位置发生改变，最终使阀门处于全闭状态	上电后进行复位操作即可，以确保阀体处于开的状态，通过步进电机控制针阀开度的大小，调节电子三通阀的流量
电子三通阀内有噪声	如果噪声过大，表明其内部元件卡滞，需整体更换	当空调系统内充满了冷媒，转子转动的阻力加大，以及声音的传播方式有所改变时，电子三通阀的声音会变小
电子三通阀不动作	接通电源时，先听阀体内有无“咔嗒”声，如无，则检查阀体是否完全套入线圈，线圈与电路板连接是否正常，线圈供电电压是否符合要求（12V±1.2V）	若上述检查均正常，则检查阀体能否全开，若不能，则表明阀体已坏，需换新。若阀体能全开，则检查阀体全闭的脉冲数是否大于 480 个/s，若低于 480 个/s，则检查驱动机构
电子三通阀卡死	电子三通阀卡死是由于杂物在冷媒流动时进入电子三通阀内部并积聚，杂物嵌入阀体内，就会使转子转动的摩擦力增大，引起卡死现象，通常只有通过整体更换来解决	为防止出现该故障，在检修时应注意：一是加强管路清洁度；二是采取焊接保护，一般采用充入氯气的方法，以减少氧化物；三是在阀体两端安装 100 目以上的过滤器

（三）PTC 加热水泵故障

PTC 加热水泵不工作，将出现空调系统制暖效果差、动力蓄电池处于低温状态（低于−10℃）、动力蓄电池升温慢、动力蓄电池输出功率受限等故障。吉利帝豪 EV450 的 PTC 加热水泵电路如图 3-2-13 所示，PTC 加热水泵故障代码见表 3-2-4。

表 3-2-4　PTC 加热水泵故障代码

故障代码	故障代码说明
B11917B	加热水泵空载
B119197	加热水泵堵转/过流
B119198	加热水泵过流关闭
B119121	加热水泵转速过低
B119113	加热水泵开路

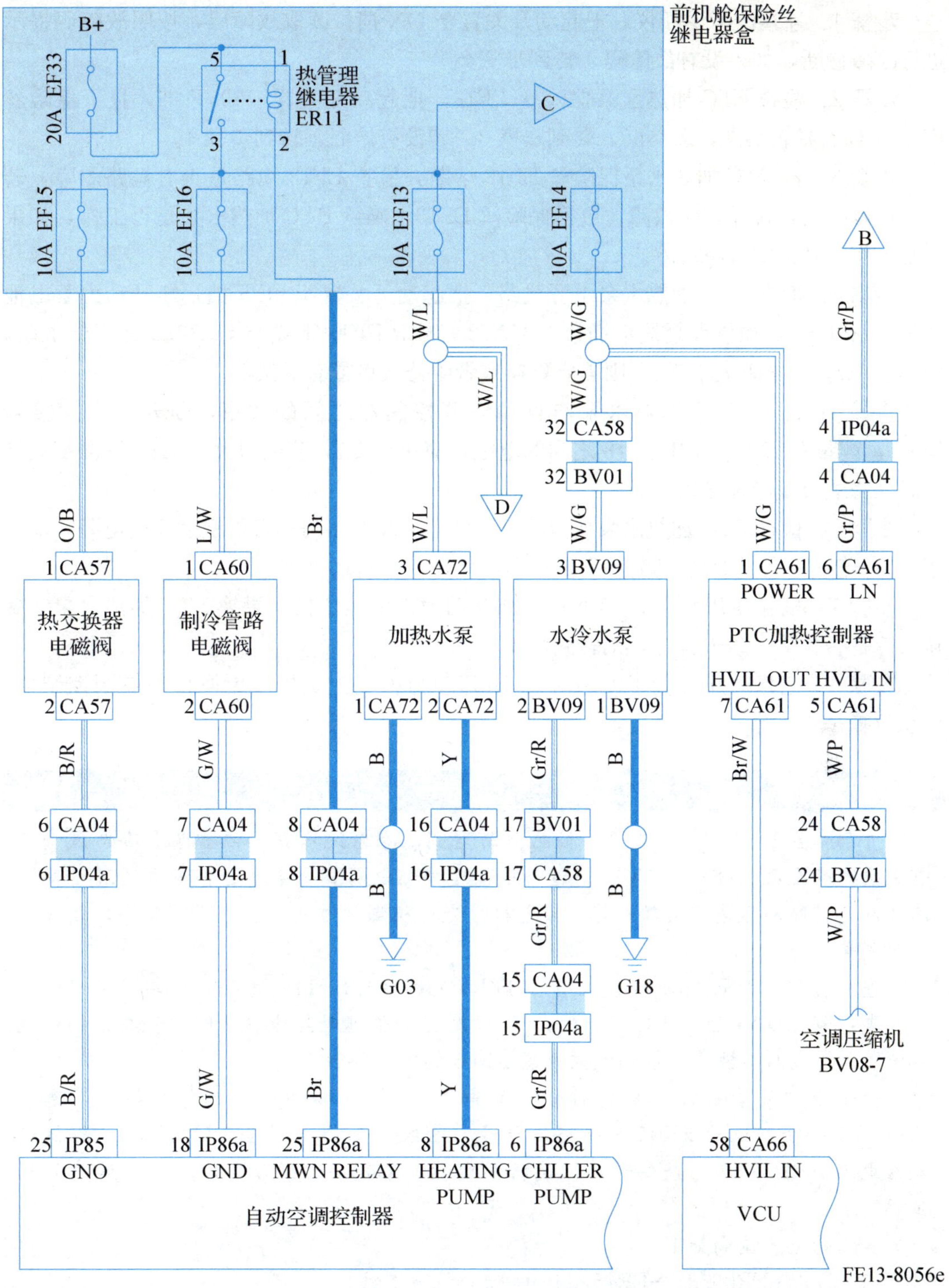

图 3-2-13 吉利帝豪 EV450 的 PTC 加热水泵电路

PTC 加热水泵不工作故障的检修步骤如下：

步骤 1：连接故障诊断仪，把起动开关置于 ON 挡，读取故障码，按照故障码提示进行故障诊断，如果没有故障码，转到步骤 2。

步骤 2：检查 PTC 加热水泵保险丝 EF13，把起动开关置于 OFF 挡，拔下保险丝 EF13，检查是否熔断，若熔断，转到步骤 3；若没有熔断，转到步骤 4。

步骤 3：若 PTC 加热水泵保险丝 EF13 熔断，检查 EF13 线路是否有短路故障，若有，检修线路，排除短路故障，更换保险丝 EF13，确认 PTC 加热水泵是否工作，如果正常工作，则证明故障排除。

步骤 4：检查 PTC 加热水泵电源线路，把起动开关置于 OFF 挡，断开动力蓄电池负极，断开 PTC 加热水泵线束插接器 CA72，测量 EF13 下端与 CA72/3 之间的电阻，应小于 1Ω，若电阻大于 1Ω，则需要更换或者维修线束或者插接器。

步骤 5：检查 PTC 加热水泵与自动空调控制器之间的线束，断开线束插接器 IP86a，测量 CA72/2 与 IP86a/8 之间的电阻，应小于 1Ω，若电阻大于 1Ω，则需要更换或者维修线束或者插接器。

步骤 6：检查 PTC 加热水泵接地线路，测量 CA72/1 与车身搭铁之间的电阻，应小于 1Ω，若电阻大于 1Ω，则需要更换或者维修线束或者插接器。

步骤 7：把起动开关置于 OFF 挡，断开动力蓄电池负极，更换 PTC 加热水泵，确认故障是否排除，若未排除，则转到步骤 8。

步骤 8：把起动开关置于 OFF 挡，断开动力蓄电池负极，更换自动空调控制器，确认故障是否排除。

技能拓展

吉利帝豪 EV450 电驱动系统散热器与空调制冷系统冷凝器依靠两个冷却风扇强制散热。两个风扇分别由 VCU 通过一个低速挡继电器和一个高速挡继电器进行高低速控制，若冷却风扇不运转，将导致电机、充电机温度过高，制冷压力偏高，制冷效果变差等故障。

查阅吉利帝豪 EV450 冷却风扇电路图（见图 3－2－14）可知，冷却风扇工作是由整车控制器（VCU）进行控制的，VCU 既控制低速挡继电器 ER12 和高速挡继电器 ER13 的线圈搭铁，又控制主继电器 ER05 的线圈搭铁。

低速冷却风扇正常工作的时候，首先 VCU 接到冷却风扇工作的指令，通过 CA66/51 给主继电器 ER05 一个搭铁信号，主继电器得电吸合，CA67/128 给低速挡继电器 ER12 一个搭铁信号，低速挡继电器 ER12 得电吸合，低速冷却风扇开始工作。

具体的电流流向如下：

（1）B+→ER05/85→ER05/86→CA66/51→搭铁。

（2）B+→ER05/30→ER05/87→SF09→ER12/85→ER12/86→CA67/128→搭铁。

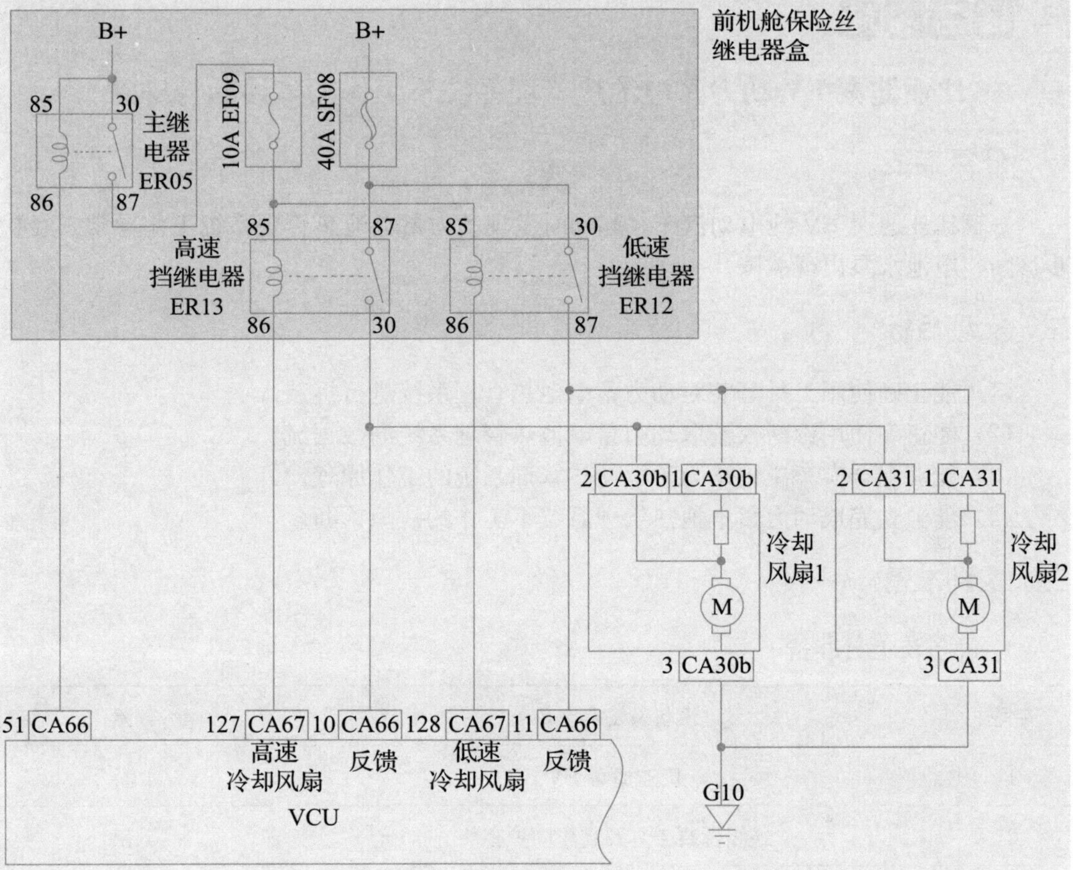

图 3-2-14　吉利帝豪 EV450 冷却风扇电路图

(3) B+→SF08→ER12/30→ER12/87→CA30b/1→冷却风扇 1→CA30b/3→搭铁。

(4) B+→SF08→ER12/30→ER12/87→CA31/1→冷却风扇 2→CA31/3→搭铁。

高速冷却风扇正常工作的时候，首先 VCU 接到冷却风扇工作的指令，通过 CA66/51 给主继电器 ER05 一个搭铁信号，主继电器得电吸合，CA67/127 给高速挡继电器 ER13 一个搭铁信号，高速挡继电器 ER13 得电吸合，高速冷却风扇开始工作。

具体的电流流向如下：

(1) B+→ER05/85→ER05/86→CA66/51→搭铁。

(2) B+→ER05/30→ER05/87→EF09→ER13/85→ER13/86→CA67/127→搭铁。

(3) B+→SF08→ER13/30→ER13/87→CA30b/2→冷却风扇 1→CA30b/3→搭铁。

(4) B+→SF08→ER13/30→ER13/87→CA31/2→冷却风扇 2→CA31/3→搭铁。

任务实施

比亚迪秦 EV 动力蓄电池热管理系统不工作故障诊断与排除

一、任务描述

一辆比亚迪秦 EV 纯电动汽车，起动时发现动力蓄电池热管理系统工作异常，经初步诊断，电池水泵出现故障。

二、实训目标

（1）能正确使用工具套装对动力蓄电池热管理系统进行拆装。
（2）能正确使用诊断仪读取动力蓄电池热管理系统的数据流。
（3）能够配合实车说出动力蓄电池热管理系统的工作原理。
（4）能独立完成动力蓄电池热管理系统不工作的故障诊断。

三、实训准备

1. 设备及工具准备

序号	设备及工具名称	数量
1	比亚迪秦 EV	1 辆
2	绝缘拆装工具及高压防护套装	1 套
3	故障诊断仪	1 台
4	万用表	1 套

2. 场地设备准备

（1）任务实施前，需要做好场地防护准备，检查实训场地和设备设施是否存在安全隐患，如发现不正常的地方，需及时报告老师或实验员进行处理，完成后方可实施任务。

（2）本实训任务用到实车，任务实施前需要在车辆周围围上隔离带，并摆上注意安全提示牌。

3. 安全防护准备

（1）禁止在车辆上高压电的情况下检查与更换电池模组。
（2）禁止在带电状态下触碰任何带安全警示标识的部件。
（3）禁止徒手触摸所有橙色的线束。

四、实训操作

<table>
<tr><th>步骤</th><th colspan="3">记录内容</th><th>完成情况记录</th></tr>
<tr><td>1</td><td colspan="3">确定故障现象</td><td>是□　否□</td></tr>
<tr><td>2</td><td colspan="3">电池水泵的电路和工作原理分析</td><td>是□　否□</td></tr>
<tr><td>3</td><td colspan="3">可能的故障原因分析</td><td>是□　否□</td></tr>
<tr><td>4</td><td colspan="3">故障诊断排除思路及计划制订</td><td>是□　否□</td></tr>
<tr><td>5</td><td colspan="3">正确连接故障诊断仪</td><td>是□　否□</td></tr>
<tr><td>6</td><td colspan="3">读取车辆故障信息
模块：　　　　　　　　故障代码：
模块：　　　　　　　　故障代码：
模块：　　　　　　　　故障代码：
若有故障代码，按照故障代码提示进行故障排除</td><td>是□　否□</td></tr>
<tr><td>7</td><td colspan="3">读取模块数据流
模块：　　　　　　　数据流记录：
模块：　　　　　　　数据流记录：
模块：　　　　　　　数据流记录：</td><td>是□　否□</td></tr>
<tr><td>8</td><td colspan="3">电池水泵的供电来源</td><td>是□　否□</td></tr>
<tr><td>9</td><td colspan="3">起动开关置于 ON 挡</td><td>是□　否□</td></tr>
<tr><td rowspan="3">10</td><td colspan="3">电池水泵供电电压测量</td><td rowspan="3">是□　否□</td></tr>
<tr><td>实测值</td><td>标准值</td><td>是否正常</td></tr>
<tr><td>________ V</td><td>________ V</td><td>是□　否□</td></tr>
<tr><td>11</td><td colspan="3">拔下电池水泵保险丝 F1/7，检查是否熔断　　是□　否□</td><td>是□　否□</td></tr>
<tr><td rowspan="3">12</td><td colspan="3">检查保险丝 F1/7 与电池水泵 B66/1 之间的电阻值</td><td rowspan="3">是□　否□</td></tr>
<tr><td>实测值</td><td>标准值</td><td>是否正常</td></tr>
<tr><td>________ Ω</td><td>________ Ω</td><td>是□　否□</td></tr>
<tr><td rowspan="3">13</td><td colspan="3">检查电池水泵 B66/2 与空调控制器 G21(B)/6 之间的电阻值</td><td rowspan="3">是□　否□</td></tr>
<tr><td>实测值</td><td>标准值</td><td>是否正常</td></tr>
<tr><td>________ Ω</td><td>________ Ω</td><td>是□　否□</td></tr>
<tr><td rowspan="3">14</td><td colspan="3">检查电池水泵 B66/3 与车身搭铁之间的电阻值</td><td rowspan="3">是□　否□</td></tr>
<tr><td>实测值</td><td>标准值</td><td>是否正常</td></tr>
<tr><td>________ Ω</td><td>________ Ω</td><td>是□　否□</td></tr>
<tr><td>15</td><td colspan="3">若以上检查都正常，请更换电池水泵，确认故障是否排除
是□　否□</td><td>是□　否□</td></tr>
</table>

续表

步骤	记录内容		完成情况记录
16	请更换空调控制器，确认故障是否排除　是□　否□		是□　否□
17	故障结论		是□　否□
18	故障排除与恢复		是□　否□
重难点			
1. 正确读取电气原理图； 2. 正确测量数据			
7S 现场管理			
序号	操作步骤	完成情况	备注
1	建立安全操作环境	已完成□　未完成□	
2	清理及整理工具量具	已完成□　未完成□	
3	清理及复原设备	已完成□　未完成□	
4	清理场地	已完成□　未完成□	
5	物品回收和环保	已完成□　未完成□	
6	完善和检查工单	已完成□　未完成□	
实训总结			

任务三　新能源汽车低压电源系统

任务目标

知识目标

1. 掌握新能源汽车低压电池的特点。
2. 掌握低压电源系统的控制功能及常见故障的检修方法。

技能目标

1. 能正确进行新能源汽车低压电池的认识和更换。
2. 能正确、规范地进行新能源汽车低压电源系统常见故障的检修。

素养目标

1. 培养标准意识和安全维修意识。
2. 培养团队协作意识。
3. 培养自主探索新知的能力。

知识索引

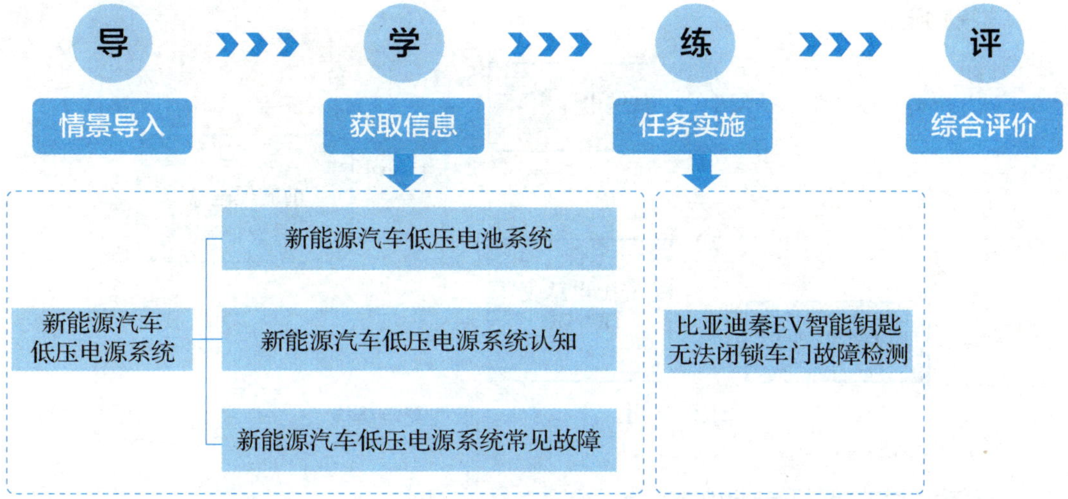

情景导入

一辆比亚迪秦 EV 轿车，使用智能钥匙无法闭锁车门，踩下制动踏板，按起动开关，发现车辆无法上电且仪表无法正常点亮，智能钥匙系统故障警告灯长亮，防盗指示灯闪烁。请你在约定时间内对车辆进行诊断与维修，并给客户提出用车建议。

获取信息

引导问题 1：

查阅相关资料，简述新能源汽车低压电池系统的特点。

____

____

____

知识点提示

新能源汽车低压电池系统

一、低压电池的作用

在传统燃油汽车上，低压电池（12V 蓄电池）主要用于在发电机未工作时为起动系统和其他用电设备提供电能。由于起动机在工作时需要很大的电流，传统燃油汽车对低压电池的起动电流和容量有一定的要求。

在纯电动汽车上，低压电池（12V 蓄电池）通常用于车上的低功率系统供电（如电动助力方向盘、车灯、仪表、中控、车门锁等）、唤醒高压锂电系统（动力蓄电池高压系统在进入工作模式之前，必须由控制单元执行安全检测，而控制单元所需要的电能由12V 蓄电池提供）、安全状态变更（如遇紧急情况，高压系统需要在瞬间关闭，而后低压系统需能够保持车门锁、声音、导航系统等继续工作）。新能源汽车低压配电结构如图 3 - 3 - 1 所示。

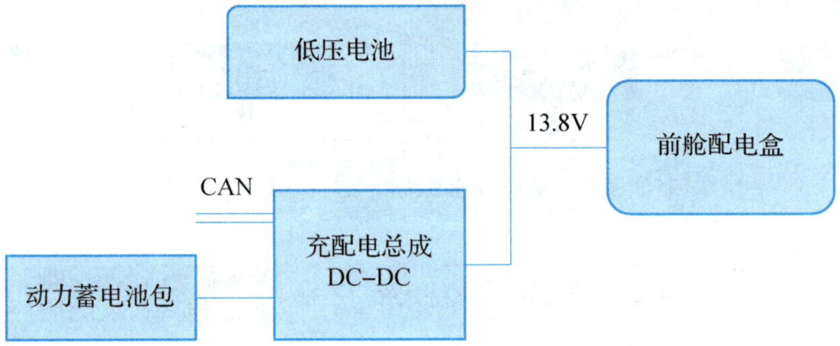

图 3 - 3 - 1　新能源汽车低压配电结构

二、新能源汽车低压电池的特点

（一）新能源汽车保留低压电池的原因

混合动力电动汽车和纯电动汽车理论上说可以省去低压电池，但实际上还是保留了。这样做有两个主要原因：一是保留低压电池能够降低车辆的成本；二是确保电源的冗余度。

低压电池能在短时间内向空调、雨刷及车灯等释放大电流。如果省去低压电池而将动力蓄电池的电力用于空调及雨刷等，则 DC - DC 转换器的尺寸势必就要增大，从而使整体成本增加。低压电池价格便宜，因此目前取消低压电池还没有成本上的优势。

低压电池还具有确保向辅助类电气设备供电的冗余度的作用。DC - DC 转换器出现故障停止供电时，如果没有低压电池，辅助类电气设备就会立即停止运行。如果夜间车灯不亮，雨天雨刷停止运行等，就会影响驾驶。如果有低压电池，便能够将汽车就近开到安全位置进行维护。

（二）新能源汽车低压电池的特点

新能源汽车，特别是纯电动汽车，低压电池（12V 蓄电池）不需要给起动机提供起动时的大电流，容量变小，结构和类型也与传统燃油汽车有所区别。比亚迪秦 EV 上的低压电池（见图 3 - 3 - 2）与传统燃油汽车用电池的主要区别如下：

（1）用于发动机起动的正极与其他用电气设备的供电正极区分开。

（2）动力蓄电池内部具有 BMS，用于对低压电池进行智能控制。

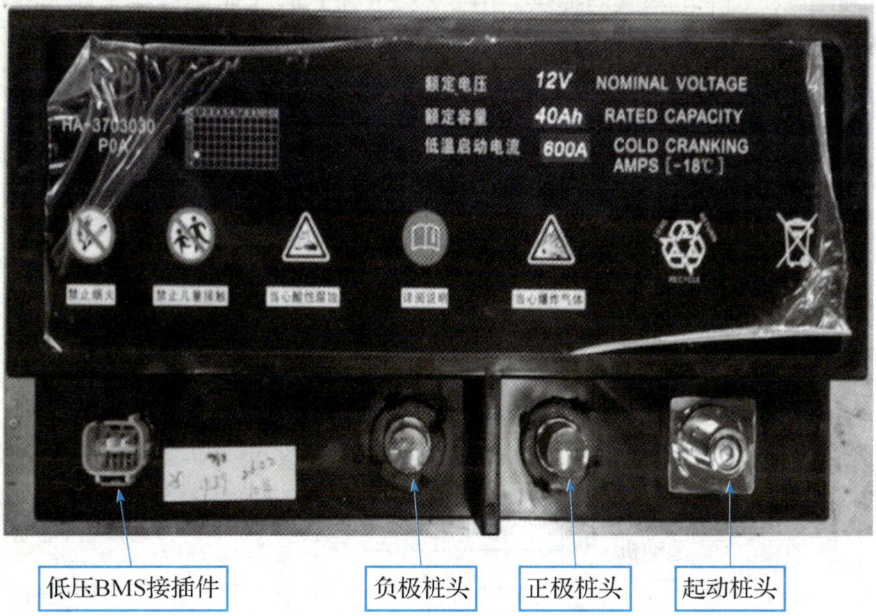

图 3-3-2　比亚迪秦 EV 上的低压电池

引导问题 2：

查阅相关资料，简述新能源汽车无钥匙进入和起动系统的控制过程。

____

____

____

知识点提示

微课视频

新能源汽车低压电源系统

新能源汽车低压电源系统认知

一、新能源汽车低压电源的特点

（一）纯电动汽车低压电源的特点

纯电动汽车的电源分为主电源和辅助电源。主电源为驱动汽车行驶的高压电源；辅助电源（低压的铅酸蓄电池）是为车载仪表、控制系统提供直流电的低压电源。纯电动汽车的电源模块是整个系统稳定运行的保障。电源的可靠性对于整个系统的性能起着至关重要的作用。纯电动汽车在设计和选择电源时要考虑配电方案、布局、接地回路等，以实现对负载良好的供电，达到高电压调整精度、低噪声，同时避免系统中电路间的干扰、振荡及过热等问题。以北汽纯电动汽车为例，研制设计 DC-DC 辅助电源模块，并分别为 3 个电路模块供电，如图 3-3-3 所示。

（二）混合动力电动汽车低压电源的特点

部分混合动力电动汽车车型，发动机保留了发电机，低压电气系统由 12V 蓄电池、

DC－DC 和发电机三个电源共同提供。图 3－3－4 所示是比亚迪秦混合动力电动汽车的低压电源系统。

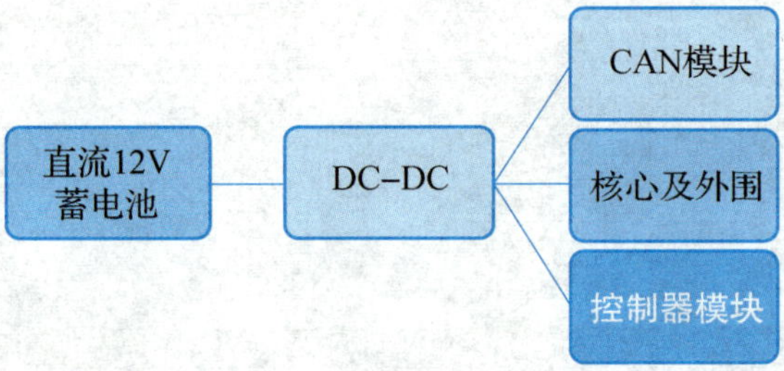

图 3－3－3　北汽纯电动汽车 DC－DC 辅助电源模块框图

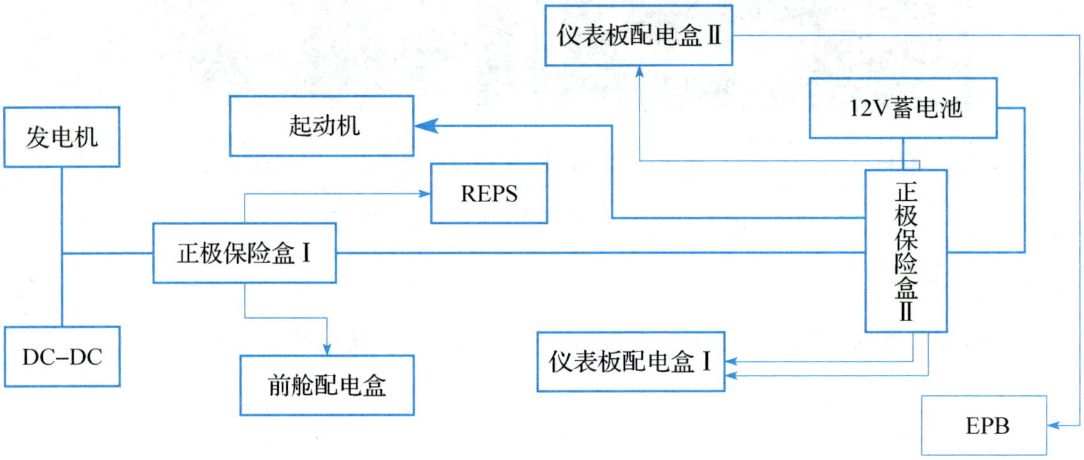

图 3－3－4　比亚迪秦混合动力电动汽车的低压电源系统

二、新能源汽车低压配电与起动控制

比亚迪秦 EV 触动车门微动开关，信号连接智能钥匙系统控制器，无钥匙控制器（Keyless ECU）驱动车外磁卡探测天线，发出含有加密报文的 125kHz 的低频检测信号，用于车辆合法钥匙检测认证（车外探测天线的信号检测范围为 0.8～1m）。电子智能钥匙接收低频检测信号，读取数据并与触发信号进行比较，若匹配，则钥匙电路被唤醒；钥匙分析数据并加密，通过钥匙的高频模块发出高频信号给汽车（用于车辆解锁、闭锁及起动等功能实现）。汽车内部集成了高频接收器的无钥匙控制器，以接收智能钥匙的密钥信息，无钥匙控制器分析数据并进行比较验证；如果验证通过，则无钥匙控制器通过起动子网通知汽车 BCM 模块开启所有车门的门锁。图 3－3－5 所示为比亚迪秦 EV 无钥匙进入及起动系统示意图。

BCM 需接收到制动踏板被踩下的制动信号、起动开关被按下的起动信号、挡位在 P/N 挡的挡位信号、有效钥匙防盗验证信号（防盗解锁）及轮速小于 2km/h 的轮速信号。在满足以上条件的前提下，BCM 控制 IG1、IG2 继电器接通供电。IG1 继电器唤醒组合仪表、网关、挡位传感器、电子驻车制动系统；IG2 继电器唤醒整车控制器、动力蓄电池管理系统、电机控制器。与整车运行相关的控制模块完成自检并进入正常工作状态，如果自

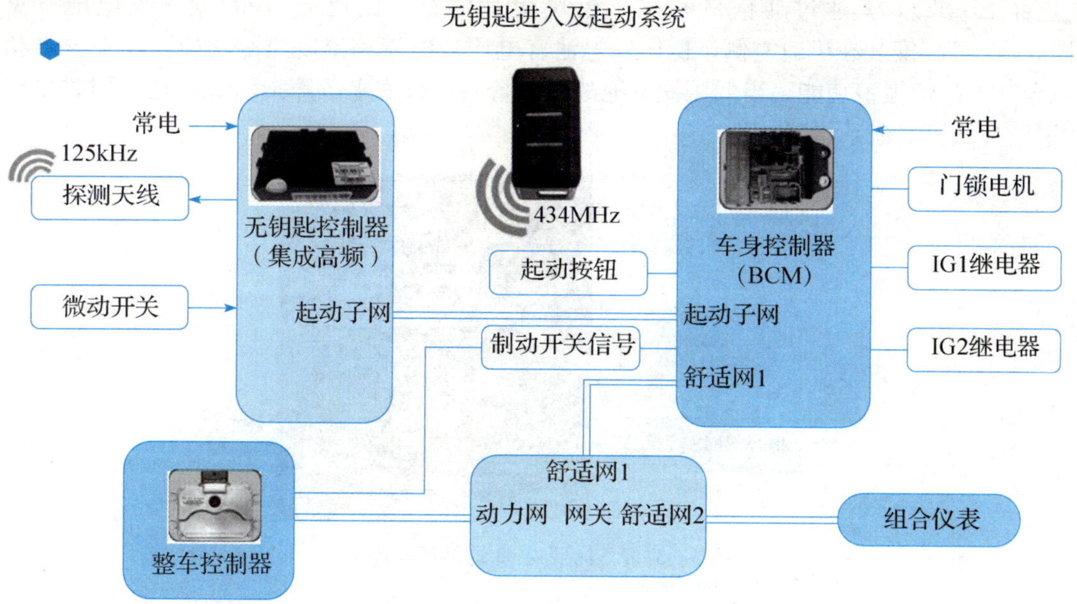

图 3-3-5 比亚迪秦 EV 无钥匙进入及起动系统示意图

检过程影响到起动的故障或状态，则可以记录该故障并通过车载网络传输相应的信号至其他模块；如果各模块的状态都正常，则 VCU 可以控制车辆进行高压上电。

三、低压电源系统的组成

比亚迪秦的低压电源系统由低压铁电池与 DC-DC 低压输出端并联，通过前舱正极保险丝盒为整车低压电气系统提供 13.8V 电源。低压电源系统的结构如图 3-3-6 所示。低压电源系统的前舱正极保险丝盒外挂在低压电池旁边。

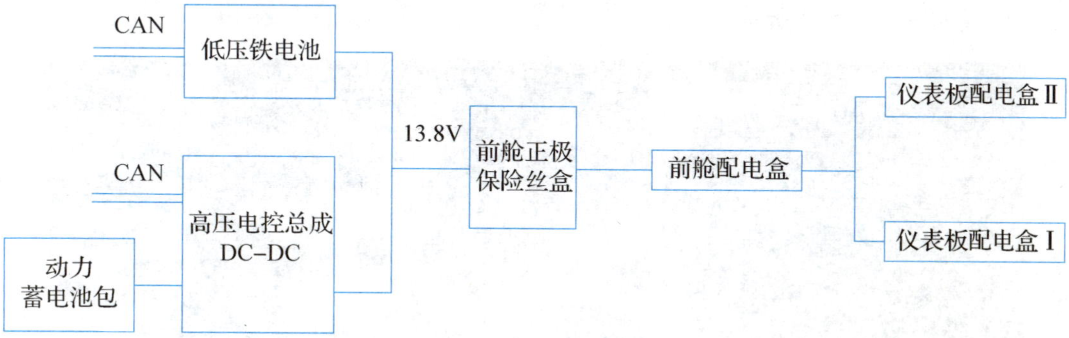

图 3-3-6 低压电源系统的结构

四、低压电池管理系统

（一）比亚迪 e5 低压电池的安装位置

比亚迪 e5 的低压电池采用比亚迪自制的铁电池，并且内部集成有电池管理器

(也称 LBMS)，其通过通信口和整车模块交互信息。比亚迪 e5 的低压铁电池（见图 3-3-7）安装在机舱左侧。低压铁电池有电压、电流和温度监测功能，存在异常状态会触发故障报警功能，当低压铁电池故障报警时，仪表上故障指示灯点亮，同时显示“请检查低压电池系统”。

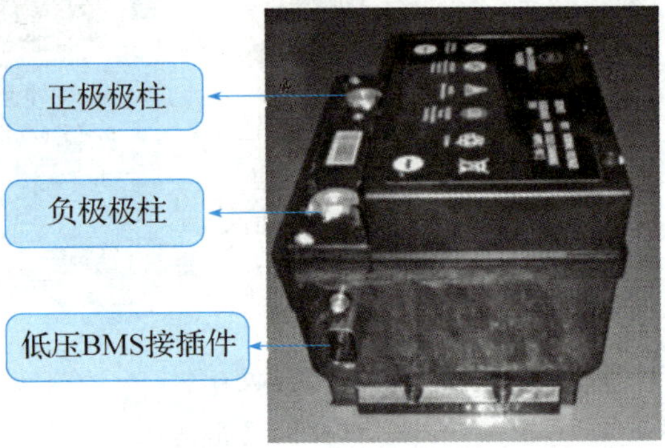

图 3-3-7　比亚迪 e5 的低压铁电池

（二）低压铁电池的功能及数据流

1. 低压配电

比亚迪 e5 的低压铁电池与 DC-DC 低压输出端并联，通过正极保险盒为整车低压电气设备提供 13.8V 电源。DC-DC 集成在高压电控总成内部，车辆起动后或充电时，为低压铁电池补充电量，相当于传统燃油汽车上的发电机。

正极保险丝盒外挂在低压铁电池侧面，DC-DC 低压输出正极与低压铁电池正极在正极保险丝盒里通过螺栓连接。保险丝盒内还有 3 根保险丝，分别是 100A（至前舱配电盒Ⅰ）、125A（至前舱配电盒Ⅱ）、100A（至 REPS）。比亚迪 e5 前舱正极保险丝盒安装位置如图 3-3-8 所示。

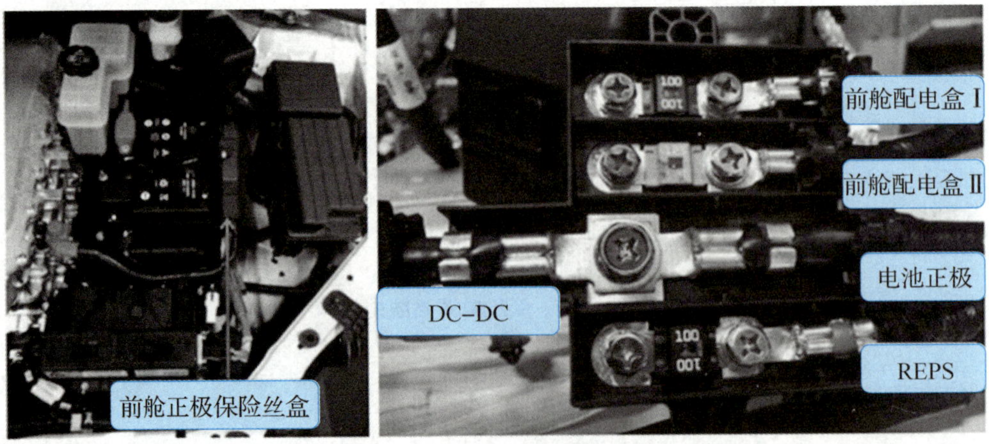

图 3-3-8　比亚迪 e5 前舱正极保险丝盒安装位置

2. 低压铁电池的控制逻辑

比亚迪 e5 的低压铁电池由电芯和模块两部分组成，其中电芯由 4 节磷酸铁锂电池单体串联而成。而模块部分则是 LBMS 系统，与动力蓄电池管理系统一样，具有电压、电流和温度监测功能，存在异常状态会触发故障报警功能。

低压铁电池带有 BMS，当它监测到低压铁电池 SOC 低于 40%时，将会向高压 BMS 发送充电请求，若整车满足一定条件（前舱盖关闭、处于 OFF 挡、高压系统正常等），将会起动 DC-DC 给低压铁电池充电，组合仪表提示“低压电池电量低，进入智能充电模式”，此为“智能充电功能”。

若“智能充电功能”失效，低压铁电池有可能切断整车电源（低压铁电池正极柱与电芯正极之间通过继电器和 MOS 管连接，LBMS 可对该继电器和 MOS 管进行开闭控制），当发现车辆无电时，可尝试持续按下左前门微动开关激活起动低压铁电池，并立即起动车辆至 OK 挡，给低压铁电池充电。

3. 超低功耗设置

对于库存车辆，为保护低压铁电池电芯，避免过放，可以对 LBMS 进行主动设置，使低压铁电池进入超低功耗，此时，正极柱断开对外输出，全车无电。

（1）用诊断仪进入低压电池管理系统（LBMS）。

（2）选择低压电池管理系统的主动控制，再选择“起动铁电池整车超低功耗功能”，此时整车断电。

（3）切记不可再次按压左前门微动开关，否则之前设置的“超低功耗”状态将会失效，需要重新通过诊断仪进行设置。

知识视界

吉利帝豪 EV450 低压配电

纯电动汽车的低压电源主要由 12V 蓄电池提供，12V 蓄电池通过 DC-DC 变换器将高压 72V/64V 变为 12V 低压电源。通常把从 12V 低压电源出来的电通过导线、保险丝、继电器等输送到各个低压电气设备的过程称为低压配电。

吉利帝豪 EV450 低压配电包括前舱保险丝、继电器盒电源分布和室内保险丝、继电器电源分布两部分。

引导问题 3：

查阅相关资料，简述新能源汽车低压电源系统有哪些常见的故障，如何检修。

____

____

____

知识点提示

新能源汽车低压电源系统常见故障

一、低压电池亏电的检查及故障排除

（一）汽车的寄生电流

传统燃油汽车电气系统的寄生电流是指在电源开关及其他电气设备开关关闭以后，

某些电气设备或电路继续消耗电池的放电电流，其单位为“mA”。事实上，在汽车电源开关及其他电气设备开关关闭以后，车辆的运行信息需要保存在ECU的储存器中，电子式石英表、电子调谐式收放机等电气设备都需要供电，这些电气设备以低功率消耗模式保存相关数据。

根据汽车电气设备的多少和智能化程度的高低，在电源开关关闭5～60min内进入休眠状态。在正常状态下，休眠时的电流只有30mA左右，所以低压电池有微量电流输出属于正常。

既然汽车电气系统的寄生电流是难以避免的，就要设法将它限制在最小的数值上。常见车型的寄生电流总量应在30～50mA范围内。常见车型部分负载的寄生电流见表3-3-1。

表3-3-1　常见车型部分负载的寄生电流

负载名称	寄生电流正常值（mA）	寄生电流最大值（mA）
电子防盗系统	1.6	2.7
自动门锁装置	1.0	1.0
车身控制组件	3.6	12.4
电子控制组件	5.6	10
风窗玻璃加热组件	0.3	0.4
采暖通风和空调组件	1.0	1.0
室内照明系统	1.0	1.0
液面控制系统	0.1	0.1
多功能电子钟	1.0	1.0

如果整车寄生电流过大，就会造成低压电池亏电，发动机起动困难。若低压电池在短时间内连续出现严重亏电，就应检查车辆电气系统寄生电流是否超过相关规定值。

（二）比亚迪e5的低压电池亏电机理分析

1. 新能源汽车的寄生电流

寄生电流也存在于新能源汽车中，以比亚迪e5为例，中控门锁、防盗系统、仪表的电子时钟等都需要寄生电流。

对比亚迪e5低压电池的理解，从汽车车身铭牌标记可以看出，低压电池的容量是75A·h。

2. 新能源汽车寄生电流的计算

假设低压电池在没有外来电源充电的情况下，按照暗电流0.02A计算，一天24h，那么汽车漏暗电容量将会达到0.48A·h，因此，在汽车持续20～30天没有得到外来电源充电的前提下，低压电池消耗9.6～14.4A·h的容量。

3. 低压磷酸铁锂电池的电压

对于比亚迪e5来说，由于是四节磷酸铁锂电池单体，而磷酸铁锂电池的标称电压为3.2V，一般充电电压可以高出标称电压20%，但电压太高容易损坏电池。0.5C放电对应的电压值见表 3-3-2。

表 3-3-2　0.5C 放电对应的电压值

放电之后剩余电量	电压数值（V）
5%	11.90
10%	12.24
25%	12.55
50%	12.74
75%	12.85

若是比亚迪 e5 的低压电池需要维护，可以将低压电池拆卸，利用钳形表以电流不超过 1A 的小电流进行充电，经过 2～3h 的小电流充电之后，可以缓慢地增加充电电流的大小，这说明低压电池具备活性，性能基本得到恢复。

4. 比亚迪秦 DM 的低压电池自充电

比亚迪秦 DM 的铁锂电池只是作为电机电源使用，显示屏、多媒体、空调压缩机等用的是 12V 蓄电池，也就是类似传统燃油汽车的低压电池。

假设比亚迪秦 DM 漏暗电，容易导致低压电池亏电。一旦低压电池亏电严重，中控显示屏将失电黑屏。图 3-3-9 所示为比亚迪秦 DM 仪表显示“低压电池电量低，进入智能充电模式”。

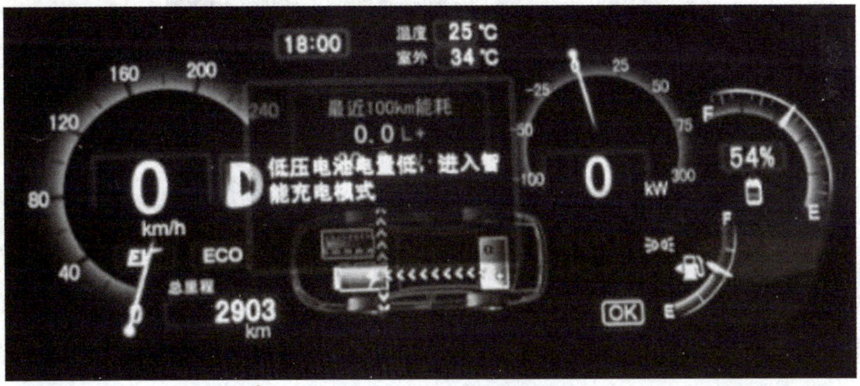

图 3-3-9　比亚迪秦 DM 仪表显示“低压电池电量低，进入智能充电模式”

智能充电模式：比亚迪秦 DM 具有智能充电模式，长时间停放时，无须断开低压电池负极。当低压电池管理系统检测到低压电池电量过低时，可以通过动力蓄电池或发动机给低压电池充电。

一般情况下，主要通过动力蓄电池给低压电池充电，因此长时间放置后再次起动时，SOC 会下降。当动力蓄电池电量不足时，会自动起动发动机给低压电池充电，每次充电时间为 30min。因此，车辆在长时间放置过程中，可能会出现发动机自动起动的现象。这属于智能充电的正常控制程序，并非车辆出现故障。

二、低压电池系统保险丝及继电器线路检查

比亚迪 e5 的配电盒保险丝主要有五个，分别为前舱配电盒Ⅰ保险丝（F1－X 体系）、仪表板配电盒Ⅰ保险丝（F2－X 体系）、前舱配电盒Ⅱ保险丝（F3－X 体系）、仪表板配电盒Ⅱ保险丝（F4－X 体系）和前舱正极保险丝（F5－X 体系）。

前舱配电盒Ⅰ分布在前舱左侧靠近低压电池的位置。前舱配电盒Ⅱ位于前舱左侧，靠近防火墙。前舱正极保险丝盒靠近机舱边。仪表板配电盒Ⅰ在主驾驶下方，靠近 OBD 诊断插头。仪表板配电盒Ⅱ在副驾驶储物盒下方。

（一）前舱配电盒Ⅰ保险丝（F1－X 体系）

前舱配电盒Ⅰ保险丝均按照 F1－X 体系编写，其外观如图 3－3－10 所示。

图 3－3－10　前舱配电盒Ⅰ保险丝外观

此外，还有五个继电器，其编号、规格及说明见表 3－3－3。

表 3－3－3　前舱配电盒Ⅰ继电器的编号、规格及说明

编号	K1－1	K1－2	K1－3	K1－4	K1－5
规格	35A	35A	35A	35A	35A
说明	鼓风机继电器	空调水泵继电器	后除霜继电器	前雾灯继电器	预留

通过观察上述保险丝，比亚迪 e5 的高压电控部分主要涉及的是 F1－8 直流充电保险丝，这个保险丝主要控制直流充电继电器 K3－1，控制直流充电电路，如图 3－3－11 所示。

（二）仪表板配电盒Ⅰ保险丝（F2－X 体系）

仪表板配电盒Ⅰ保险丝均按照 F2－X 体系编写。该配电盒的保险丝比较多，涉及比亚迪 e5 的高压电控及充电部分，重点关注 F2－2 的 VTOG 保险丝、F2－3 的网关保险丝、F2－4 的双路电保险丝、F2－32 的 DC 保险丝、F2－33 的高压配电箱保险丝、F2－34 的网关双路电保险丝等。

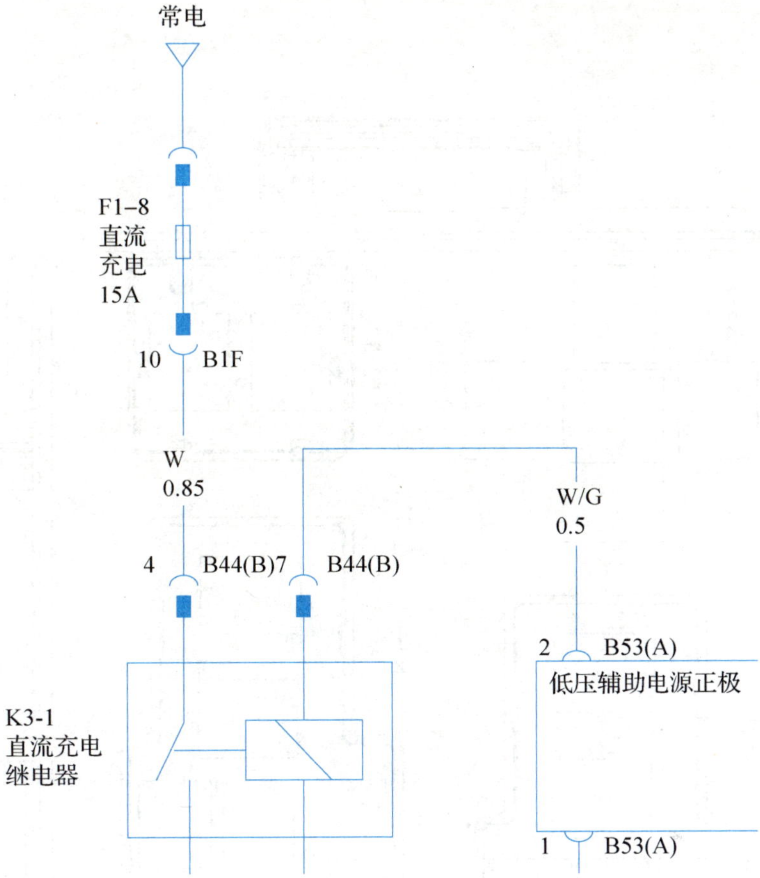

图 3-3-11　F1-8 直流充电保险丝

此外，还有仪表板配电盒继电器，其编号、规格及说明见表 3-3-4。

表 3-3-4　仪表板配电盒继电器的编号、规格及说明

编号	K2-1	K2-2	K2-4	K2-5
规格	30A	30A	30A	5B-37221000
说明	IG1 继电器	ACC 继电器	电动车窗继电器	闪光继电器

（三）前舱配电盒Ⅱ保险丝（F3-X 体系）

前舱配电盒Ⅱ（见图 3-3-12）保险丝均按照 F3-X 体系编写，这里主要除了 K3-1 继电器（直流充电继电器、30A）、K3-2 继电器（电动真空泵继电器、40A）、K3-3 继电器（电动真空泵继电器、40A）之外，只有一个 F3-2 的电动真空泵保险丝。

（四）仪表板配电盒Ⅱ保险丝（F4-X 体系）

仪表板配电盒Ⅱ保险丝均按照 F4-X 体系编写，仪表板配电盒Ⅱ如图 3-3-13 所示。

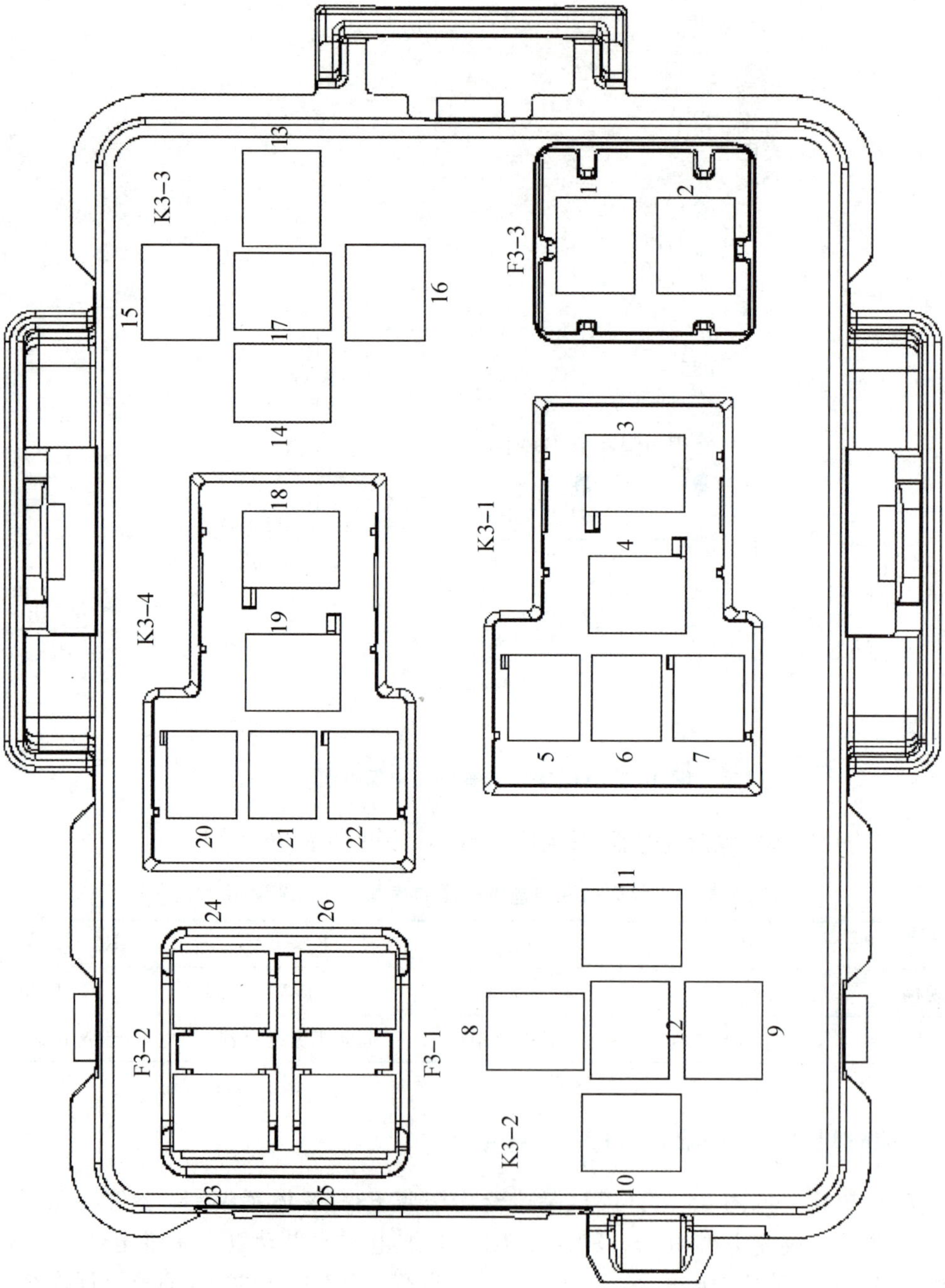

图 3-3-12　前舱配电盒 II

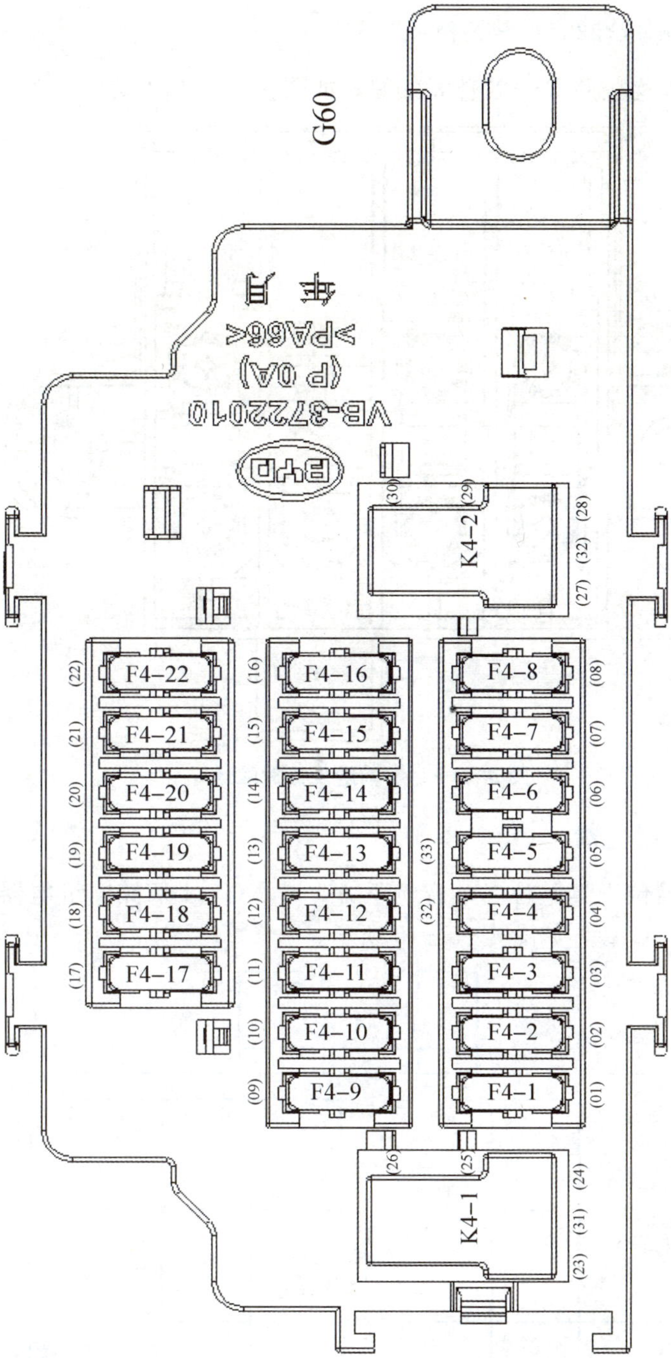

图 3－3－13　仪表板配电盒 II

观察该仪表板配电盒的保险丝，主要涉及比亚迪 e5 的高压电控及充电部分，重点关注 F4－1 的主控 ECU 保险丝、F4－2 的 VTOG 保险丝、F4－14 的动力蓄电池管理器等。

（五）前舱正极保险丝（F5－X 体系）

前舱正极保险丝均按照 F5－X 体系编写，如图 3－3－14 所示。

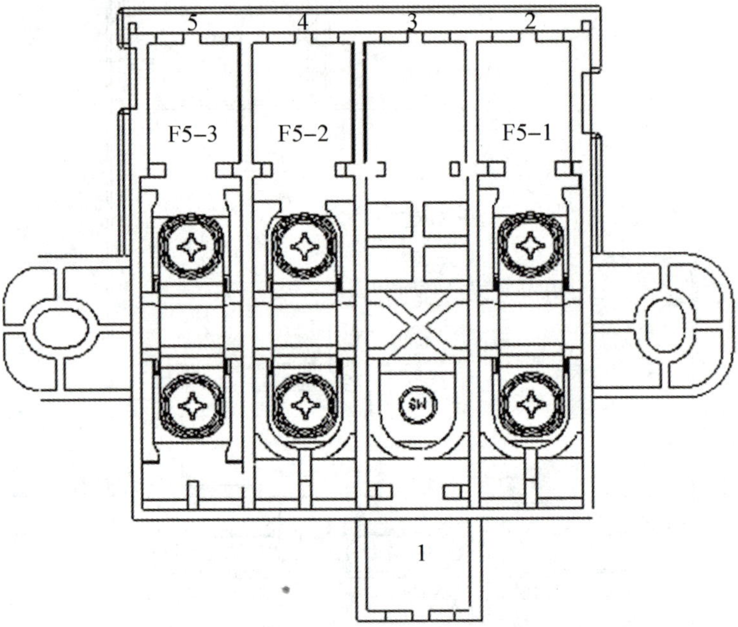

图 3－3－14　前舱正极保险丝

（六）仪表外挂继电器

仪表外挂继电器位于驾驶位右侧音响下方，有 KG－1 双路电继电器Ⅰ（30A）和 KG－2P 挡继电器（30A），如图 3－3－15 所示。

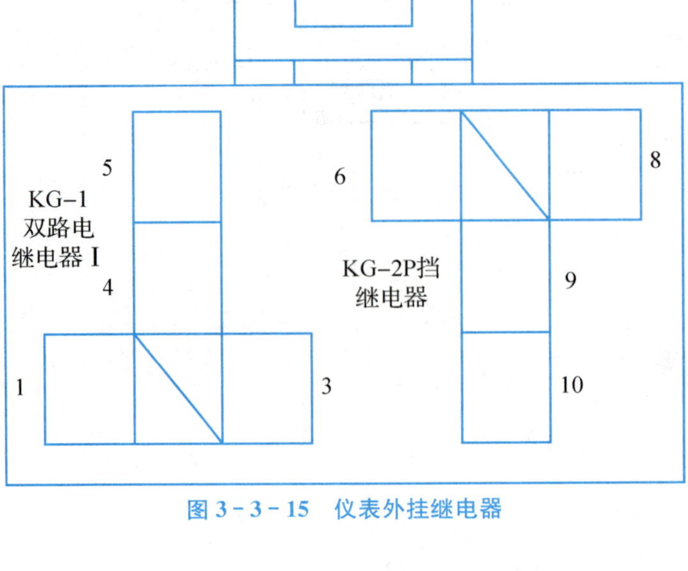

图 3－3－15　仪表外挂继电器

任务实施

比亚迪秦 EV 智能钥匙无法闭锁车门故障检测

一、任务描述

一辆比亚迪秦 EV，使用智能钥匙无法闭锁车门，且携带授权钥匙在车内，踩下制动踏板，按下一键起动开关，发现车辆无法上电且仪表无法正常点亮，智能钥匙系统故障警告灯长亮，防盗指示灯闪烁。

二、实训目标

（1）能够正确使用故障诊断仪读取故障码。
（2）能够根据电路图分析出智能钥匙系统故障的原因。
（3）能够正确使用万用表完成智能钥匙控制器线路的检测。
（4）能够正确使用示波器检测起动子网 CAN－H、CAN－L 波形。

三、实训准备

1. 设备及工具准备

序号	设备及工具名称	数量
1	比亚迪秦 EV	1 辆
2	故障诊断仪	1 台
3	万用表	1 套
4	示波器	1 套

2. 场地设备准备

（1）任务实施前，需要做好场地防护准备，检查实训场地和设备设施是否存在安全隐患，如发现不正常的地方，需及时报告老师或实验员进行处理，完成后方可实施任务。

（2）本实训任务用到实车，任务实施前需要在车辆周围围上隔离带，并摆上注意安全提示牌。

3. 安全防护准备

（1）禁止在车辆上高压电的情况下检查与更换电池模组。
（2）禁止在带电状态下触碰任何带安全警示标志的部件。
（3）禁止徒手触摸所有橙色的线束。

四、实训操作

<table>
<tr><th>步骤</th><th colspan="3">记录内容</th><th>完成情况记录</th></tr>
<tr><td>1</td><td colspan="3">观察故障现象</td><td>是□　否□</td></tr>
<tr><td>2</td><td colspan="3">分析原因</td><td>是□　否□</td></tr>
<tr><td>3</td><td colspan="3">检查遥控钥匙操作时指示灯是否闪烁</td><td>是□　否□</td></tr>
<tr><td>4</td><td colspan="3">读取车辆故障信息
模块：　　　　　　　　故障代码：
模块：　　　　　　　　故障代码：</td><td>是□　否□</td></tr>
<tr><td>5</td><td colspan="3">综上分析，推断故障可能原因：
（1）智能钥匙系统控制器________、________故障；
（2）智能钥匙系统控制器起动________故障；
（3）智能钥匙系统________故障</td><td>是□　否□</td></tr>
<tr><td>6</td><td colspan="3">查看电气原理图</td><td>是□　否□</td></tr>
<tr><td rowspan="3">7</td><td colspan="3">检测智能钥匙系统控制器电源线________对地电压值</td><td rowspan="3">是□　否□</td></tr>
<tr><td>实测值</td><td>标准值</td><td>是否正常</td></tr>
<tr><td>________ V</td><td>________ V</td><td>是□　否□</td></tr>
<tr><td rowspan="3">8</td><td colspan="3">检测智能钥匙系统控制器地线________与车身搭铁电阻值</td><td rowspan="3">是□　否□</td></tr>
<tr><td>实测值</td><td>标准值</td><td>是否正常</td></tr>
<tr><td>________ Ω</td><td>________ Ω</td><td>是□　否□</td></tr>
<tr><td>9</td><td colspan="3">使用示波器检测起动子网 CAN－H、CAN－L 波形</td><td>是□　否□</td></tr>
<tr><td rowspan="3">10</td><td colspan="3">断电操作后，检测起动子网 CAN－H 端子 KG25（B）/12 与起动子网 CAN－L 端子 KG25（B）/6 之间的电阻值</td><td rowspan="3">是□　否□</td></tr>
<tr><td>实测值</td><td>标准值</td><td>是否正常</td></tr>
<tr><td>________ Ω</td><td>________ Ω</td><td>是□　否□</td></tr>
<tr><td rowspan="3">11</td><td colspan="3">断电操作后，检测起动子网 CAN－L 端子 KG25（B）/6 与 BCM 的端子 G2K/2 之间的电阻值</td><td rowspan="3">是□　否□</td></tr>
<tr><td>实测值</td><td>标准值</td><td>是否正常</td></tr>
<tr><td>________ Ω</td><td>________ Ω</td><td>是□　否□</td></tr>
<tr><td rowspan="3">12</td><td colspan="3">断电操作后，检测起动子网 CAN－L 端子 KG25（B）/6 与 KJG01/21 号端子的电阻值</td><td rowspan="3">是□　否□</td></tr>
<tr><td>实测值</td><td>标准值</td><td>是否正常</td></tr>
<tr><td>________ Ω</td><td>________ Ω</td><td>是□　否□</td></tr>
</table>

续表

步骤	记录内容	完成情况记录
13	故障结论	是□ 否□
14	故障排除与恢复	是□ 否□

重难点
1. 正确读取电气原理图； 2. 正确测量数据

7S 现场管理			
序号	操作步骤	完成情况	备注
1	建立安全操作环境	已完成□ 未完成□	
2	清理及整理工具量具	已完成□ 未完成□	
3	清理及复原设备	已完成□ 未完成□	
4	清理场地	已完成□ 未完成□	
5	物品回收和环保	已完成□ 未完成□	
6	完善和检查工单	已完成□ 未完成□	

实训总结

巩固练习

一、单选题

1. 以下（ ）无法用电池管理器直接读到。

A. 电池组平均电压　　B. 电池组平均温度

C. 电池组当前总电流　　D. 电池组当前总电压

2. 当 BMS 检测到动力蓄电池系统漏电故障时，可能导致（ ）。

A. 车辆无法解锁　　B. 转向盘无法解锁

C. 低压不能上电　　D. 高压不能上电

3. 采用（ ）方式是以车外空气作为传热介质的被动形式，即汽车行驶过程中，直接让车外流过的空气作为换热介质流过动力蓄电池箱体内部，通过空气与动力蓄电池、电通体等导热部件之间的对流换热实现对动力蓄电池的冷却。

A. 自然风冷　　B. 强制风冷

C. PTC 加热　　D. 电热膜加热

4. 下列说法错误的是（　　）。

A. 传统燃油汽车交流发电机利用发动机的旋转发电，发出的电提供给车用电气设备并为 12V 蓄电池充电

B. 纯电动汽车以动力蓄电池为电源，能够利用 AC－AC 转换器为低压蓄电池充电，从而可以省去原来的交流发电机

C. 纯电动汽车的电源分为主电源和辅助电源

D. 纯电动汽车的辅助电源（低压的铅酸电池）是指车载各种仪表、控制系统提供的直流低压电源

5. 下面说法错误的是（　　）。

A. 混合动力电动汽车和纯电动汽车理论上说可以省去低压电池，但实际上还是保留了低压电池

B. 在新能源汽车上保留低压电池主要有两个原因：一是保留低压电池能够降低车辆的成本；二是确保电源的冗余度

C. 常用的 12V 蓄电池主要分为两类，分别为普通蓄电池与免维护蓄电池

D. 就目前为止，汽车上使用的基本上都是免维护的铅酸电池

6. 点火开关置于 ON 挡时，仪表显示动力蓄电池故障，系统故障灯点亮，可能的原因有（　　）。

A. 动力蓄电池本身故障　　B. DC－DC 转换器故障

C. DC－DC 与动力蓄电池连接电路故障　　D. 以上都对

7. 拆卸动力蓄电池负极前，必须确保点火开关处于关闭状态，必须等待（　　）min 后方可进行下一步操作。

A. 10　　B. 15

C. 20　　D. 30

8. 动态电量平衡是指，由（　　）发出电源风险等级信号，部分舒适性用电气设备收到信号后，根据等级自动降低部分功率，使供电和用电达到平衡，实现动态电量平衡。

A. EPS　　B. ECU

C. PMU　　D. EBD

二、多选题

1. BMS 的功能有保护功能、均衡功能、（　　）、数据处理与储存、实时通信。

A. 健康状态　　B. 剩余容量

C. 充放电管理　　D. 电压、电流、外部温度等信号检测

2. 电池管理器电源断路，会造成（　　）。

A. 上电失败　　B. 动力蓄电池包无电压输出

C. 不能充电　　D. 主接触器不吸合

3. 分布式电池管理系统的功能有（　　）。

A. 接触器控制　　B. 总电流监测

C. SOC 计算　　D. 漏电报警

4. 动力蓄电池管理系统通过电压、电流及温度检测等功能实现对动力蓄电池系统的（　　）保护。

A. 过温　　B. 欠压

C. 过压　　D. 绝缘不良

5. BMS 无法工作的原因可能是（　　）。

A. 低压蓄电池电压低　　B. 起动开关 ON 挡唤醒线路断路

C. 与 BMS 连接的动力 CAN 总线短路

6. 以下缩写是动力蓄电池管理系统关心的参数是（　　）。

A. DOD　　B. SOC

C. SOH　　D. VCU

7. 动力蓄电池管理系统的常见功能模块根据初步划分，可以分为（　　）。

A. 测量功能　　B. 状态估算功能

C. 辅助系统功能　　D. 通信与故障诊断功能

8. 动力蓄电池管理系统的基本功能可以分为（　　）。

A. 检测　　B. 管理

C. 保护　　D. 绝缘

三、填空题

1. 按照采集模块和主控模块在实体上的分配布置不同，BMS 分为________和________两类。

2. BMS 通过____________________可以控制动力蓄电池的充电。

3. ________是一种利用液态混合物作为热量交换媒介，通过冷却水泵使冷却液在管道回路中循环，进而完成电池箱与热交换器间循环热交换的冷却方式。

4. ________属于主动冷却，在动力蓄电池内部布置通风管道，通过鼓风机将空气引入动力蓄电池箱体内部，空气以一定的流速流过电池模组的表面，将动力蓄电池产生的热量散入环境空气中去。

5. ________是利用整车空调制冷系统制冷剂作为换热媒介直接对动力蓄电池进行冷却的一种高效冷却系统。它主要由压缩机、冷凝器、节流装置、蒸发器和高压管组成。

6. 目前常用的动力蓄电池加热方式有三种：________、________和________。

7. 纯电动汽车的电源分为________和________。主电源为驱动汽车行驶的高压电源；辅助电源是为车载各种仪表、控制系统提供的________。

8. 部分混合动力电动汽车车型，发动机保留了发电机，低压电气系统由________、DC - DC ________________和________提供。

9. 比亚迪秦 EV 的低压电源系统由________与________并联，通过正极保险丝盒为整车低压电器系统提供 13.8V 电源。

10. 比亚迪 e5 的低压电池采用比亚迪自制的铁电池，并且内部集成有电池管理器（也称 LBMS），其通过通信口和整车模块交互信息。低压电池安装在________。

四、判断题

1. 当 BMS 预充电故障时，一般情况下不影响车辆低压上电，但一定会使车辆无法高压上电。（　　）

2. 低温对动力蓄电池的危害已经成为限制纯电动汽车普及的技术瓶颈之一。（　　）

3. 直冷系统难以集成加热功能，只能额外在电池模组中增加电加热丝来对动力蓄电池进行加热，会增加结构的复杂性。（　　）

五、简答题

1. 简述比亚迪秦 EV 无钥匙进入及起动的过程。

2. 简述比亚迪秦 DM 的智能充电功能。

模块四

新能源汽车动力蓄电池充电系统

在新能源汽车上，分为低压充电系统和高压充电系统。低压充电系统是通过动力蓄电池将高压输入 DC－DC 变成低压，给低压电池充电和车上的低压电气设备供电；而高压充电系统则是由外部充电桩给整个动力蓄电池组充电。正确的充电方法能够延长动力蓄电池组的更换时间，节约成本。本模块主要学习新能源汽车动力蓄电池充电系统，主要分为以下三个任务：

任务一　新能源汽车动力蓄电池充电

任务二　新能源汽车 DC－DC 低压充电系统

任务三　新能源汽车充电桩的安装与调试

通过以上三个任务的学习，学生能够了解新能源汽车动力蓄电池充电系统的结构与原理，能够正确地对新能源汽车进行充电，并对动力蓄电池充电系统进行故障检修。

任务一　新能源汽车动力蓄电池充电

任务目标

知识目标

1. 熟悉新能源汽车常用的充电方式。
2. 掌握交、直流充电系统的基本结构和工作原理。
3. 掌握充电系统的控制原理及常见故障的检修方法。

技能目标

1. 能正确分辨交、直流充电系统的各组成部件。
2. 能正确使用充电系统。
3. 能正确、规范地进行新能源汽车充电系统常见故障的检修。

素养目标

1. 强化高压安全操作意识。
2. 培养劳动精神。
3. 培养以技能服务社会的意识。

知识索引

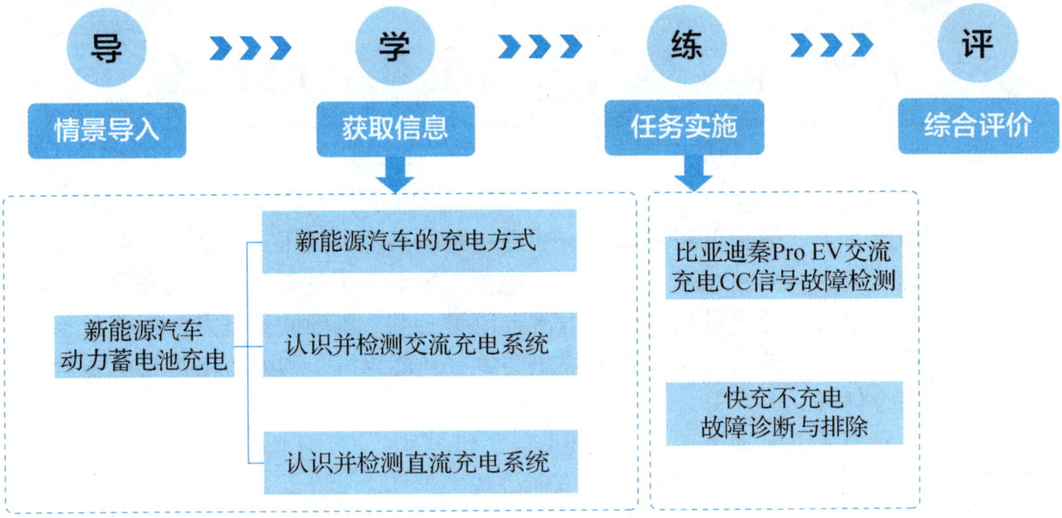

情景导入

一辆比亚迪秦 Pro EV 轿车，车辆可以行驶正常，对车辆进行慢充电时，车辆无法充电，车主王先生急需用车，请你在约定的时间内对车辆进行诊断与维修，并给客户提出用车建议。

获取信息

引导问题 1：

查阅相关资料，简述新能源汽车常见的充电方式。

____

____

____

微课视频

新能源汽车的充电方式

知识点提示

新能源汽车的充电方式

目前，新能源汽车的充电方式可分为交流充电（慢充）、直流充电（快充）、电池换电、无线充电和移动充电。

一、交流充电

交流充电又称为慢充，是 220V 交流电进入车载充电机，经其转换后输出直流电，对动力蓄电池进行充电的方式。所以交流充电需要在新能源汽车上装配车载充电机，将地面交流电网的能量转换为直流电对动力蓄电池进行充电。交流充电桩通常安装在公共停车场、大型商场服务区、居民住宅区等场所，便于充分利用夜间或停车时间进行充电。充电时间一般为6h～8h。

优点：交流充电桩成本较低，安装比较简单；利用负荷低谷时段进行充电，成本相对较低；有利于延长动力蓄电池的寿命。

缺点：充电时间较长，难以满足车辆紧急充电需求。

慢充系统的连接方式有如下3种。

（一）充电模式1-连接方式A

充电模式1-连接方式A（见图4-1-1）使用标准的插头插座，传输过程中采用单向交流供电，且不允许超过8A和250V。在电源侧应使用符合GB 2099.1和GB 1002要求的插头插座，使用相线、中性线和保护接地导体，并使用剩余电流保护装置。这种连接方式现在已经不适用了。

图4-1-1 充电模式1-连接方式A

（二）充电模式2-连接方式B

充电模式2-连接方式B（见图4-1-2）在电源侧使用了符合GB 2099.1和GB 1002要求的插头插座，并使用了相线、中性线和接地保护导体，同时在充电连接时使用了缆上控制与保护装置（IC-CPD）。应采用单相交流供电，电源侧使用符合GB 2099.1和GB 1002要求的16A插头插座时输出不能超过13A，使用10A插头插座时输出不能超过8A，具备剩余电流保护功能。

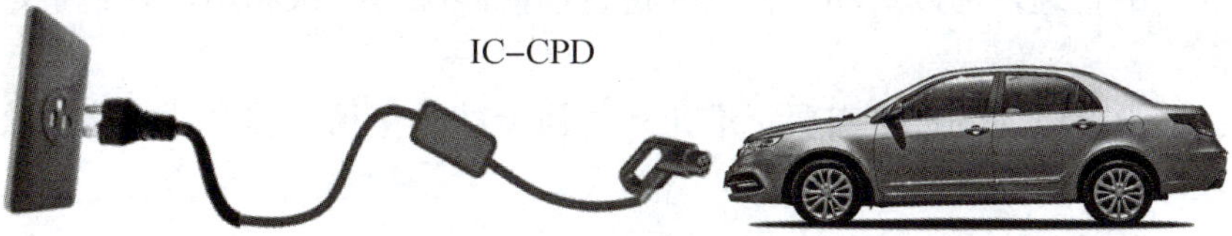

图4-1-2 充电模式2-连接方式B

（三）充电模式3-连接方式C

充电模式3-连接方式C（见图4-1-3）应用连接交流电网的供电设备，将新能源汽车与交流电网连接起来，并且在新能源汽车供电设备上安装了专用的保护装置。每个供电插座有独立的保护装置，并且能独立运行控制引导功能，具备剩余电流保护功能。

采用单相供电时，电流不大于32A。采用三相供电且电流大于32A时，应使用充电模3-连接方式C。

图 4-1-3　充电模式 3-连接方式 C

二、直流充电

直流充电又称快充或应急充电，是以较大电流为新能源汽车提供短时充电服务，一般充电电流为 150～400A。快充不同于常规充电所采用的恒流、恒压充电方式。该充电方式是以大电流对动力蓄电池进行恒流充电，力求在短时间内（30～40min）充至 80%左右的电量，因此快充主要应用于大型充电站。直流充电主要适用于长距离旅行或需要进行快速补充电能的情况。

优点：充电时间较短，可满足新能源汽车的紧急充电需求。

缺点：充电电流较大，对动力蓄电池的寿命有影响，充电时会对电网产生一定的冲击；充电设施成本较高，安装较复杂；对充电的可靠性和安全性要求较高。

三、电池换电

电池换电指的是通过直接更换新能源汽车的动力蓄电池组来达到充电的目的。由于动力蓄电池组重量较大，更换电池的专业化要求较高，须配备专业人员并借助专业机械来快速完成电池的更换、充电和维护。该模式克服了动力蓄电池性能上的局限，实现了新能源汽车的快速电能补充，通常只需要 3min 左右。电池换电主要集中在换电站进行，需要配备必要的电池更换设施。

优点：更换电池的时间很短，间接解决了充电时间长、续驶里程短等难题。通过动力蓄电池的集中管理，可以对动力蓄电池进行性能匹配和梯次利用，有利于延长动力蓄电池的寿命。

缺点：动力蓄电池的设计需要标准化；对换电站的布局、动力蓄电池的流通管理等都提出了较高的要求。

四、无线充电

无线充电是利用电磁感应、电场耦合、磁共振和无线电波等方式进行能量的传递。采用无线充电模式，车辆需要安装车载感应充电机。虽然车辆的受电部分与供电部分没有机械连接，但是需要受电体与供电体对接较为准确。

五、移动充电

移动充电是新能源汽车在路上行驶时充电，这样，新能源汽车用户就不必再去寻找充电站、花费时间停车充电了。移动充电系统埋设在指定路面下，做成专用的新能源汽车充电区域（专用充电车道），不需要额外的空间。

移动充电可分为接触式和非接触式两种，非接触式充电技术使新能源汽车可以在行驶过程中通过道路或护栏进行充电。

引导问题 2：

查阅相关资料，简述交流充电系统的组成部件及充电流向。

____

____

____

知识点提示

微课视频

新能源汽车交流充电系统

认识并检测交流充电系统

一、交流充电系统的组成

交流充电（慢充）指电网输入给车辆的电压为交流电，可以是220V（AC）单向电或380V（AC）三相电通过交流充电桩连接新能源汽车的交流充电接口，并通过车载充电机（OBC）对交流电进行升压并转换成直流电，然后通过OBC内部的整流模块整流成符合该车辆所需要的电压，对其动力蓄电池进行充电。

交流充电系统主要由交流电网提供的交流电源、交流供电装置（包含交流充电桩）、交流充电接口、慢充线束、车载充电机、高压控制盒及动力蓄电池等组成如图4－1－4所示。

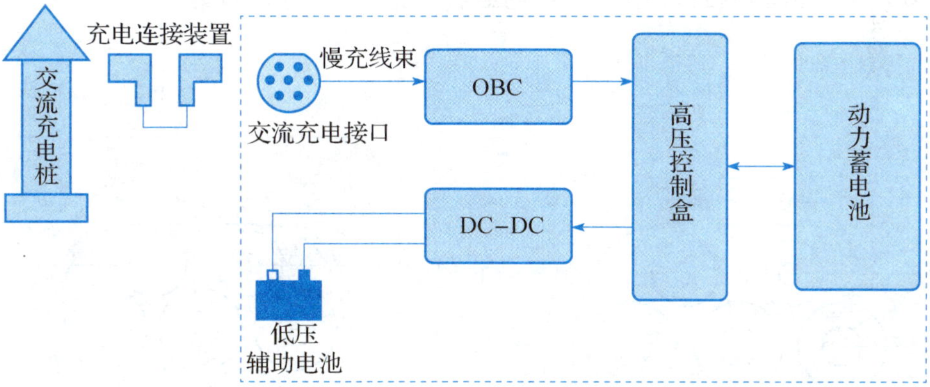

图4－1－4　交流充电系统的组成

（一）交流供电装置

交流供电装置按照结构分为三类：便携式交流充电器、壁挂式充电装置、交流充电桩，如图4－1－5所示。它们因环境需求被应用到不同的场合。

便携式交流充电器连接家用三孔插座，充电一般功率较小，电流控制在16A以下。

壁挂式充电装置输入电流一般为16A，最大为32A，电压为220V，对电网负荷要求较低，一般家庭电网可安装，安装较简单。

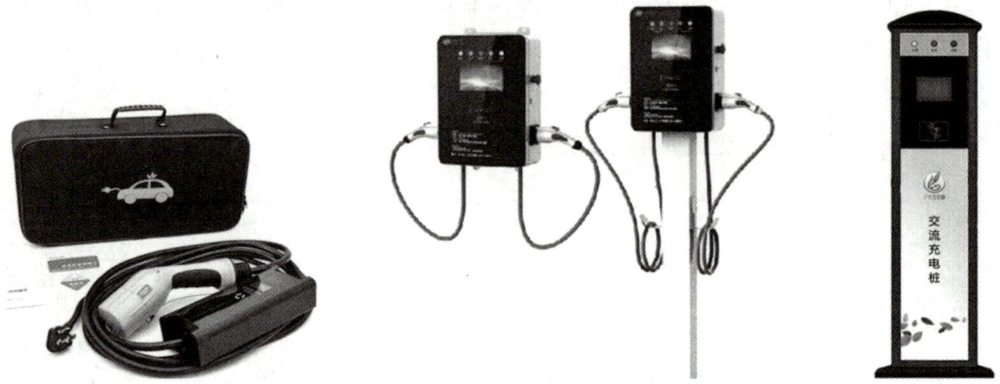

（a）便携式交流充电器　　（b）壁挂式充电装置　　（c）交流充电桩

图 4－1－5　交流供电装置

交流充电桩提供 220V 或 380V 交流电，一般安装在户外停车场、大型充电站等场所。

（二）交流充电接口

充电接口是指用于连接活动电缆和新能源汽车的充电部件，它由充电插座和充电插头两部分组成，是传导式充电机的必备设备，充电插头在充电过程中与充电插座进行结构耦合，从而实现电能的传输。

国家标准《电动汽车传导充电用连接装置 第 2 部分：交流充电接口》(GB/T 20234.2－2015) 规定了交流充电接口插头、插座的触点布置方式，分别如图 4－1－6、图 4－1－7 所示。

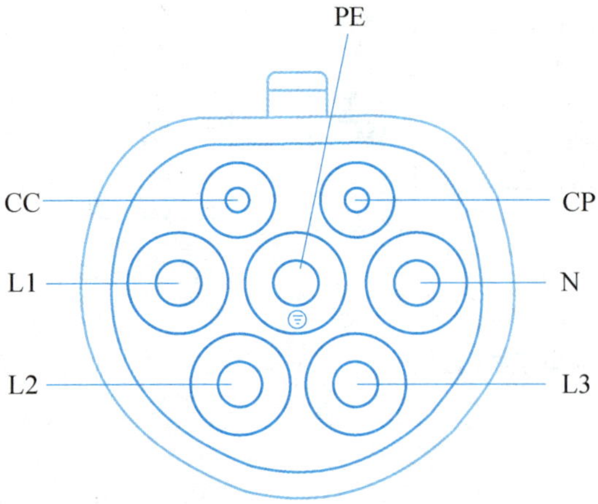

图 4－1－6　交流充电接口插头的触点布置方式

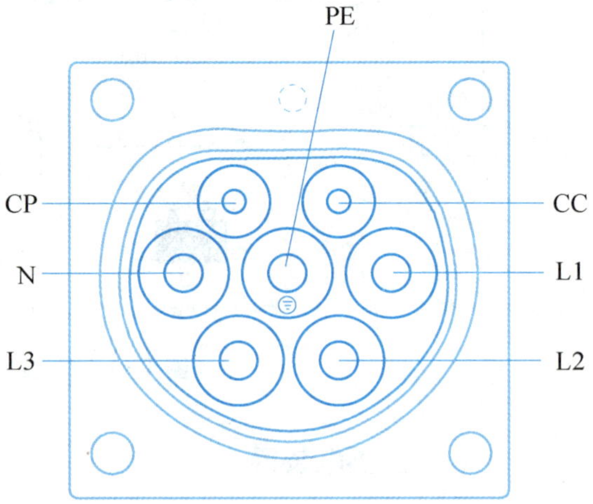

图 4－1－7　交流充电接口插座的触点布置方式

交流充电接口端子功能定义如下：

(1) L1、L2、L3 为三相交流电源，如果 L2、L3 为空脚，表示该车的充电接口为单相 220V 交流电充电模式。如果 L2、L3 有用，说明该车采用三相 380V 交流电充电模式。

(2) N 为中性线。

（3）PE 为保护接地线。

（4）CC 为充电连接确认信号，用于唤醒汽车充电控制单元。根据车型不同，汽车充电控制单元可以是车载充电机（OBC）、整车控制器（VCU）、充电辅助控制器（ACM），也可以是动力蓄电池管理系统（BMS），在吉利帝豪 EV450 汽车上，车载充电机检测 CC 与 PE 之间的电阻值，查询充电枪的充电功率，即确认当前充电连接装置（电缆）的额定容量。而在吉利帝豪 EV300 汽车上，ACM 辅助控制模块检测 CC 与 PE 之间的电阻值。

（5）CP 为控制导引信号，交流充电枪中供电控制装置采集 CP 点电压信号，判定充电插头是否连接良好。当 CP 信号有效时，交流充电枪中供电控制装置闭合内部接触器，输出 220V 交流电压给车载充电机。

交流充电接口触点电气参数见表 4-1-1。

表 4-1-1 交流充电接口触点电气参数

触点编号/标识	额定电压和额定电流	功能定义
1-（L1）	250V 10A/16A/32A	交流电源（单相）
	440V 16A/32A/63A	交流电源（三相）
2-（L2）	440V 16A/32A/63A	交流电源（三相）
3-（L3）	440V 16A/32A/63A	交流电源（三相）
4-（N）	250V 10A/16A/32A	中线（单相）
	440V 16A/32A/63A	中线（三相）
5-（PE）		保护接地（PE），连接供电设备地线和车辆电平台
6-（CC）	0～30V 2A	充电连接确认
7-（CP）	0～30V 2A	控制导引

新能源汽车交流充电车辆插头（充电枪）执行标准 GB/T 20234.1-2015 和 GB/T 20234.2-2015。车辆插头由连接端子、机械锁、开关 S_3、电阻 R_C、电阻 R_4 组成。

当机械锁按下去时，开关 S_3 打开，CC 与 PE 端子间电阻等于 R_C+R_4；当机械锁松开时，开关 S_3 闭合，电阻 R_4 被短接，CC 与 PE 间电阻等于 R_C。在车辆端，车载充电机通过识别 R_C 和 R_4 的电阻值就可以获取供电设备的最大输出功率和电流，通常交流供电设备的额定电流有 10A、16A、32A 和 63A 几种，识别交流供电设备的额定电流可以通过测量充电枪连接状态的电阻值来获取，见表 4-1-2。

表 4-1-2 交流供电设备额定电流的识别

额定电流	连接状态	S_3 机械开关	R_C	R_4	备注
10A	半连接	按下（断开）	1.5kΩ	1.8kΩ	$R_C+R_4=3.3$kΩ
	全连接	松开（闭合）	1.5kΩ		
16A	半连接	按下（断开）	680Ω	2.7kΩ	$R_C+R_4=3.38$kΩ
	全连接	松开（闭合）	680Ω		

续表

额定电流	连接状态	S_3 机械开关	R_C	R_4	备注
32A	半连接	按下（断开）	220Ω	3.3kΩ	$R_C+R_4=3.52k\Omega$
	全连接	松开（闭合）	220Ω		
63A	半连接	按下（断开）	100Ω	3.3kΩ	$R_C+R_4=3.40k\Omega$
	全连接	松开（闭合）	100Ω		

（三）慢充线束

慢充线束是指连接慢充接口与车载充电机之间的线束。其作用为将交流充电桩输入的220V交流电输送到车载充电机。慢充线束的一端接慢充接口，另一端接车载充电机，如图4-1-8所示。

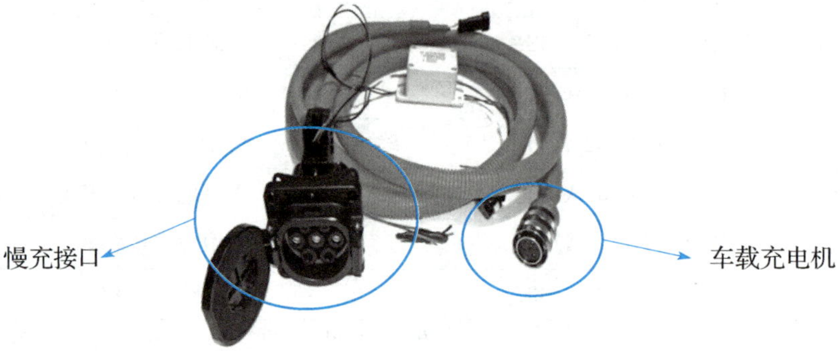

图4-1-8　慢充线束

（四）车载充电机

车载充电机（见图4-1-9）的主要功能是将220V交流电转换为高压直流电给动力蓄电池充电，实现电量的补给。依据动力蓄电池状态的变化，输出的电流大小还可以

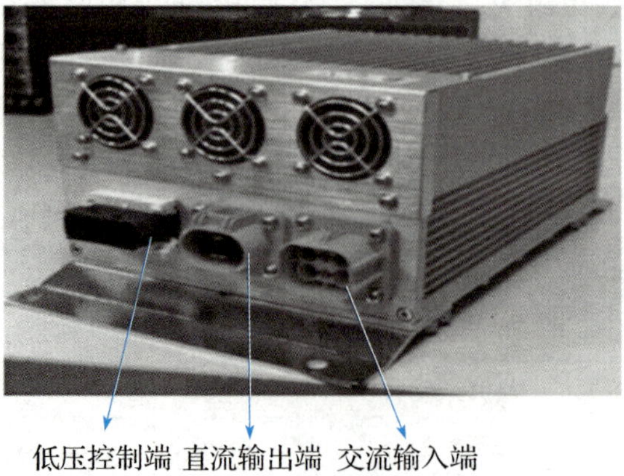

图4-1-9　车载充电机

进行调节。同时车载充电机还提供相应的保护功能，包括过压、欠压、过流、欠流等，当充电系统出现异常时会及时切断供电。工作过程中需要与充电桩、BMS、VCU 等部件进行通信，根据动力蓄电池的需求调节输出功率。

车载充电机内部可分为主电路（功率电路）、控制电路、线束及标准件三部分，其工作原理如图 4-1-10 所示。

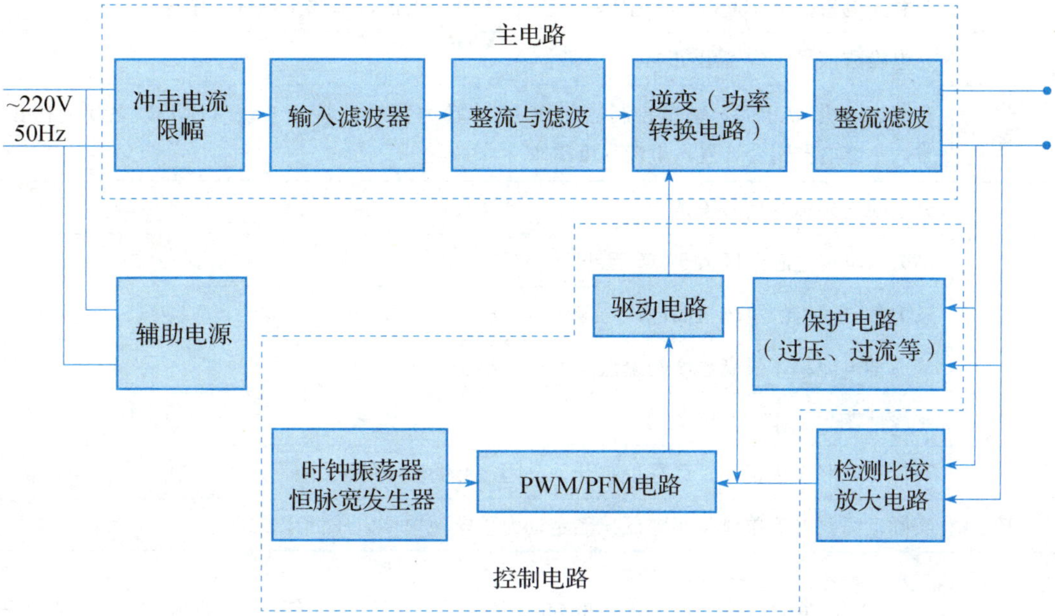

图 4-1-10　车载充电机的工作原理

1. 主电路

主电路分成两部分，前端将交流电转换为恒定的直流电，主要是全桥电路+PFC（Power Factor Correction）电路（可把 PFC 看作 AC-DC）。后端为 DC-DC 变换器，将前端输出的直流高压电转换为合适的电压及电流供给动力蓄电池。

2. 控制电路

控制电路的核心是控制器，具有控制 MOS 管的开关、与 BMS 之间通信、监测车载充电机的状态、与充电桩握手等功能。

车载充电机控制主板主要是对主电路进行控制、监测、计量、计算、修正、保护及与外界网络通信等功能，是车载充电机的“中枢大脑”。

当车载充电机接上交流电后，并不是立刻将电能输送给动力蓄电池，而是首先通过 BMS 对动力蓄电池的状态进行采集、分析和判断，进而调整车载充电机的充电参数。

3. 线束及标准件

线束及标准件主要用于主电路及控制电路的连接、固定元器件及电路板。

二、交流充电系统的控制原理与策略

目前，纯电动汽车和插电式混合动力电动汽车都采用了交流充电系统向动力蓄电池补充电能，但是向动力蓄电池充电是有一定的条件的，如果有一项条件不满足，将无法实现给动力蓄电池充电。向动力蓄电池充电的基本条件见表 4-1-3。

表 4-1-3　向动力蓄电池充电的基本条件

序号	条件
1	车载充电机供电 220V 交流电压和 12V 直流电压正常，车载充电机工作正常
2	充电唤醒信号 12V 输出正常
3	车载充电机（OBC）、整车控制器（VCU）、动力蓄电池管理系统（BMS）之间通信正常，主继电器闭合、发送电流强度需求
4	充电线连接确认信号正常
5	动力蓄电池电芯温度大于 0℃且小于 55℃
6	动力蓄电池组的单体最高电压与最低电压压差小于 300mV
7	动力蓄电池单体最高温度与最低温度温差小于 15℃
8	绝缘性能大于 500Ω/V
9	高低压电路连接正常，远程控制开关关闭/预约充电功能关闭
10	实际动力蓄电池单体最高电压比额定动力蓄电池单体电压低 400mV

在上述 10 个条件中，分为车辆外部和车辆本体两部分，任一部分的某一个条件不满足，交流充电系统将无法向动力蓄电池补充电能。

（一）交流充电系统内部结构认知

交流充电系统内部结构包括交流充电桩、供电接口、车辆接口、新能源汽车四部分，其中供电接口为供电插座与桩端充电枪连接处，车辆接口为车端充电枪与车端插座连接处。交流充电桩与车端电路连接原理图如图 4-1-11 所示。

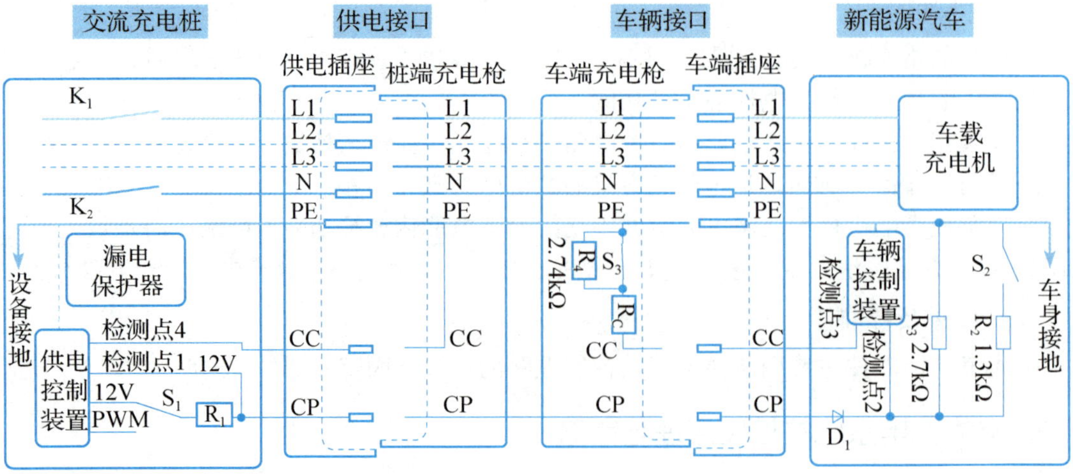

图 4-1-11　交流充电桩与车端电路连接原理图

该电路由供电控制装置，接触器 K_1 和 K_2，电阻 R_1、R_2、R_3、R_4、R_C，二极管 D_1，开关 S_1、S_2、S_3，车载充电机和车辆控制装置组成，其中车辆控制装置可以集成在车载充电机或其他车载控制单元中；电阻 R_4、R_C 安装在车辆插头上；开关 S_1 为供电设备内部开关，开关 S_2 为车辆内部开关，开关 S_3 为车辆插头的内部常闭开关，与插头上的下压按钮（用以触发机械锁止装置）联动，按下按钮解除机械锁止功能的同时，开关 S_3 处于断开状态。充电桩中含有供电控制装置、漏电保护器、接触器 K_1 和 K_2 及设备接地等，其中供电控制装置通过开关 S_1 向 CP 线发出 12V 或 PWM 信号，并通过检测点 1 的电压值来判断充电能力，通过检测点 4 的电压值来判断供电插座与桩端充电枪的连接状况。

（二）交流充电系统的控制策略

交流充电系统的工作过程如下：

（1）物理连接。用充电枪把充电设备和车辆侧充电口连接，充电设备和 220V 交流插座连接，实现充电线贯通。插入桩端充电枪，交流充电设备的充电插座与插头 PE 触点先接触，如图 4-1-12 所示。

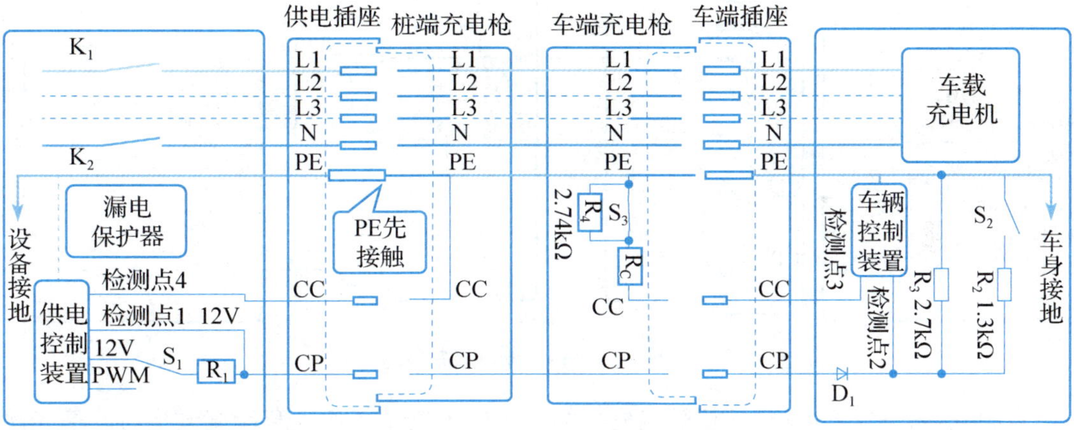

图 4-1-12 物理连接 1

车辆充电前首先要确认外部供电（AC 220V）电源正常，且车身搭铁（PE）线路可靠。供电电源正常时，供电设备才会产生低压，从而被激活，充电控制确认（CP）连接导引线路上的电压才会为+12V。

（2）插入桩端充电枪，PE 触点接触后，L1、L2、L3、N 触点同时连接，如图 4-1-13 所示。

（3）插入桩端充电枪，PE、L1、L2、L3、N 触点连接后，CC、CP 同时连接。供电控制装备、检测点 4、CC 与 PE 设备接地构成回路，桩端通过 CC 端子输出至 PE 端口接地，由 DC 12V 变为 0V，确认桩端充电枪连接完毕，如图 4-1-14 所示。

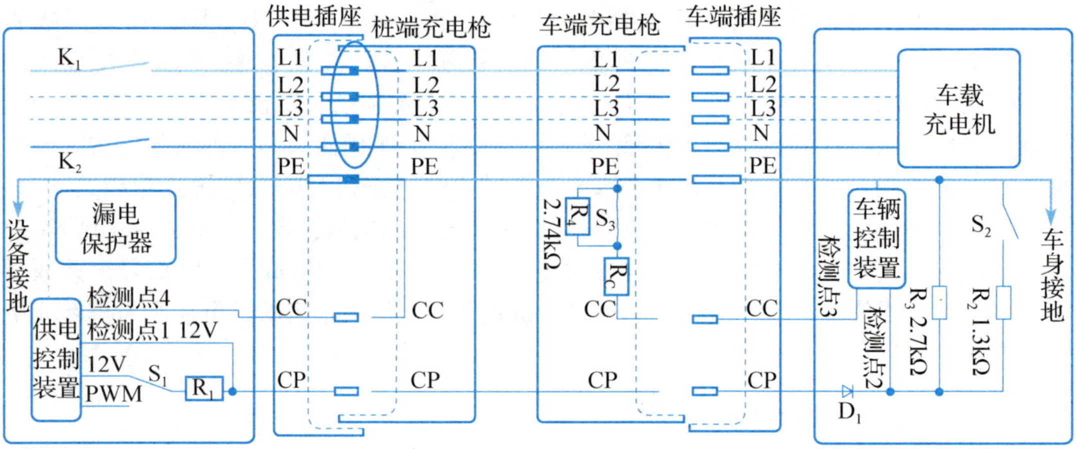

图 4-1-13　物理连接 2

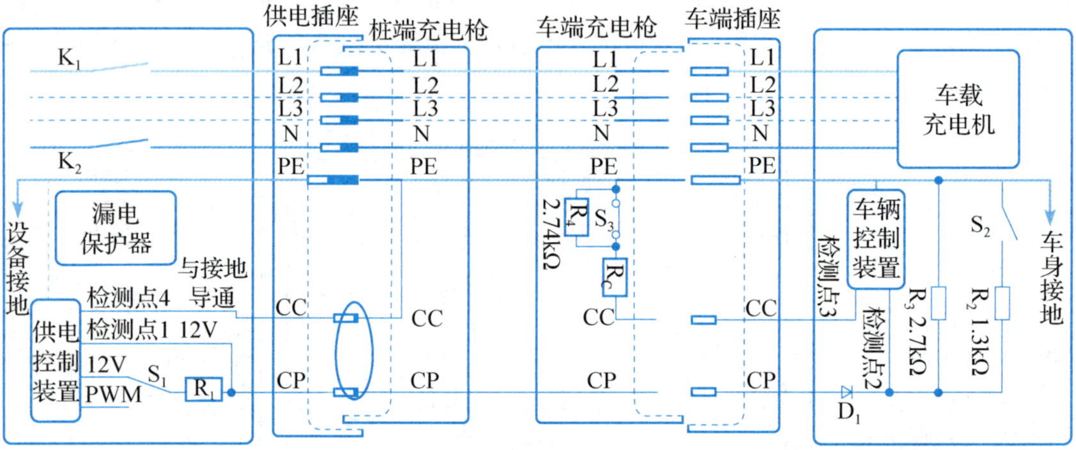

图 4-1-14　物理连接 3

（4）插入车端充电枪，PE 触点先接触。为用电安全，插入车端充电枪时，最先接触的是插头中最长的 PE 触点，如图 4-1-15 所示。

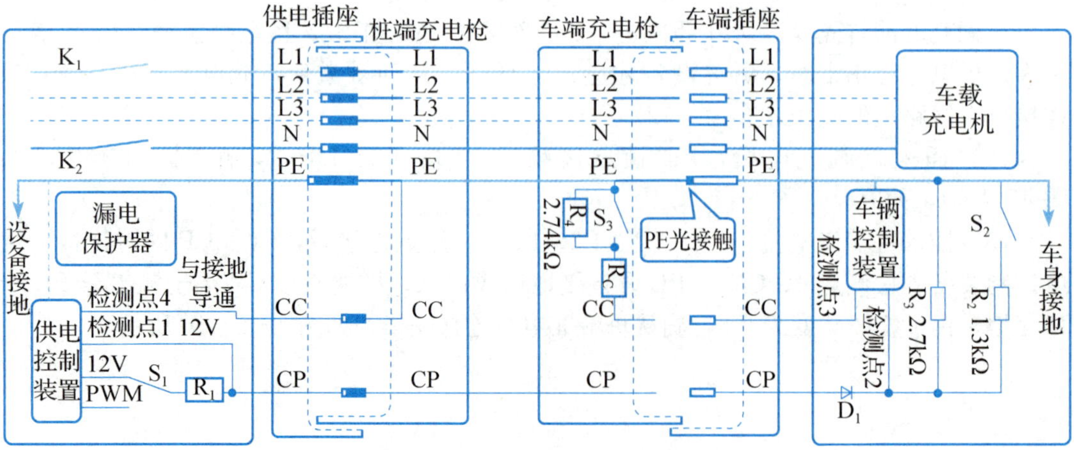

图 4-1-15　物理连接 4

（5）插入车端充电枪，PE 触点接触后，L1、L2、L3、N 触点同时连接，此时尽管桩端供电接口均已连接，但由于 K_1 和 K_2 开关还未闭合，交流充电桩还不能输出交流供电，如图 4-1-16 所示。

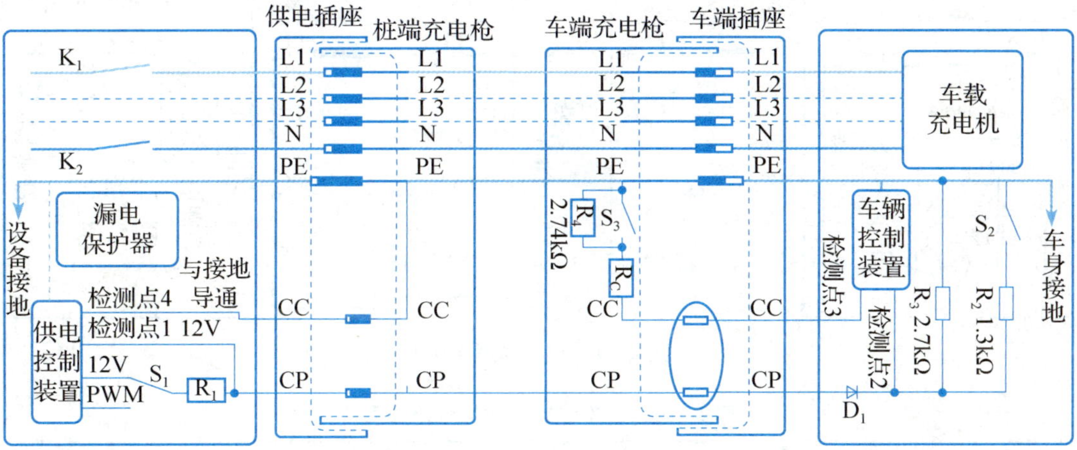

图 4-1-16 物理连接 5

（6）插入车端充电枪，PE、L1、L2、L3、N 触点连接后，CC、CP 同时连接。

CC、CP 触点接触上时，车辆控制装置、车端 CC、开关 S_3 与电阻 R_C、R_4、PE 构成回路，通过检测点 3 的电阻值来判断车端充电枪与车端插座的连接状况。

按下充电枪上的按键，将充电枪插入车端，此时开关 S_3 打开，检测点 3 检测到 PE 接地间的电阻值为 R_C+R_4 时，判断充电枪为半连接状态。

当车端充电枪连接完毕后，车端充电枪机械锁按键弹起，S_3 开关闭合，检测点 3 检测到 PE 接地之间的电阻为 R_C 时，判断充电枪为连接状态。

车端 CP 触点接触后，由于供电控制装置、CP 线、二极管 D_1、电阻 R_3 与 PE 接地构成回路，检测点 1 的电压由 12V 变为 9V，充电桩检测到充电枪已连接。

（7）充电枪均已连接后，桩端发送 PWM 波信号。当交流充电桩检测到充电枪已连接后，交流充电桩供电控制装置将开关 S_1 从 12V 切换到 PWM 波信号端，检测点 1 的信号由 9V 直流电压信号变为 PWM 波信号，表示充电设备进行自检后，进入准备就绪状态，向车辆发送 PWM 波信号。当车端接收到 PWM 波（占空比）信号时，表示桩端准备就绪。

（8）车端接收 PWM 波信号后，完成自检，闭合开关 S_2，请求充电，如图 4-1-17 所示。车辆检测到充电枪连接状态后，车载充电机根据动力蓄电池充电需求、有无充电故障做出判断。无故障时，车载充电机闭合开关 S_2，表示车辆准备就绪，请求充电。

（9）桩端确认车辆准备就绪后，闭合继电器 K_1、K_2。开关 S_2 闭合，检测点 1 由 9V PWM 信号变为 6V PWM 波信号，充电桩确认车辆就绪，闭合继电器 K_1、K_2，给车载充电机供电。

供电控制装置通过测量检测点 1 的电压值判断车辆是否准备就绪。当检测点 1 的峰值电压为表 4-1-4 中状态 3 对应的电压值时，供电控制装置通过闭合接触器 K_1 和 K_2 使交流供电回路导通。

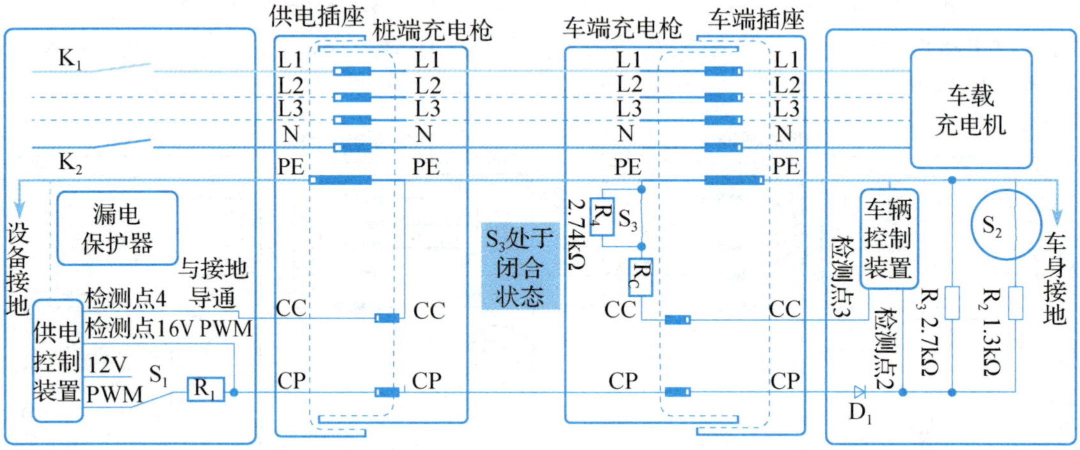

图 4-1-17　物理连接 6

表 4-1-4　检测点 1 的信号电压变化

充电过程状态	充电连接装置是否连接	开关 S_2	车辆是否可以充电	检测点 1 的峰值电压（V）（稳定后测量）	说明
状态 1	否	断开	否	12	车辆充电接口未完全连接，检测点 2 的电压为 0
状态 2	是	断开	否	9	开关 S_1 切换至与 PWM 连接状态，R_3 被检测到
状态 3	是	闭合	是	6	车载充电机及供电设备处于正常工作状态

微课视频

交流慢充系统故障检测与诊断

微课视频

新能源汽车直流充电系统

引导问题 3：

查阅相关资料，简述直流快充系统的组成部件及充电流向。

____

____

____

知识点提示

认识并检测直流充电系统

一、直流充电系统的组成

直流快速充电系统一般使用工业 380V 的三相四线电，通过直流充电桩，经功率变换后，将高压大电流通过母线直接给动力蓄电池快速充电，从而实现动力蓄电池组高效、安全的电量补给。

纯电动汽车快速充电系统主要由直流供电装置（直流充电桩）、快充接口、快充线束、充配电总成（不同车型可能说法不同，如比亚迪秦 EV 上称为充配电总成，吉利帝豪 EV450 上称为车载分线盒，不同车型集成程度不同）、动力蓄电池连接高压线束以及动力蓄电池等组成。相对于交流充电系统，直流充电设备提供的是高压直流电，可以直接对动力蓄电池充电，不需要车载充电机参与工作。

（一）直流供电装置

直流充电桩也称“快充桩”（见图 4-1-18），它是固定安装在新能源汽车外，与交流电网连接，其输入电压采用三相四线 AC 380V+15%，频率为 50Hz，输出为可调直流电，能提供足够的功率，输出的电压和电流调整范围大，可以实现快充的要求，直接为新能源汽车的动力蓄电池充电。

直流充电桩一般具有充电管理、计费管理、远程通信等功能。

图 4-1-18 直流充电桩

直流充电桩的功能类似于加油站里的加油机，安装于公共建筑、居民小区停车场或充电站内。

直流充电桩的输入端与交流电网直接连接，内部可以将高压交流电转化为高压直流电，输出端装有充电插头用于连接快充口。直流充电桩与新能源汽车的充电接口功能定义执行国家标准《电动汽车传导充电用连接装置》（GB/T 20234.3-2015）的规定，直流充电接口的额定值见表 4-1-5。

表 4-1-5 直流充电接口的额定值

额定电压（V）	额定电流（A）
750/1 000	80
	125
	200
	250

（二）快充接口

快充接口（直流充电接口）一般位于前机舱车标内部，主要用于与直流充电枪（见图 4-1-19）连接。

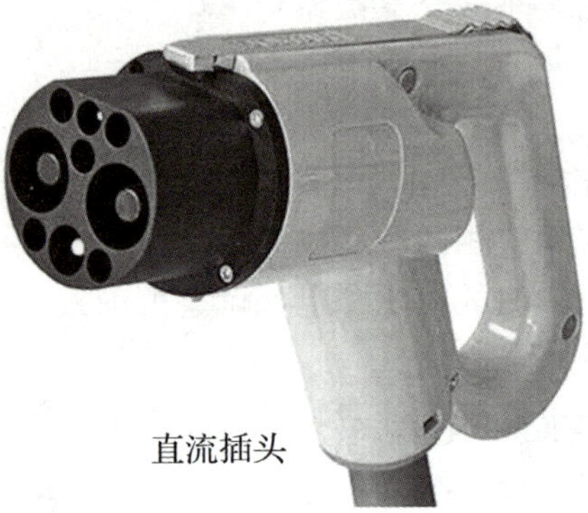

图 4-1-19　直流充电枪

国家标准《电动汽车传导充电用连接装置 第 3 部分：直流充电接口》（GB/T 20234.3-2015）规定了直流充电接口插头、插座的触点分布方式，分别如图 4-1-20、图 4-1-21 所示。

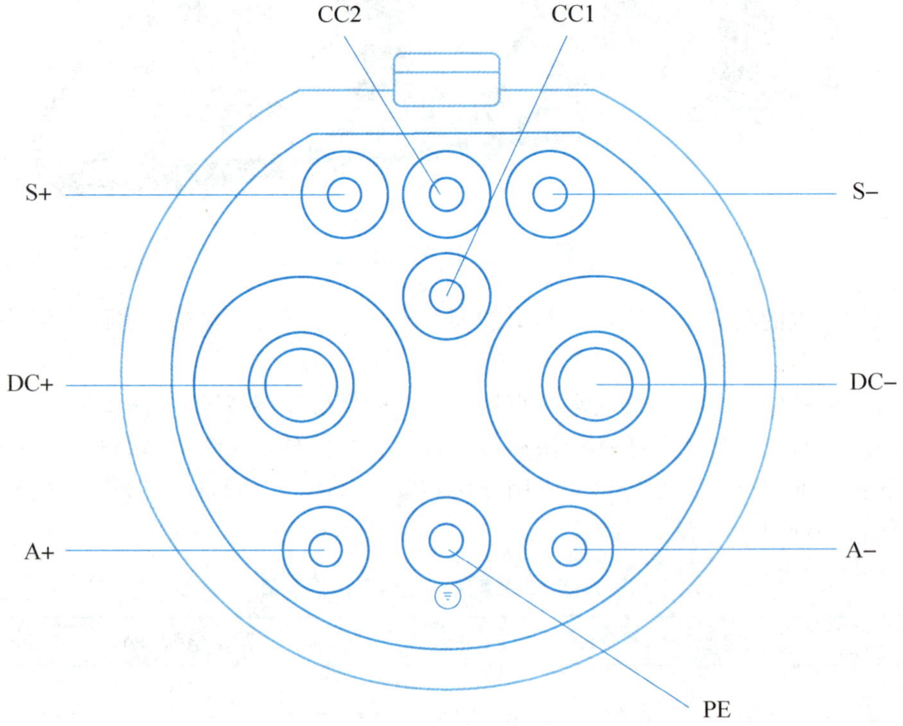

图 4-1-20　直流充电接口插头触点针脚分布方式

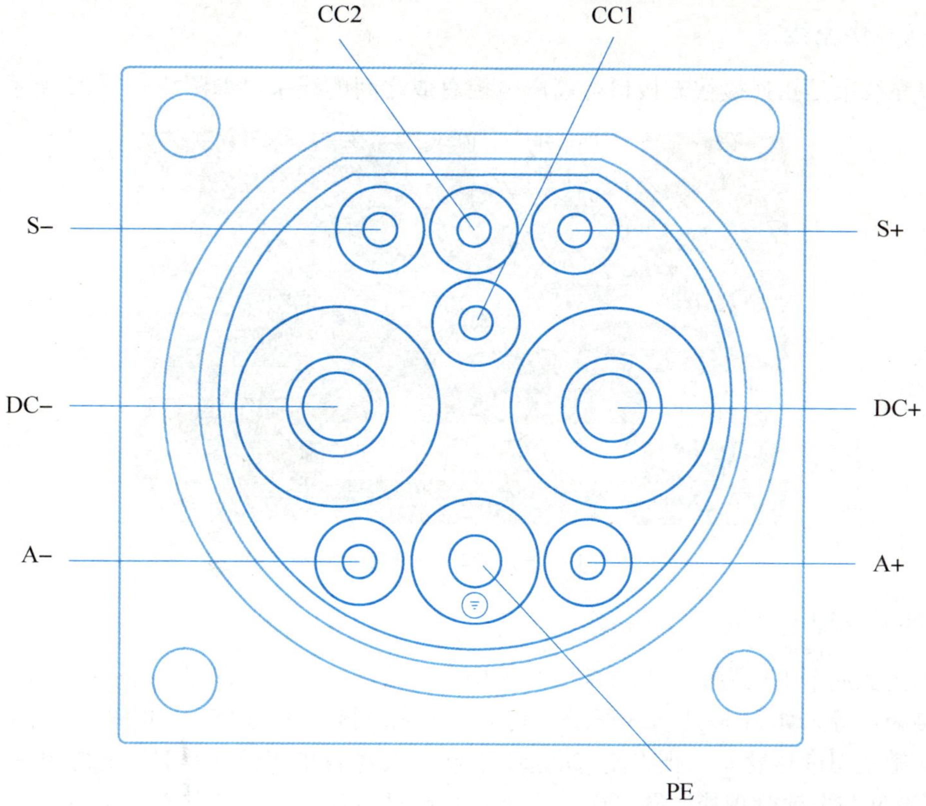

图 4-1-21 直流充电接口插座触点（针脚）分布方式

直流充电接口针脚定义见表 4-1-6。

表 4-1-6 直流充电接口针脚定义

编号	标识	额定电压和额定电流	功能定义
1	DC+	750V/1 000V，80A/125/200A/250A	高压输出正极，经过高压控制盒快充正继电器，输出到动力蓄电池高压正极
2	DC-	750V/1 000V，80A/125A/200A/250A	高压输出负极，经过高压控制盒快充负继电器，输出到动力蓄电池高压负极
3	PE	—	保护接地
4	S+	0～30V，2A	充电通信 CAN-H，与动力蓄电池管理系统（BMS）及数据采集终端通信
5	S-	0～30V，2A	充电通信 CAN-L，与动力蓄电池管理系统（BMS）及数据采集终端通信
6	CC1	0～30V，2A	充电连接确认
7	CC2	0～30V，2A	充电连接确认
8	A+	0～30V，20A	低压辅助电源正极，为 12V 快充唤醒信号
9	A-	0～30V，20A	低压辅助电源负极，接动力蓄电池负极

（三）快充线束

快充线束是指连接快充接口与高压电控总成之间的线束，如图 4-1-22 所示。

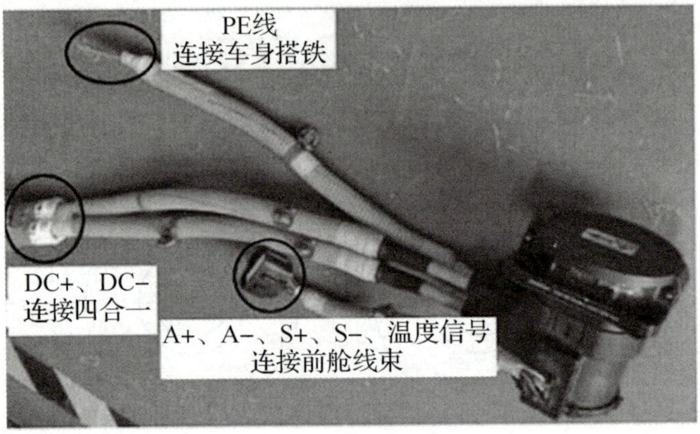

图 4-1-22　快充线束

（四）充配电总成

以比亚迪秦 EV 为例，在充配电总成中有直流充电烧结检测模块、直流充电正极和负极接触器等，如图 4-1-23 所示。其中直流充电接口中的 DC+和 DC-之间安装有 2kΩ 热敏式温度传感器，当直流充电接口的温度传感器的阻值变小时，充配电总成通过动力 CAN 与电池管理控制器（BMC）通信，降低直流充电接口的充电电流，直到充电接口的温度降至正常范围。若直流充电接口的温度持续上升，BMC 控制充配电总成中的直流充电正负极接触器断开，停止给动力蓄电池充电，避免在充电过程中直流充电接口的温度过高导致其熔化，造成安全隐患，保证车辆充电安全。

图 4-1-23　比亚迪秦 EV 的充配电总成

二、直流充电系统的控制原理与策略

直流充电时，在动力蓄电池的两端加载直流电压，以恒定大电流的方式对动力蓄电池充电，动力蓄电池的电压缓慢上升到标称值，SOC 在 88%（对于不同的动力蓄电池，主机厂的控制策略不一样）以上时转为恒压充电，此时充电电流会减小，直到直流充电桩的输出电流小于 5A 时，停止给新能源汽车充电。

（一）直流充电系统的原理

直流充电系统包括直流充电桩、快充枪、车端插座、电动汽车四个部分。直流充电桩内含非车载充电机控制装置、电阻 R_1，直流供电正、负接触器 K_1 和 K_2，低压辅助供电回路正、负接触器 K_3 和 K_4。其中 K_1、K_2 为直流充电桩高压正、负继电器；K_3、K_4 为直流充电桩低压唤醒正、负继电器，供电输出给整车控制器（VCU）；K_5、K_6 为动力蓄电池高压正、负继电器；检测点 1（即 CC1）为直流充电桩监测快充插头与车辆连接状态识别信号；检测点 2（即 CC2）为整车控制器（VCU）监测快充插头与车辆连接状态识别信号，如图 4－1－24 所示。

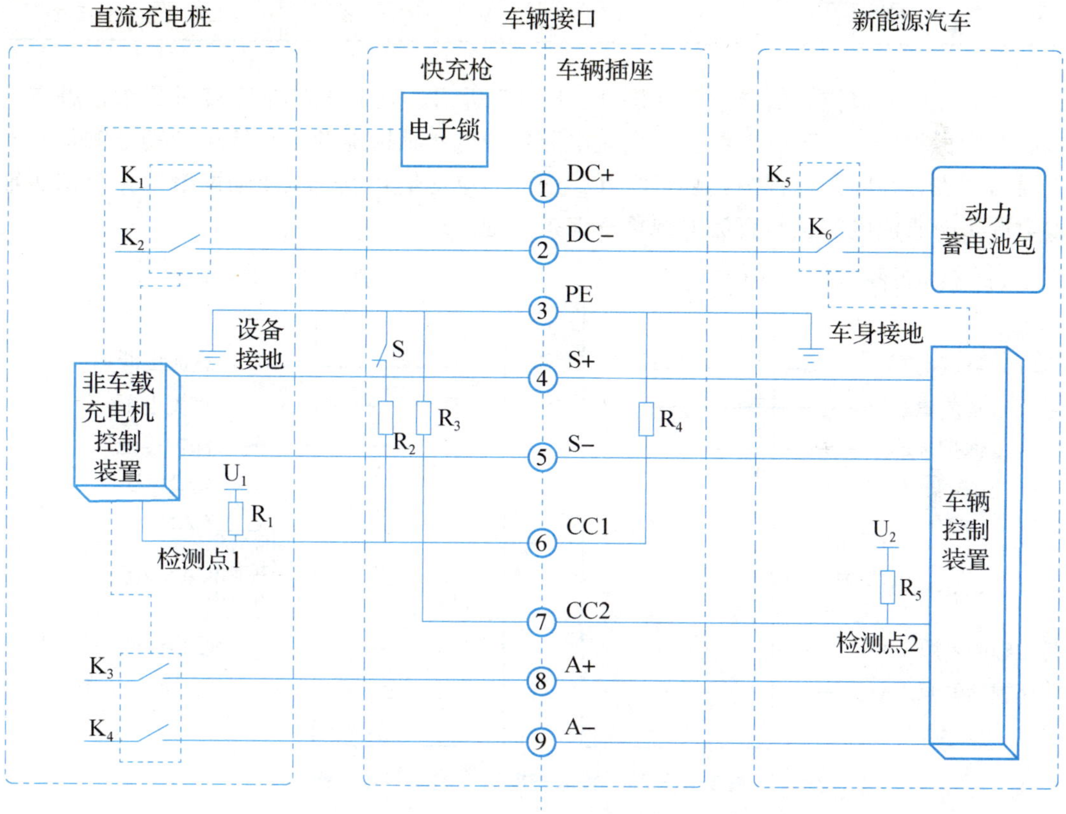

图 4－1－24　直流充电系统工作原理图

直流充电控制引导电路参数见表 4－1－7。

表 4－1－7　直流充电控制引导电路参数

对象	参数	符号	单位	标称值	最大值	最小值
直流充电桩	R_1 等效电阻	R_1	A	1 000	1 030	970
	上拉电压	U_1	V	12	12.6	11.4
	测试点 1 电压	U_{1a}	V	12	12.8	11.2
		U_{1b}	V	6	6.8	5.2
		U_{1c}	V	4	4.8	3.2

续表

对象	参数	符号	单位	标称值	最大值	最小值
快充枪	R_2 等效电阻	R_2	Ω	1 000	1 030	970
	R_3 等效电阻	R_3	Ω	1 000	1 030	970
车端插座	R_4 等效电阻	R_4	Ω	1 000	1 030	970
新能源汽车	R_5 等效电阻	R_5	Ω	1 000	1 030	970
	上拉电压	U_2	V	12	12.6	11.4
	测试点 2 电压	U_{2a}	V	12	12.8	11.2
		U_{2b}	V	6	6.8	5.2

直流充电接口控制引导过程如图 4－1－25 所示。充电接口在连接过程中，触点连接顺序为保护接地→直流电源正与直流电源负→低压辅助电源正与低压辅助电源负→充电通信触点；在断开过程中，触点断开顺序为充电通信触点→低压辅助电源正与低压辅助电源负→直流电源正与直流电源负→保护接地。

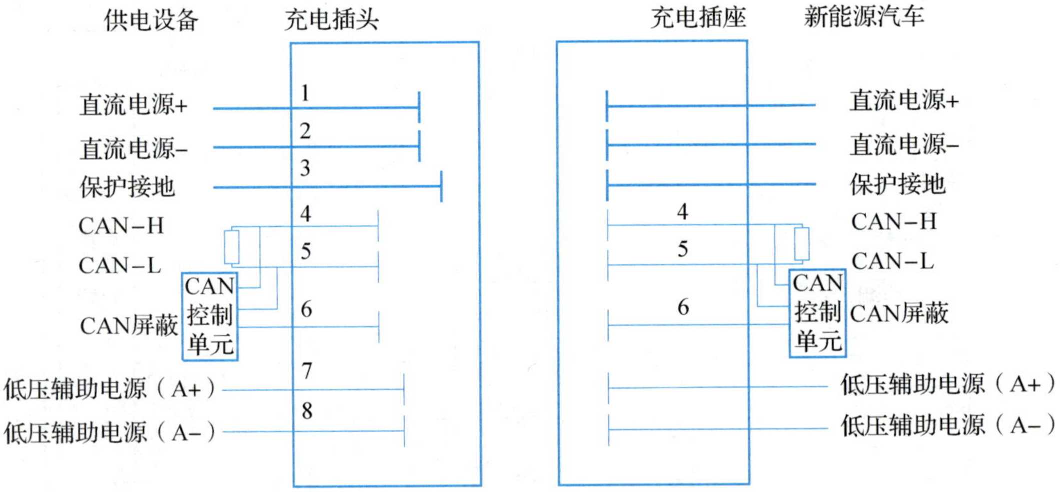

图 4－1－25　直流充电接口控制引导过程

（二）直流充电系统的充电条件

直流充电系统的充电条件见表 4－1－8。

表 4－1－8　直流充电系统的充电条件

序号	条件
1	充电连接信号 CC1、CC2 正常
2	BMS 供电电源 12V 正常
3	充电唤醒信号 12V 输出正常

续表

序号	条件
4	直流充电桩、整车控制器、BMS之间通信正常
5	动力蓄电池单体温度范围为5～45℃
6	动力蓄电池单体最高电压与最低电压压差小于300mV
7	绝缘性能大于500Ω/V
8	动力蓄电池单体最高温度与最低温度差小于15℃
9	高低压电路连接正常
10	实际动力蓄电池单体电压与额定电压压差不大于400mV

（三）直流充电系统的充电过程

（1）快充枪车端插头与车辆插座接合，使车辆处于不可行驶状态。

（2）车辆接口连接确认（直流充电桩）。图4-1-24中的S是充电枪常闭开关，由充电枪顶端按钮控制S的通断，平时处于常接通状态，按下按钮则S断开。当按下充电枪按键，插入车辆插座再放开充电枪按键时，充电桩的检测点1将检测到12V～6V～4V的变化。非车载充电机控制装置通过测量检测点1的电压值判断车辆插头与车辆插座是否已完全连接，当检测点1的电压值为4V时，可判断车辆接口完全连接。

（3）车辆接口完全连接确认及直流充电桩自检。车辆接口完全连接后，充电桩将闭合接触器K_3和K_4，使低压辅助供电回路导通，直流充电桩通过充电接口A+、A－向车辆控制器提供12V唤醒信号。车辆控制器被唤醒后，车辆控制装置检测点2的电压值为6V，此时车辆控制器判断直流充电桩的充电枪与车辆接口已经连接完毕，车辆控制装置开始周期性发送通信握手报文。

通信握手报文发送成功后，直流充电桩闭合K_1和K_2，对输出的DC+和DC－分别进行IMD（绝缘检测）；绝缘检测完成后，断开K_1和K_2，非车载充电机自检完毕，将IMD以物理的方式从强电回路中分离，并将充电输出的高电压进行安全释放。

（4）车辆准备就绪（车辆、充电桩）。VCU和直流充电桩通信辨识后，VCU闭合K_5和K_6，使充电回路导通，直流充电桩判断动力蓄电池电压是否正常（电压与通信握手报文描述的动力蓄电池电压误差不大于±5%，且在直流充电桩输出最大、最小电压的范围内）后，闭合K_1和K_2，使直流供电回路导通，新能源汽车开始准备充电。

（5）充电阶段。在充电阶段，车辆控制装置向非车载充电机控制装置实时发送充电需求参数；非车载充电机控制装置根据充电需求参数，实时调整充电电压和充电电流；车辆控制装置和非车载充电机控制装置还相互发送各自的状态信息（如充电桩输出电压、电流，动力蓄电池电压、电流、SOC等）。

（6）充电结束。BMS根据动力蓄电池系统是否达到充满状态或者是否收到“充电机中止充电报文”来判断是否结束充电。车载充电机以一定的速率减小充电电流，在确认充电电流小于5A后，断开K_5、K_6，然后断开K_1、K_2，此时非车辆控制装置开启安全释放电路，然后断开K_3、K_4，此时充电完成。

技能拓展

故障现象：一辆比亚迪 e5 纯电动汽车，车辆可以正常行驶，对车辆进行交流充电时，车辆无法充电，仪表一直显示充电连接中，可以上 OK 电正常行驶，车主王先生急需用车，请在约定的时间内对车辆进行诊断与维修。

分析：点火开关处于 OFF 挡，将充电装置供电插头连接至供电插座，红色指示灯亮起，供电正常，打开充电接口保护盖，将充电枪插入交流充电接口，并可靠锁止，仪表一直显示“充电连接中，请稍后”，观察供电插头，没有闪烁绿色指示灯提示充电中，按下机械解锁开关，重新插拔充电枪，仪表依然一直提示“充电连接中，请稍后”；拔下充电枪，检查确认充电枪接口无异物或脏污存在，检查确认车辆交流充电接口无异物或脏污存在。

故障原因分析：

（1）交流充电设备故障。

（2）交流充电接口故障。

（3）动力蓄电池包及 BMS 故障。

（4）线路故障。

诊断过程：

（1）测量充电枪 CC 与 PE 之间的电阻值，正常。

（2）测量充电枪 CP 与 PE 之间的电压值，正常，说明外部交流供电装置的 CC、CP 信号正常。

（3）连接故障诊断仪，读取 BMS 动力蓄电池包的数据来获取动力蓄电池的充电信息。

（4）组合仪表显示充电连接中，说明充电设备和整车还没有交互完成，也就是 CP 信号没有进行通信。读取数据流发现，VTOG 中 CP 占空比信号一直为 0（见图 4-1-26），分析故障原因为 CP 信号检测异常。

图 4-1-26　VTOG 中的 CP 占空比信号异常

（5）测量交流充电接口 CP 与充配电总成 B74-5 针脚（见图 4-1-27）的导通性，测得电阻值为无穷大，异常，判断 CP 线路故障，检修后试车，故障排除。

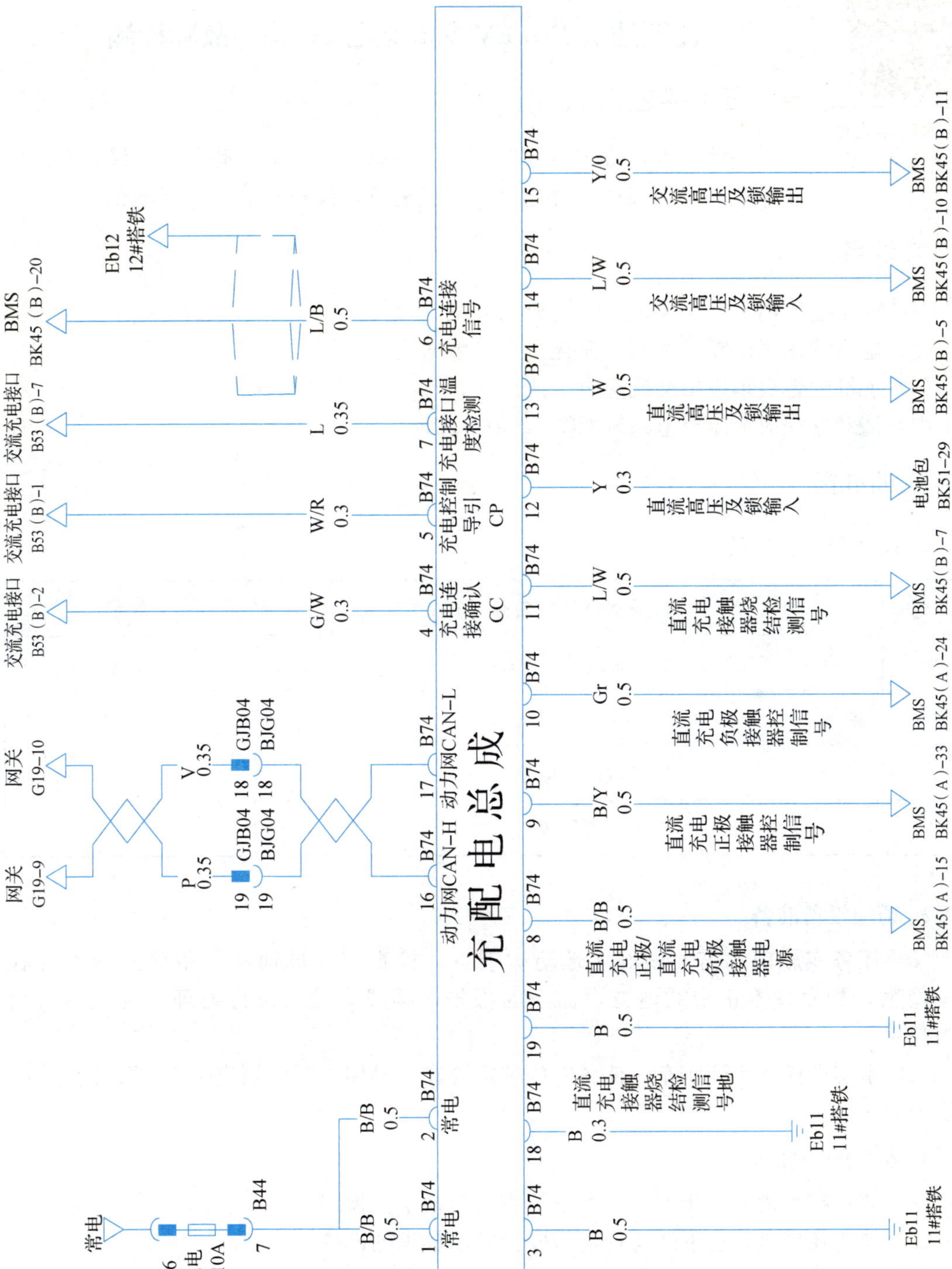

图4-1-27 比亚迪e5纯电动汽车充配电总成电路图

微课视频

新能源汽车充电系统故障诊断

任务实施

比亚迪秦 Pro EV 交流充电 CC 信号故障检测

一、任务描述

一辆比亚迪秦 Pro EV（纯电动汽车），上车起动车辆，仪表 OK 灯正常点亮。下高压电并连接交流充电枪，仪表充电指示灯不亮。

二、实训目标

（1）能正确使用工具套装进行交流充电底座的拆装。
（2）能正确使用诊断仪读取交流充电系统数据流。
（3）能够配合实车说出交流充电电流走向。
（4）能独立完成交流充电系统 CC/CP 故障诊断。

三、实训准备

1. 设备及工具准备

序号	设备及工具名称	数量
1	比亚迪秦 Pro EV	1 辆
2	交流充电枪	1 套
3	故障诊断仪	1 台
4	万用表	1 套

2. 场地设备准备

（1）任务实施前，需要做好场地防护准备，检查实训场地和设备设施是否存在安全隐患，如发现不正常的地方，需及时报告老师或实验员进行处理，完成后方可实施任务。

（2）本实训任务用到实车，任务实施前需要在车辆周围围上隔离带，并摆上注意安全提示牌。

3. 安全防护准备

（1）禁止在车辆上高压电的情况下检查与更换电池模组。
（2）禁止在带电状态下触碰任何带安全警示标识的部件。
（3）禁止徒手触摸所有橙色的线束。

四、实训操作

<table>
<tr><th>步骤</th><th colspan="3">记录内容</th><th>完成情况记录</th></tr>
<tr><td>1</td><td colspan="3">故障现象</td><td>是□ 否□</td></tr>
<tr><td>2</td><td colspan="3">原因分析</td><td>是□ 否□</td></tr>
<tr><td>3</td><td colspan="3">检查交流充电接口是否有异物及烧蚀现象</td><td>是□ 否□</td></tr>
<tr><td>4</td><td colspan="3">检查充电高压线束是否正常 是□ 否□</td><td>是□ 否□</td></tr>
<tr><td>5</td><td colspan="3">检查交流充电枪外观是否完好 是□ 否□</td><td>是□ 否□</td></tr>
<tr><td>6</td><td colspan="3">充电连接装置</td><td>是□ 否□</td></tr>
<tr><td>7</td><td colspan="3">读取车辆故障信息
故障代码：____________________</td><td>是□ 否□</td></tr>
<tr><td>8</td><td colspan="3">读取模块数据流
数据流记录：____________________</td><td>是□ 否□</td></tr>
<tr><td>9</td><td colspan="3">查看电气原理图</td><td>是□ 否□</td></tr>
<tr><td rowspan="3">10</td><td colspan="3">充电口 CC 与 PE 之间的电压</td><td rowspan="3">是□ 否□</td></tr>
<tr><td>实测值</td><td>标准值</td><td>是否正常</td></tr>
<tr><td>________ V</td><td>________ V</td><td>是□ 否□</td></tr>
<tr><td rowspan="3">11</td><td colspan="3">充配电端子 B74/1 两端的电压</td><td rowspan="3">是□ 否□</td></tr>
<tr><td>实测值</td><td>标准值</td><td>是否正常</td></tr>
<tr><td>________ V</td><td>________ V</td><td>是□ 否□</td></tr>
<tr><td rowspan="3">12</td><td colspan="3">CC 端子 BK46/4 与充电口 CC 端子 KB53(A)-2 之间的电阻</td><td rowspan="3">是□ 否□</td></tr>
<tr><td>实测值</td><td>标准值</td><td>是否正常</td></tr>
<tr><td>________ Ω</td><td>________ Ω</td><td>是□ 否□</td></tr>
<tr><td>13</td><td colspan="3">故障结论</td><td>是□ 否□</td></tr>
<tr><td>14</td><td colspan="3">故障排除与恢复</td><td>是□ 否□</td></tr>
<tr><th colspan="5">重难点</th></tr>
<tr><td colspan="5">1. 正确读取电气原理图；
2. 正确测量数据</td></tr>
</table>

7S 现场管理			
序号	操作步骤	完成情况	备注
1	建立安全操作环境	已完成□ 未完成□	
2	清理及整理工具量具	已完成□ 未完成□	
3	清理及复原设备	已完成□ 未完成□	

续表

7S 现场管理			
序号	操作步骤	完成情况	备注
4	清理场地	已完成□　未完成□	
5	物品回收和环保	已完成□　未完成□	
6	完善和检查工单	已完成□　未完成□	
实训总结			

快充不充电故障诊断与排除

一、任务描述

一辆比亚迪秦 Pro EV（纯电动汽车），上车起动车辆，仪表 OK 灯正常点亮。下高压电并连接直流充电枪，仪表充电指示灯不亮。

二、实训目标

（1）能完成直流充电接口线路故障检测。

（2）了解直流充电相关线束。

三、实训准备

1. 设备及工具准备

序号	设备及工具名称	数量
1	比亚迪秦 Pro EV	1 辆
2	交流充电枪	1 套
3	故障诊断仪	1 台
4	万用表	1 套

2. 场地设备准备

（1）任务实施前，需要做好场地防护准备，检查实训场地和设备设施是否存在安全隐患，如发现不正常的地方，需及时报告老师或实验员进行处理，完成后方可实施任务。

（2）本实训任务用到实车，任务实施前需要在车辆周围围上隔离带，并摆上注意安全提示牌。

3. 安全防护准备

（1）禁止在车辆上高压电的情况下检查与更换电池模组。

（2）禁止在带电状态下触碰任何带安全警示标识的部件。

（3）禁止徒手触摸所有橙色的线束。

四、实训操作

<table>
<tr><th>步骤</th><th colspan="3">记录内容</th><th>完成情况记录</th></tr>
<tr><td>1</td><td colspan="3">故障现象</td><td>是□　否□</td></tr>
<tr><td>2</td><td colspan="3">原因分析</td><td>是□　否□</td></tr>
<tr><td>3</td><td colspan="3">读取车辆故障信息
故障代码：____________________</td><td>是□　否□</td></tr>
<tr><td>4</td><td colspan="3">读取模块数据流
数据流记录：____________________</td><td>是□　否□</td></tr>
<tr><td>5</td><td colspan="3">查看电气原理图</td><td>是□　否□</td></tr>
<tr><td rowspan="3">6</td><td colspan="3">充电子网 CAN－H 端子 BK45(B)－24 与 CAN－L 端子 BK45(B)－25 之间的电阻</td><td rowspan="3">是□　否□</td></tr>
<tr><td>实测值</td><td>标准值</td><td>是否正常</td></tr>
<tr><td>________ Ω</td><td>________ Ω</td><td>是□　否□</td></tr>
<tr><td rowspan="3">7</td><td colspan="3">直流充电口 CC1 与 PE 之间的电阻</td><td rowspan="3">是□　否□</td></tr>
<tr><td>实测值</td><td>标准值</td><td>是否正常</td></tr>
<tr><td>________ Ω</td><td>________ Ω</td><td>是□　否□</td></tr>
<tr><td rowspan="3">8</td><td colspan="3">S＋与 S－之间的电阻</td><td rowspan="3">是□　否□</td></tr>
<tr><td>实测值</td><td>标准值</td><td>是否正常</td></tr>
<tr><td>________ Ω</td><td>________ Ω</td><td>是□　否□</td></tr>
<tr><td rowspan="3">9</td><td colspan="3">直流充电枪 CC2 与 PE 之间的电压</td><td rowspan="3">是□　否□</td></tr>
<tr><td>实测值</td><td>标准值</td><td>是否正常</td></tr>
<tr><td>________ V</td><td>________ V</td><td>是□　否□</td></tr>
<tr><td rowspan="3">10</td><td colspan="3">测量直流充电枪 A＋与 A－之间的电压</td><td rowspan="3">是□　否□</td></tr>
<tr><td>实测值</td><td>标准值</td><td>是否正常</td></tr>
<tr><td>________ V</td><td>________ V</td><td>是□　否□</td></tr>
<tr><td>11</td><td colspan="3">检测结论：____________________</td><td>是□　否□</td></tr>
<tr><td>12</td><td colspan="3">故障排除与恢复</td><td>是□　否□</td></tr>
</table>

续表

<table>
<tr><th colspan="4">重难点</th></tr>
<tr><td colspan="4">1. 正确读取电气原理图；
2. 正确测量数据；
3. 正确检测各部件</td></tr>
<tr><th colspan="4">7S 现场管理</th></tr>
<tr><th>序号</th><th>操作步骤</th><th>完成情况</th><th>备注</th></tr>
<tr><td>1</td><td>建立安全操作环境</td><td>已完成□　未完成□</td><td></td></tr>
<tr><td>2</td><td>清理及整理工具量具</td><td>已完成□　未完成□</td><td></td></tr>
<tr><td>3</td><td>清理及复原设备</td><td>已完成□　未完成□</td><td></td></tr>
<tr><td>4</td><td>清理场地</td><td>已完成□　未完成□</td><td></td></tr>
<tr><td>5</td><td>物品回收和环保</td><td>已完成□　未完成□</td><td></td></tr>
<tr><td>6</td><td>完善和检查工单</td><td>已完成□　未完成□</td><td></td></tr>
<tr><th colspan="4">实训总结</th></tr>
<tr><td colspan="4"></td></tr>
</table>

任务二　新能源汽车 DC－DC 低压充电系统

任务目标

知识目标

1. 掌握新能源汽车 DC－DC 低压充电系统的工作原理。
2. 掌握新能源汽车 DC－DC 低压充电系统的构成。
3. 熟悉新能源汽车 DC－DC 低压充电系统的基本检修方法。

技能目标

1. 能正确分辨新能源汽车 DC - DC 低压充电系统的各组成部件。
2. 能正确、规范地进行新能源汽车 DC - DC 低压充电系统故障的检修。

素养目标

1. 培养良好的职业道德与环保意识。
2. 具备勇于探索、求真务实、追求卓越的职业精神。

知识索引

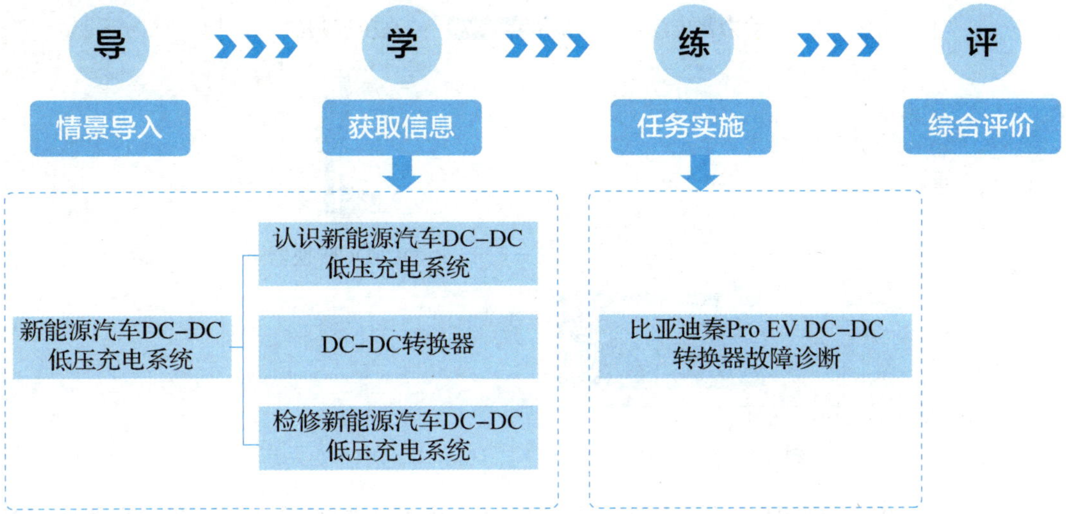

情景导入

一辆北汽 EV200，将起动开关置于 ON 挡后，组合仪表无反应，整车无法上高压电，测量低压辅助电池电压为 5V。更换低压辅助电池后，组合仪表上显示 DC - DC 故障。请你根据所学知识进行检修与维护。

获取信息

引导问题 1：

查阅相关资料，简述新能源汽车为什么需要低压充电系统，以及低压充电系统所起的作用。

____

____

____

知识点提示

认识新能源汽车 DC - DC 低压充电系统

新能源汽车 DC - DC 低压充电系统将动力蓄电池的电能通过 DC - DC 转换器转换为

12V 低压电源，为车载 12V 蓄电池和车身电气部件提供工作电源。混合动力电动汽车及纯电动汽车采用 DC－DC 转换器之后，可省去交流发电机。因为无论是混合动力电动汽车还是纯电动汽车，其动力蓄电池的容量都较大，因此，以动力蓄电池为电源，利用 DC－DC 转换器为低压蓄电池充电。

纯电动汽车的电源分为主电源和辅助电源。主电源为驱动汽车行驶的高压电源（动力蓄电池）；辅助电源（低压铅酸电池）是为各种车载仪表、控制系统提供的直流低压电源。纯电动汽车 DC－DC 低压充电系统的主要部件包含动力蓄电池、高压控制盒、DC－DC 转换器、低压电池等。图 4－2－1 所示为纯电动汽车 DC－DC 低压充电系统组成。

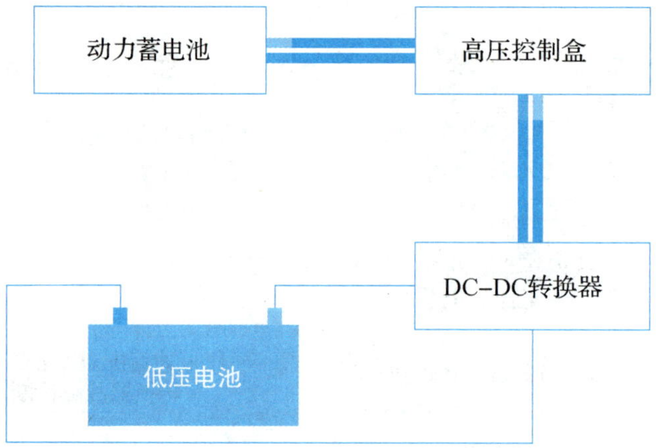

图 4－2－1　纯电动汽车 DC－DC 低压充电系统组成

图 4－2－2 所示为混合动力电动汽车 DC－DC 为低压电池充电示意图。当传统燃油汽车发动机转速低时，如果同时使用空调等会出现电力不足现象。而混合动力电动汽车使用动力蓄电池和 DC－DC 转换器，可不必考虑发动机的转速。

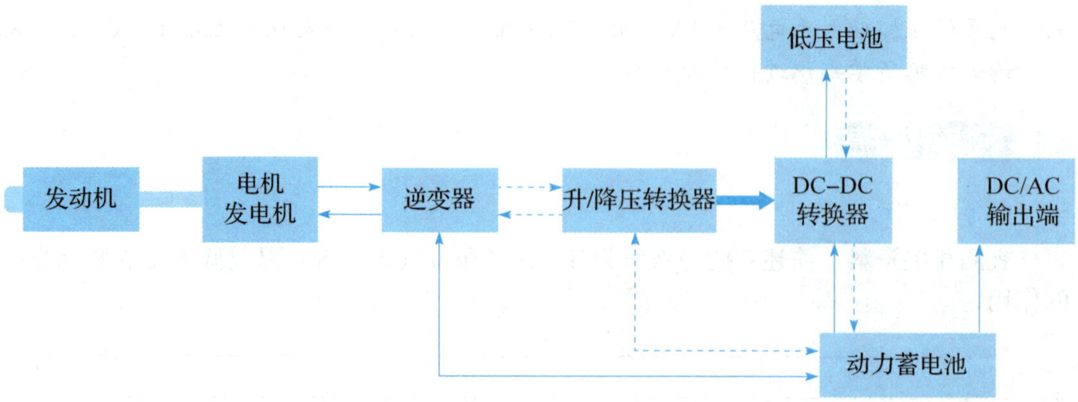

图 4－2－2　混合动力电动汽车 DC－DC 为低压电池充电示意图

图 4－2－3 所示为比亚迪 e5 纯电动汽车低压电源系统示意图。比亚迪 e5 车辆的低压铁电池与 DC－DC 低压输出端并联，通过正极保险盒为整车低压电气部件提供 13.8V 电源。

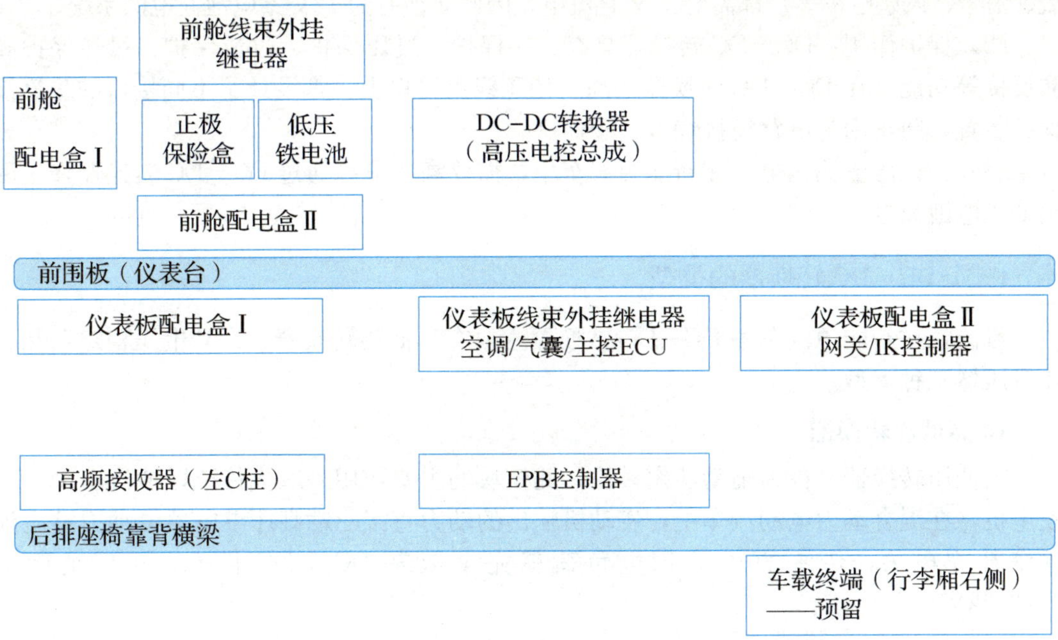

图 4－2－3　比亚迪 e5 纯电动汽车低压电源系统示意图

部分混合动力电动汽车的发动机保留了发电机，低压电气系统由低压电池、DC－DC 转换器和发电机三个电源共同提供。例如，比亚迪秦 DM 低压电气系统由低压蓄电池、DC－DC 转换器和发电机三个电源共同提供，而且低压电池不是采用传统的铅酸电池，而是采用磷酸铁锂电池。

引导问题 2：

查阅相关资料，简述 DC－DC 转换器的工作原理。

____

____

____

知识点提示

DC－DC 转换器

一、DC－DC 转换器的作用、类型和结构

DC－DC 转换器相当于传统燃油汽车的发电机，它的主要功能是在车辆起动后将动力蓄电池输入的高压电转换成 12V 低压电向蓄电池充电，同时保证行车时低压用电设备正常工作。

（一）DC－DC 转换器的作用

（1）变压作用：DC－DC 转换器对动力蓄电池的输出电压进行变换后再提供给车上低压用电设备。例如，新能源汽车转向助力电机、制动系统电机及车身电气（包括灯光、仪

表、信号、风扇电机等）都需要 12V 直流电，因此必须有为 12V 蓄电池充电的系统。

（2）保护作用：DC－DC 转换器具有欠压保护、过压保护、过流保护、过热保护和防反接等功能。在 DC－DC 转换器的高、低压线束接口上，都设计了不同接口的防反接保护装置，防止因为电路短接烧毁电子器件。

（3）为低压电池充电。在新能源汽车中，需要高压电源通过 DC－DC 转换器降压后给低压电池充电。

（二）DC－DC 转换器的类型

目前，在新能源汽车中 DC－DC 转换器主要有高低压转换器、12V 电压稳定器和高压升压器三种类型。

1. 高低压转换器

高低压转换器又称为辅助功率模块，此模块的主要作用是取代传统燃油汽车的 12V 发电机，在混合动力电动汽车中，发动机输出的动力直接驱动高压继电器给动力蓄电池系统补充电力，传统的 12V 用电负荷就完全依靠 DC－DC 供给，功率范围为 1～2.2kW。

2. 12V 电压稳定器

12V 电压稳定器主要用于部分起停（Start-Stop）系统，在起动中避免电压波动对一些敏感的负载造成影响或损坏，如车内照明、收音机和显示屏等。12V 电压稳压器的功率等级随用电器负荷而定，一般是 200～400W。

3. 高压升压器

为了提高动力系统的效率，选用一个高压升压器来提高逆变输入的电压。高压升压器是动力总成的一部分，集成在动力总成中。如果采用锂电池作为动力蓄电池，高压升压器就是一个十分重要的部件。

我们常说的 DC－DC 转换器一般都是指的第一种，也就是取代传统燃油汽车发电机的功能。

微课视频

DC－DC 转换器的结构和工作原理

（三）DC－DC 转换器的结构

1. 外部结构

在新能源汽车中，DC－DC 转换器既可以单独安装，又可以与 OBC 或 MCU 等集成在一起安装。以单独安装的 DC－DC 转换器为例，其外部结构如图 4－2－4 所示。

DC－DC 转换器在工作过程中会产生大量的热量，为保证其散热性能，一般会在其外壳上配有散热片。DC－DC 转换器的高压输入端子与高压控制盒的高压输出电缆相连，低压输出正、负极端子与低压辅助电池、低压用电设备相连，低压控制端子与 VCU、BMS 等控制系统相连。

2. 内部结构

DC－DC 转换器的内部结构主要包括逆变器、变压器、整流器等。

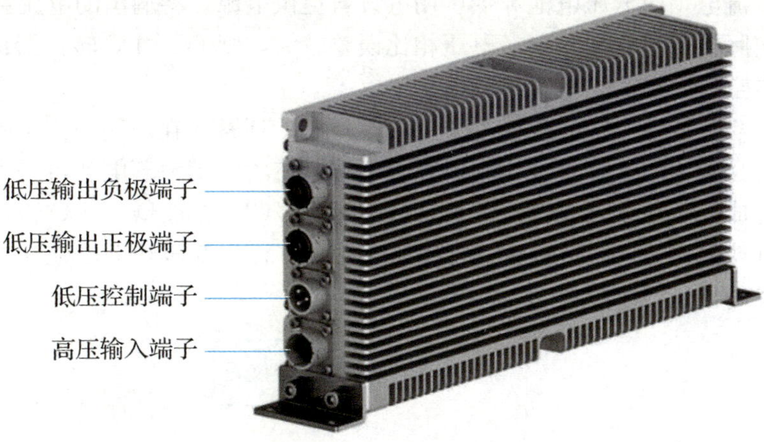

图 4-2-4 单独安装的 DC-DC 转换器的外部结构

逆变器主要由 4 个二极管及绝缘栅型晶体管（IGBT）组成。通过电路板控制绝缘栅型晶体管的导通与截止，其作用是将动力蓄电池的高压直流电转换为高压交流电。

变压器由初级绕组线圈和次级绕组线圈组成，通过初级绕组线圈和次级绕组线圈的匝数的不同可以输出不同的目标电压。

整流器主要由二极管组成（使用 6 个三极管，但是只应用其中的两个极，等同于二极管），每 3 个三极管并联在一起，增加了电流流通能力。

二、DC-DC 转换器的工作原理

DC-DC 转换器通过开关 IGBT 的重复通断，直流电变为交流电，交流电经变压器降压，降压后的交流电再经整流二极管变为低压直流电，低压直流电再经滤波电路变为稳定的 14V 左右的直流电，如图 4-2-5 所示。

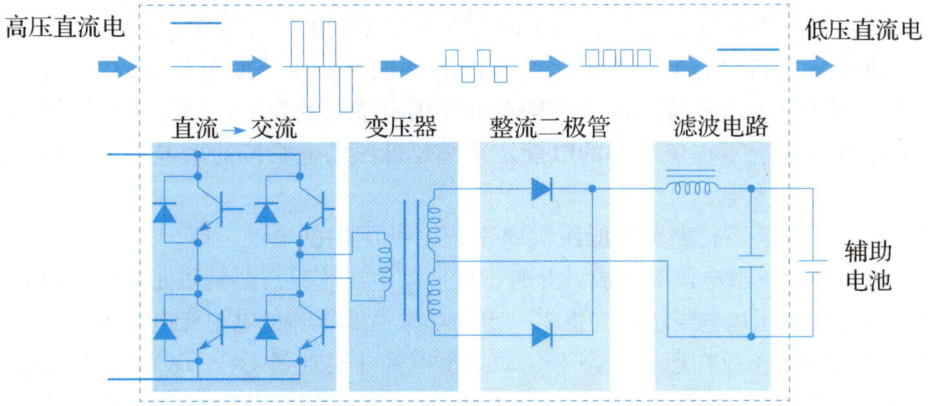

图 4-2-5 DC-DC 转换器的工作原理

工作原理：动力蓄电池的高压直流电经过高压配电盒进入 DC-DC 转换器转换模块的变压器，通过内部门极驱动开关电路，将高压直流电斩成方波（脉冲波），通过 PWM 控制器调节方波的占空比，由此来调节变压器的输出电源，然后经过整流滤波电路输出低压直流电，向低压电池和低压用电设备提供电源。将输出的电压和参考电压进行比较，若实际输出的电压与参考电压相比误差较大，则 DC－DC 转换器控制器驱动门极开关调节占空比，进而调节输出的电压。

图 4－2－6 所示为 DC－DC 转换器的控制原理。通常，在新能源汽车中，当将起动开关置于 ON 挡，整车处在上高压电或充电唤醒状态时，动力蓄电池将进入高压系统预充电流程。完成高压系统预充电流程后，被唤醒的 VCU 会向 DC－DC 转换器发送使能信号。接收到使能信号后，DC－DC 转换器开始工作，为低压辅助电池充电，并作为低压电源为车辆的低压系统供电。

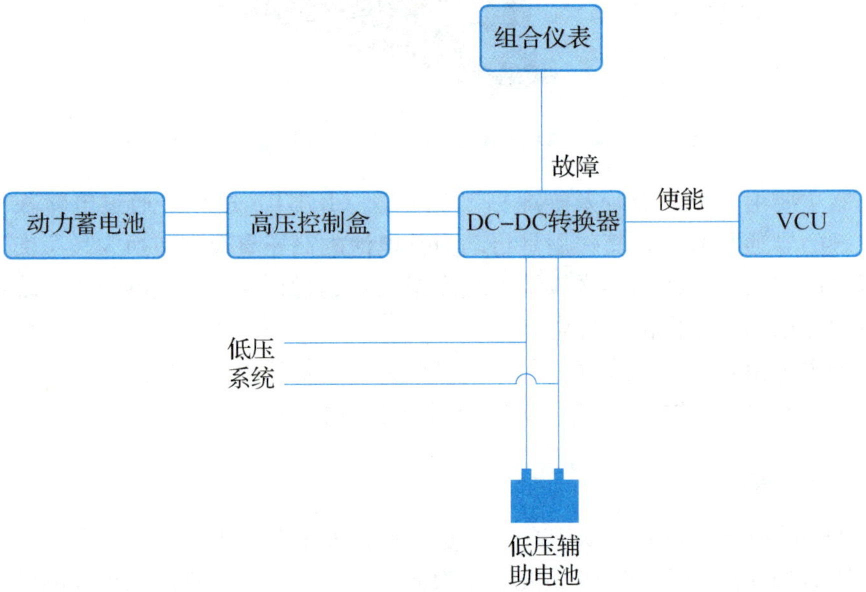

图 4－2－6　DC－DC 转换器的控制原理

DC－DC 转换器根据整车状态的不同，会采用不同的工作模式。

（1）在车辆运行状态下，整车的低压供电系统由低压辅助电池、DC－DC 转换器、低压线束、开关、继电器等组成。车辆对低压供电系统的要求：DC－DC 转换器必须在车辆运行的所有工况下提供足够的电能，来满足低压供电系统的用电需求，同时还要保证为低压辅助电池充电。

（2）在充电状态下，整车的低压供电系统由低压辅助电池、DC－DC 转换器、OBC、高低压线束、开关、继电器等组成。此时，低压供电系统只需要提供足够的电能，来满足充电相关设备的低压用电需求，并提供一定的功率为低压辅助电池充电即可。

某些新能源汽车仅在运行状态下，动力蓄电池才会通过 DC－DC 转换器对低压辅助电池充电；在充电状态和 OFF 状态下，则停止对低压辅助电池充电。还有些新能源汽车在充电状态下也能对低压辅助电池充电，但在完成对低压辅助电池充电后，即使整车依然处于充电状态，也不会再次对低压辅助电池充电，即单次充电过程中仅对低压辅助电池充满电一次。

DC－DC 转换器的工作条件主要包括两个：一是高压输入电压的范围为 DC 290～420V；

二是低压使能信号电压的范围为 DC 9～14V。

引导问题 3：

查阅相关资料，说明如何检查 DC－DC 转换器是否充电。

____

____

____

知识点提示

检修新能源汽车 DC－DC 低压充电系统

当 DC－DC 转换器发生故障时，首先，应确认故障现象；然后，结合 DC－DC 转换器的工作原理进行分析，判断故障原因，制定诊断流程，并通过相应的检测与诊断技术确认故障部位；最后，对故障部位进行维修，排除故障。

在故障诊断和检修过程中，应秉持由简到繁、由易到难的原则，可利用故障诊断仪读取故障代码，根据故障代码确定故障类型，然后结合电路图，确定诊断流程，对相关零部件和线路进行检测，确定故障部位并排除。

检查 DC－DC 转换器是否充电的步骤如下：

（1）首先测量低压电池静态电压，将点火开关调至 LOCK 挡，把万用表调整到直流电压挡，测量低压电池端电压。

（2）点火开关处于 ON 挡，上电成功后，组合仪表 READY 绿色指示灯点亮，测量低压电池电压。

（3）读取低压电池电压，如果在 13.5～14.8V，则说明 DC－DC 转换器向低压电池充电，如果较大幅度低于低压电池端电压，则说明 DC－DC 转换器的转换模块不充电。

技能拓展

一辆北汽 EV200，点火开关置于 ON 挡后，组合仪表无反应，整车无法上高压电，测量低压电池端电压为 5V。更换低压电池后，组合仪表上显示 DC－DC 转换器故障。

DC－DC 转换器的端子分布如图 4－2－7 所示，其各端子的功能说明见表 4－2－1。

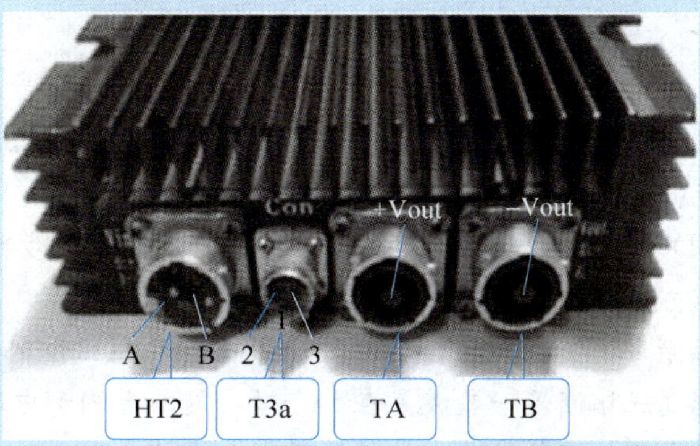

图 4－2－7　北汽 EV200 DC－DC 转换器的端子分布

表 4-2-1　北汽 EV200 DC-DC 转换器各端子的功能说明

线束连接器编号	端子编号	端子功能	线束走向
HT2	A	高压直流输入＋	高压配电盒
	B	高压直流输入－	
T3a	1	使能输入	低压控制盒
	2	故障报警输出	VCU
	3	接地	接地点
TA	＋Vout	12V 输出＋	低压电池正极
TB	－Vout	12V 输出－	低压电池负极

连接故障诊断仪，读取故障代码，根据故障代码对 DC-DC 转换器进行检测。检测前，先确认线束及其连接器是否完好，是否有绝缘破损、退针等现象。确保线路连接正常后，按下面的流程进行诊断。

(1) 判断 DC-DC 转换器是否正常工作，具体步骤如下：

1) 在保证线路连接正常的情况下，将点火开关置于 OFF 挡，断开车内所有用电设备并拔出车钥匙，测量低压电池静态电压，把万用表调整到直流电压挡位，经测量，结果为 12.3V，在正常范围内。

2) 将点火开关置于 ON 挡，上电成功后，组合仪表 READY 绿色指示灯点亮，测量低压电池电压，这时所测得的电压为 DC-DC 转换器输出的电压，正常应为 13.5～14V (注意：车内所有用电设备未关闭会影响测量结果，测量前应确保已关闭车内所有用电设备)。经测量，结果仍为 12.3V，说明 DC-DC 转换器未对低压电池充电。

(2) 检查低压熔断器是否正常。DC-DC 转换器变换后的低压直流电需要经过一个 150A 的熔断器才能为低压电池供电。经检查，该熔断器正常，说明 DC-DC 转换器无低压电输出，故障范围缩小至 DC-DC 转换器及其控制线束。

(3) 检测 VCU 向 DC-DC 转换器输出的使能信号是否正常。用万用表测量 DC-DC 转换器使能线的电压，正常应为 9～14V；否则，应检查 VCU 端子 62 至 DC-DC 转换器端子 1 之间线束的导通情况。经测量，VCU 向 DC-DC 转换器输出的使能信号正常。

(4) 检查高压熔断器是否熔断。根据要求做好高压安全防护工作，然后用万用表测量高压熔断器的电阻，正常应小于 1Ω；否则，应更换高压熔断器。经测量，高压熔断器的电阻为 0.5Ω，符合要求。

(5) 更换 DC-DC 转换器。由于以上检测结果均正常，初步判断 DC-DC 转换器存在故障。更换 DC-DC 转换器后重新测试，故障排除。

若 DC-DC 转换器单独布置，高压熔断器一般放置在高压控制盒中；若 DC-DC 转换器未单独布置，则高压熔断器一般放置在 DC-DC 转换器内部电路中。由于涉及高压部件的拆装，在测量之前，必须按要求执行高压断电操作。因此，该步骤比较烦琐，应在前面低压系统线束检查完全结束，确认低压系统线束无故障后再执行此操作。

任务实施

比亚迪秦 Pro EV DC-DC 转换器故障诊断

一、任务描述

一辆比亚迪秦 Pro EV 无 EV 模式，仪表提示低压电池电量低，请检查充电系统。

二、实训目标

（1）能正确使用工具套装进行 DC-DC 转换器总成的拆装。

（2）能正确使用诊断仪读取 DC-DC 低压充电系统数据流。

（3）能够配合实车说出 DC-DC 转换器的工作原理。

（4）能独立完成 DC-DC 低压充电系统故障诊断。

三、实训准备

1. 设备及工具准备

序号	设备及工具名称	数量
1	比亚迪秦 Pro EV	1 辆
2	交流充电枪	1 套
3	故障诊断仪	1 台
4	万用表	1 套

2. 场地设备准备

（1）任务实施前，需要做好场地防护准备，检查实训场地和设备设施是否存在安全隐患，如发现不正常的地方，需及时报告老师或实验员进行处理，完成后方可实施任务。

（2）本实训任务用到实车，任务实施前需要在车辆周围围上隔离带，并摆上注意安全提示牌。

3. 安全防护准备

（1）禁止在车辆上高压电的情况下检查与更换电池模组。

（2）禁止在带电状态下触碰任何带安全警示标识的部件。

（3）禁止徒手触摸所有橙色的线束。

四、实训操作

步骤	记录内容	完成情况记录
1	故障现象	是□　否□
2	原因分析	是□　否□

续表

<table>
<tr><th>步骤</th><th colspan="3">记录内容</th><th>完成情况记录</th></tr>
<tr><td>3</td><td colspan="3">读取车辆故障信息
故障代码：____________________</td><td>是□　否□</td></tr>
<tr><td>4</td><td colspan="3">读取模块数据流
数据流记录：____________________</td><td>是□　否□</td></tr>
<tr><td>5</td><td colspan="3">查看电气原理图</td><td>是□　否□</td></tr>
<tr><td rowspan="3">6</td><td colspan="3">DC－DC 转换器高压侧电压检测</td><td rowspan="3">是□　否□</td></tr>
<tr><td>实测值</td><td>标准值</td><td>是否正常</td></tr>
<tr><td>________ V</td><td>________ V</td><td>是□　否□</td></tr>
<tr><td rowspan="3">7</td><td colspan="3">DC－DC 转换器低压输出侧电压检测</td><td rowspan="3">是□　否□</td></tr>
<tr><td>实测值</td><td>标准值</td><td>是否正常</td></tr>
<tr><td>________ V</td><td>________ V</td><td>是□　否□</td></tr>
<tr><td rowspan="3">8</td><td colspan="3">DC－DC 转换器低压输出侧电流检测</td><td rowspan="3">是□　否□</td></tr>
<tr><td>实测值</td><td>标准值</td><td>是否正常</td></tr>
<tr><td>________ A</td><td>________ A</td><td>是□　否□</td></tr>
<tr><td>9</td><td colspan="3">读取驱动电机控制器母线电压：________ V
是否正常：是□　否□</td><td>是□　否□</td></tr>
<tr><td>10</td><td colspan="3">故障结论</td><td>是□　否□</td></tr>
<tr><td>11</td><td colspan="3">故障排除与恢复</td><td>是□　否□</td></tr>
</table>

重难点

1. 正确读取电气原理图；
2. 正确测量数据

7S 现场管理

序号	操作步骤	完成情况	备注
1	建立安全操作环境	已完成□　未完成□	
2	清理及整理工具量具	已完成□　未完成□	
3	清理及复原设备	已完成□　未完成□	
4	清理场地	已完成□　未完成□	
5	物品回收和环保	已完成□　未完成□	
6	完善和检查工单	已完成□　未完成□	

实训总结

任务三 新能源汽车充电桩的安装与调试

任务目标

知识目标

1. 能够描述新能源汽车充电桩的作用和类型。
2. 能够描述 7kW 交流充电桩、60kW 直流充电桩的结构和工作原理。

技能目标

能够完成充电桩的安装与调试。

素养目标

1. 培养安全第一的意识。
2. 培养节约能源、安全环保的意识。

知识索引

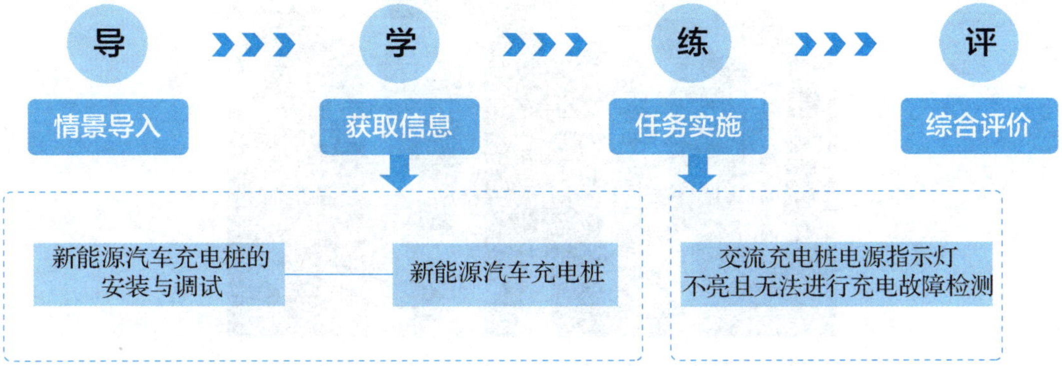

情景导入

某个新能源汽车维修站需要安装充电桩，主管要求你选择充电桩的类型，并进行安装与调试，你能完成这个任务吗？

获取信息

引导问题：

查阅相关资料，新能源汽车充电桩的作用是什么？有哪些类型？

知识点提示

新能源汽车充电桩

一、充电桩的作用

充电桩（Charging Pile）的作用类似于加油站里面的加油机，可以固定在地面或墙壁上，安装于公共建筑（公共楼宇、商场等）、居民小区停车场或充电站内，可以根据不同的电压等级为各种型号的新能源汽车充电。充电桩的输入端与交流电网直接连接，输出端都装有充电插头用于为新能源汽车充电。

新能源汽车充电桩一般提供常规充电（交流慢充）和快速充电（直流快充）两种充电方式，人们可以使用特定的充电卡在充电桩提供的人机交互操作界面上刷卡使用，进行相应的充电方式、充电时间、费用数据打印等操作，充电桩显示屏能显示充电量、费用、充电时间等数据。

充电桩是能实现计时、计电度、计金额充电的装置，可以作为市民购电终端。同时为提高公共充电桩的效率和实用性，今后将陆续增加一桩多充和为电动自行车充电的功能。图 4－3－1 所示是充电桩的安装和调试场景。

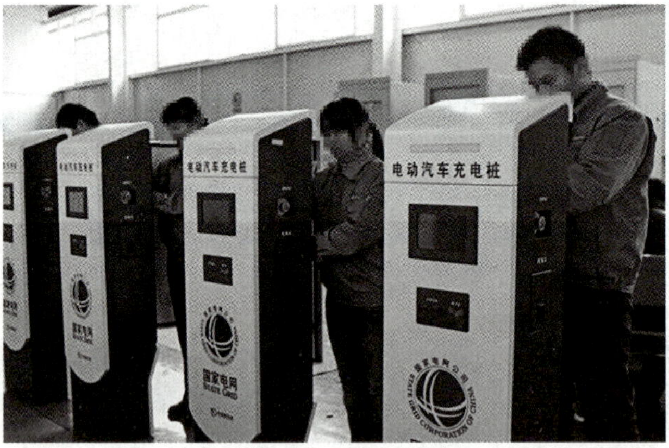

图 4－3－1　充电桩的安装和调试场景

二、充电桩的类型

（一）按安装方式分

按安装方式分，充电桩可分为落地式充电桩、挂壁式充电桩两种，如图 4－3－2 所示。落地式充电桩适合安装在不靠近墙体的停车位。挂壁式充电桩适合安装在靠近墙体的停车位。

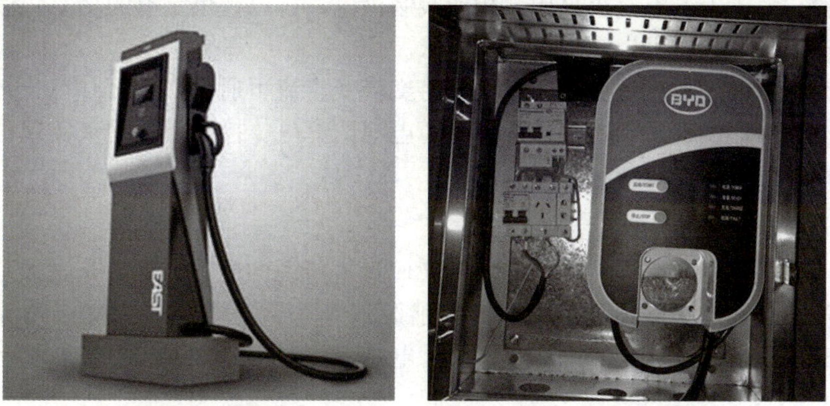

（a）落地式充电桩　　（b）挂壁式充电桩

图 4－3－2　充电桩的两种形式

（二）按安装地点分

按安装地点分，充电桩可分为公共充电桩、专用充电桩和自用充电桩。公共充电桩是建设在公共停车场（库）结合停车泊位，为社会车辆提供公共充电服务的充电桩。专用充电桩是建设单位（企业）自有停车场（库），为单位（企业）内部人员使用的充电桩。自用充电桩是建设在个人自有车位（库），为私人用户提供充电服务的充电桩。充电桩一般结合停车场（库）的停车位建设。安装在户外的充电桩防护等级不应低于IP54，安装在户内的充电桩防护等级不应低于 IP32。

（三）按充电接口数量分

按充电接口数量分，充电桩可分为一桩一充和一桩多充。

一桩一充指的是一台充电桩只有一个充电接口，即为单一车辆提供充电服务。目前市场上的充电桩以一桩一充式为主，广泛应用于公共充电站、商业停车场及私人车位等场景。一桩一充结构简单，操作方便，适用于充电需求相对分散或充电车辆数量较少的场景。

一桩多充也称为群充，指的是一台充电桩配备多个充电接口，能够同时为多台车辆提供充电服务。一桩多充主要应用于大型停车场等充电需求集中且车辆数量较多的场景。通过一桩多充的配置，可以显著提升充电效率，节省充电设施占地面积和人工成本。一桩多充的充电接口数量多，充电速度快，但需要更复杂的电路设计和更高的技术要求。同时，一桩多充还需要考虑各充电接口之间的功率分配和充电安全等问题。

（四）按充电方式分

按充电方式分，充电桩可分为直流充电桩、交流充电桩和交直流一体充电桩。

1. 直流充电桩

直流充电桩又称为直流供电装置，即我们日常所说的快充。直流充电桩是固定安装在新能源汽车外、与交流电网连接、可以为非车载新能源汽车动力蓄电池提供直流电源的供电装置。由于直流充电桩采用三相四线制供电，可以提供足够的功率，输出的电压和电流调整范围较大，可以实现快充的要求。

直流充电桩的工作原理就是通过整流将交流变直流再通过 DC - DC 变换环节来调整电压、电流输出，实现对新能源汽车动力蓄电池的充电。控制模块用来实现其显示功能及保护电路的控制。

2. 交流充电桩

交流充电桩又称为交流供电装置，即我们日常所说的慢充。交流充电桩是固定安装在新能源汽车外、与交流电网连接、为新能源汽车车载充电机提供交流电源的供电装置。交流充电桩只提供电力输出，没有充电功能，须连接车载充电机为新能源汽车充电。

3. 交直流一体充电桩

交直流一体充电桩既可实现直流充电，又可实现交流充电。白天充电业务多的时候，使用直流方式进行快速充电，当夜间充电站用户少时，可用交流充电进行慢充操作。

三、 7kW 交流充电桩

（一）7kW 交流充电桩的结构

7kW 交流充电桩主要由桩体、LED 指示灯、LED 灯板、LCD 显示屏、读卡器、辅助电源、主控模块、继电器模块、接线排、单相断路器（空气开关）、浪涌防护器（防雷器）、智能电表交流接触器、门禁开关、急停开关、充电枪、线束等组成。7kW 交流充电桩正面和背面结构分别如图 4 - 3 - 3 和图 4 - 3 - 4 所示。

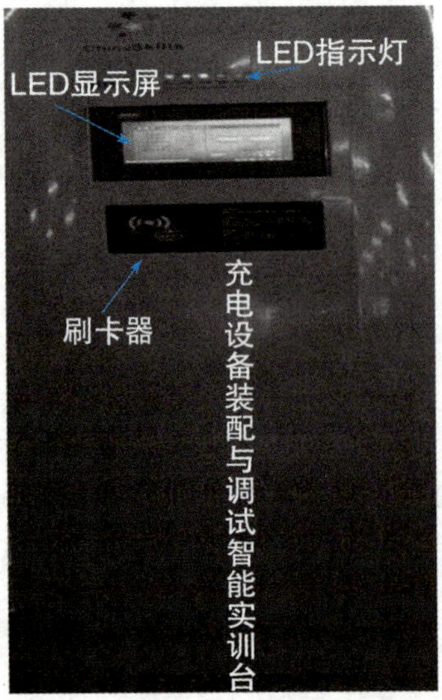

图 4 - 3 - 3　7kW 交流充电桩正面结构

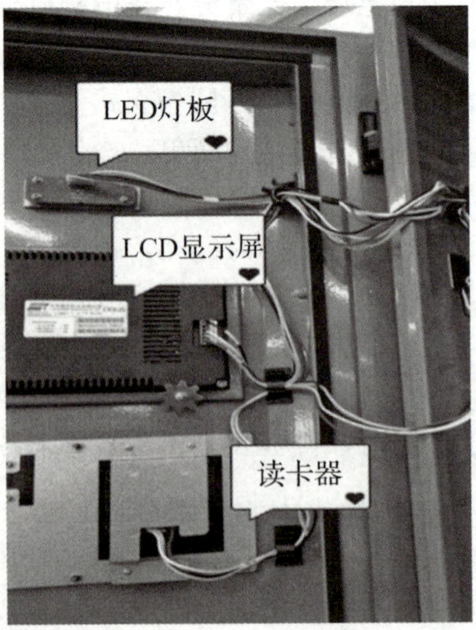

图 4 - 3 - 4　7kW 交流充电桩背面结构

（二）7kW 交流充电桩的工作原理

7kW 交流充电桩的工作原理：插上充电枪后，用户通过显示屏选择充电模式及充电启动模式，主控模块接收显示屏操作信息和刷卡信息（或电子支付信息）后，控制继电器模块工作，继电器模块输出 220V 交流电控制交流接触器闭合，此时 220V 交流电经过接线排输送到单相断路器，再到智能电表，最后经过闭合后的接触器对外输出 220V 交流电给充电枪进行充电。

7kW 交流充电桩的主电路如图 4-3-5 所示。

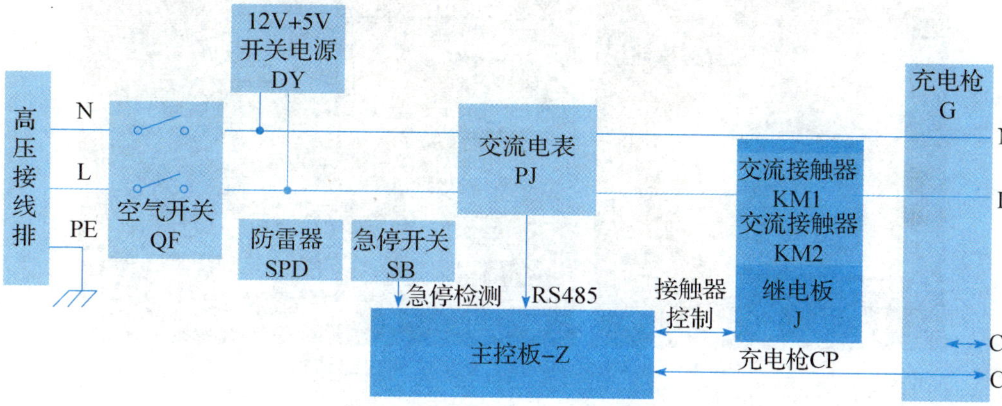

图 4-3-5　7kW 交流充电桩的主电路

主电路的工作流程如下：

（1）单相电通过接线排接入，空气开关 QF 通电，12V 开关电源给主控板通电工作，单相交流电经过交流电表及交流接触器，充电枪与车载充电机握手成功后开始获取充电参数，充电枪上电完成。

（2）主控板通过充电枪与车载充电机获得充电参数及充电开始后，交流电表显示充电电压与电流，实时获取充电数据并通过 RS485 发送至主控板，显示屏通过 RS485 从主控板获得充电数据后显示出来。

（3）刷卡结算结束充电，主控板控制交流接触器断开，完成充电。

四、60kW 直流充电桩

（一）60kW 直流充电桩的结构

直流充电桩一般固定安装在社区停车场、大型商场、服务区、路边停车场等场所，接入电网，经内部控制整流，为新能源汽车动力蓄电池直接提供可控的直流电，常见的功率有 30kW、60kW、90kW、120kW，可实现快速充电。60kW 直流充电桩及内部结构如图 4-3-6 所示。

60kW 直流充电桩一般主要由桩体、LED 灯板、LCD 显示屏、刷卡器、整流器（两个 30kW）、无线网络模块、开关电源、主控板、防反板、电子锁、保险、电流表、A+开关、漏电断路器、防雷器等组成。

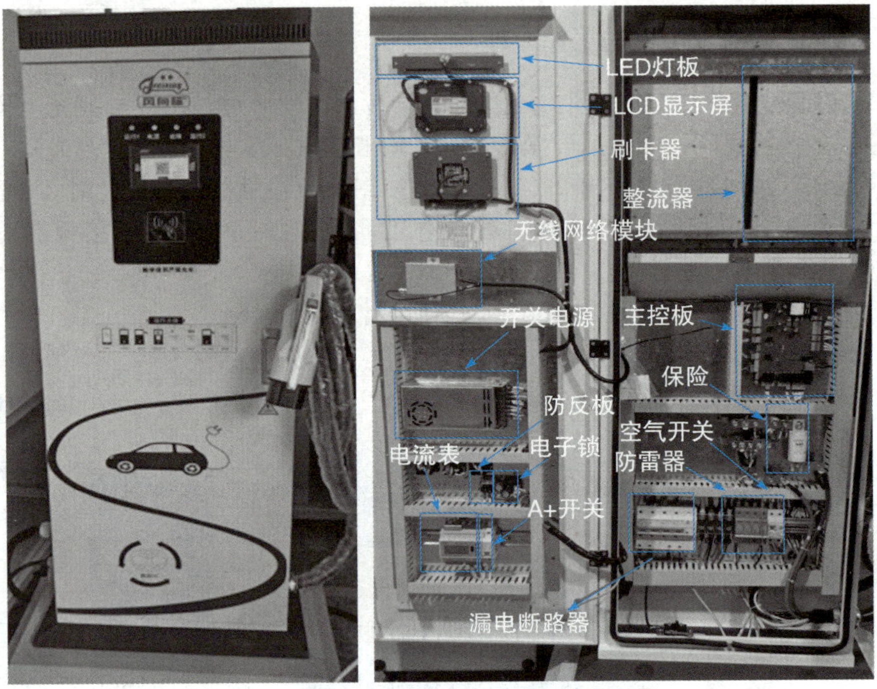

图 4-3-6　60kW 直流充电桩及内部结构

（二）60kW 直流充电桩的工作原理

当车辆插上直流充电枪时，充电桩的主控板识别车辆 A＋和 A－的电源信息，从而控制低压继电器 2 闭合（低压继电器 1 断开），12V 电压从充电桩的开关电源→低压继电器 2→防反板→A＋开关（1）→充电枪枪口→BMS，此时 BMS 进入工作状态，对 CC2 输出检测电压；同时车端的 CC2 检测到枪口端的电阻 R_3，电压被拉低，识别连接信号告知 BMS，从而 BMS 控制车辆直流充电接触器闭合，而另一端充电枪口的 CC1 检测到车端电阻 R_4，拉低电压告知充电桩主控板，主控板接收其他相关信息后（充电桩无故障、刷卡启动信息等），控制充电桩内的高压接触器闭合，车辆输出合适的高压直流电给动力蓄电池包充电。直流充电枪与车辆对接图如图 4-3-7 所示。

直流充电桩在以下非正常条件下充电终止：

（1）在充电过程中，如果非车载充电机出现不能继续充电的故障，则向车辆周期性发送“车载充电机中止充电报文”，并控制车载充电机停止充电，应在 100ms 内断开充电桩高压接触器和车内直流充电接触器。

（2）在充电过程中，如果车辆出现不能继续充电的故障，则向非车载充电机发送“车辆中止充电报文”，并在 300ms 内（由车辆根据故障严重程度决定）断开 A＋开关。

（3）在充电过程中，非车载充电机控制装置如发生通信超时，则非车载充电机停止充电，应在 10s 内断开充电桩高压接触器和 A＋开关；非车载充电机控制装置发生 3 次通信超时即确认通信中断，则非车载充电机停止充电，应在 10s 内断开充电桩高压接触器、车内直流充电接触器、A＋开关。

（4）在充电过程中，非车载充电机控制装置通过对检测点 1 的电压进行检测，如果

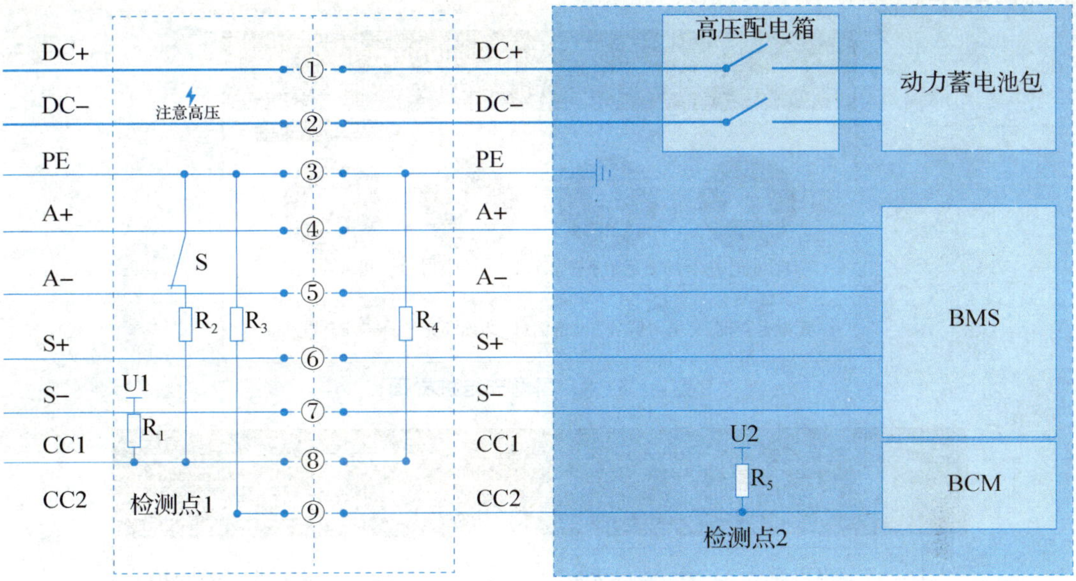

图 4-3-7 直流充电枪与车辆对接图

判断开关 S 由闭合变为断开，应在 50ms 内将输出电流降至 5A 以下。

（5）在充电过程中，非车载充电机控制装置通过对检测点 1 的电压进行检测，如果判断车辆充电接口由完全连接变为断开，则控制非车载充电机停止充电，应在 100ms 内断开充电桩高压接触器和车内直流充电接触器。

（6）在充电过程中，非车载充电机输出电压若大于车辆最高允许充电总电压，则非车载充电机应在 1s 内停止充电，并断开充电桩高压接触器和车内直流充电接触器。

注：如果非车载充电机因严重故障结束充电，重新启动充电需要操作人员进行完整的充电启动设置。

知识视界

吉利 EV450 新能源汽车交流充电

1. 关闭车辆点火开关，确保车辆处于下电状态
2. 确保车辆置于空挡或驻车挡
3. 打开充电接口盖开关，检查充电接口是否有异物
4. 连接充电枪
5. 刷卡充电

（1）充电桩上电后显示默认初始界面，可选择多种充电模式。以充电卡充电为例，单击“国网充电卡”图标，如图 4-3-8 所示。

（2）选择固定金额或输入其他金额，有卡密码则输入密码，无密码的直接单击“确定”按钮。

（3）刷卡，界面显示刷卡成功，充电启动中。

（4）开始充电，充电成功后界面会显示充电电量、充电费用、充电电流、充电电压等基本信息，如图 4-3-9 所示。

图 4-3-8 国网充电桩界面

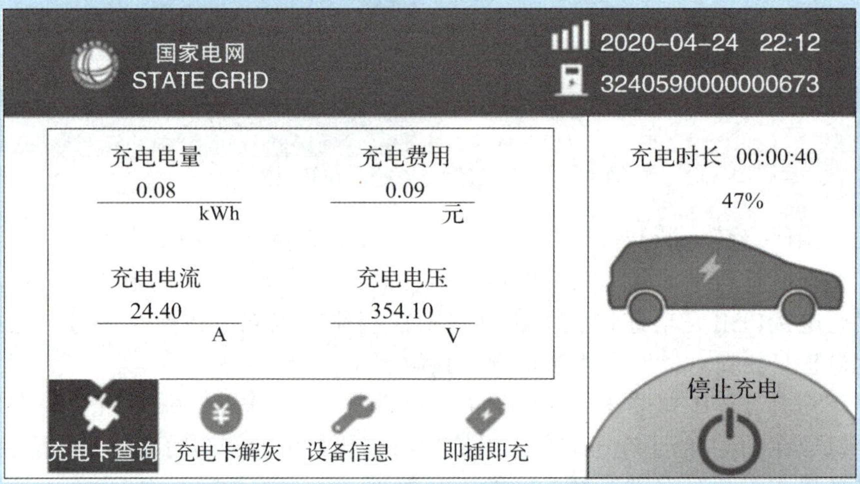

图 4-3-9 充电桩充电信息显示

6. 查看车辆仪表充电信息

当仪表上对应的充电连接指示灯点亮时，表示充电链路设备连接正常。当仪表上对应的充电指示灯点亮时，表示新能源汽车的动力蓄电池已经开始充电，如图 4-3-10 所示。

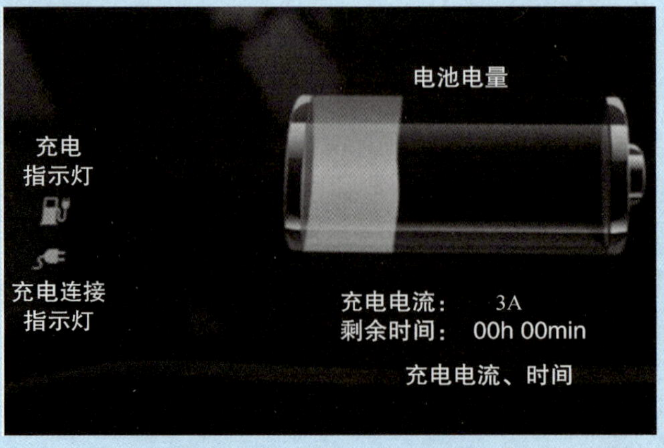

图 4-3-10 仪表充电信息显示

7. 结束充电

当动力蓄电池充满电后，交流充电桩可自动结束充电；如果中途需要停止充电，可单击“停止充电”图标，然后刷卡结算，跳转至结算界面。

8. 拔出充电枪，将其放在指定位置，关闭充电接口盖

任务实施

交流充电桩电源指示灯不亮且无法进行充电故障检测

一、任务描述

在某小区内，居民们使用交流充电桩为新能源汽车充电。近期，部分充电桩出现了电源指示灯不亮且无法进行充电的故障，影响了居民的正常充电需求。为了及时恢复充电桩的正常运行，保障居民的充电便利，特组织此次故障检测任务。

二、实训目标

（1）通过专业的检测手段和方法，找出导致交流充电桩电源指示灯不亮且无法进行充电的具体原因。

（2）根据诊断结果，采取相应的修复措施，恢复交流充电桩的正常运行。

（3）总结故障发生的原因和规律，提出预防措施，降低未来类似故障的发生概率。

三、实训准备

1. 设备及工具准备

序号	设备及工具名称	数量
1	交流充电桩	1套
2	故障诊断仪	1台
3	万用表	1套
4	专业测试软件或工具	1套

2. 场地设备准备

（1）任务实施前，需要做好场地防护准备，检查实训场地和设备设施是否存在安全隐患，如发现不正常的地方，需及时报告老师或实验员进行处理，完成后方可实施任务。

（2）本实训任务用到实车，任务实施前需要在车辆周围围上隔离带，并摆上注意安全提示牌。

3. 安全防护准备

（1）断电操作。确保交流充电桩已完全断电，避免在检测过程中发生触电事故。

（2）穿戴防护。检测人员应穿戴好绝缘手套、绝缘鞋等个人防护装备，确保人身安全。

（3）工具准备。准备好电压表、万用表、螺丝刀、绝缘胶带等检测工具。

四、实训操作

<table>
<tr><th>步骤</th><th colspan="3">记录内容</th><th>完成情况记录</th></tr>
<tr><td>1</td><td colspan="3">故障现象</td><td>是□　否□</td></tr>
<tr><td>2</td><td colspan="3">原因分析</td><td>是□　否□</td></tr>
<tr><td>3</td><td colspan="3">外观检查：检查交流充电桩外壳是否有损坏、变形或腐蚀现象，确认电源插头、插座等连接部件是否完好</td><td>是□　否□</td></tr>
<tr><td>4</td><td colspan="3">外观检查：检查电源插头、插座、充电枪等连接部件是否完好，无松动、损坏等情况</td><td>是□　否□</td></tr>
<tr><td>5</td><td colspan="3">电源检查：检查配电箱总闸开关是否闭合，若断开，则重新闭合总闸开关</td><td>是□　否□</td></tr>
<tr><td rowspan="3">6</td><td colspan="3">电源检查：使用电压表测量配电柜总闸开关的输出电压，包括火线（L）与零线（N）电压、火线（L）与地线（PE）之间的电压</td><td rowspan="3">是□　否□</td></tr>
<tr><td>实测值</td><td>标准值</td><td>是否正常</td></tr>
<tr><td>________ V</td><td>________ V</td><td>是□　否□</td></tr>
<tr><td rowspan="3">7</td><td colspan="3">使用万用表测量交流充电桩的输入电压</td><td rowspan="3">是□　否□</td></tr>
<tr><td>实测值</td><td>标准值</td><td>是否正常</td></tr>
<tr><td>________ V</td><td>________ V</td><td>是□　否□</td></tr>
<tr><td rowspan="5">8</td><td colspan="3">使用万用表检查电源指示灯的电路连接情况</td><td rowspan="5">是□　否□</td></tr>
<tr><td>实测值</td><td>标准值</td><td>是否正常</td></tr>
<tr><td>________ V</td><td>________ V</td><td>是□　否□</td></tr>
<tr><td>实测值</td><td>标准值</td><td>是否正常</td></tr>
<tr><td>________ Ω</td><td>________ Ω</td><td>是□　否□</td></tr>
<tr><td>9</td><td colspan="3">若指示灯正常点亮但无法充电，则需进一步检查交流充电桩的控制系统</td><td>是□　否□</td></tr>
<tr><td>10</td><td colspan="3">故障结论</td><td>是□　否□</td></tr>
<tr><td>11</td><td colspan="3">故障排除与恢复</td><td>是□　否□</td></tr>
<tr><th colspan="5">重难点</th></tr>
<tr><td colspan="5">1. 正确读取电气原理图；
2. 正确测量数据</td></tr>
</table>

续表

7S 现场管理			
序号	操作步骤	完成情况	备注
1	建立安全操作环境	已完成□ 未完成□	
2	清理及整理工具量具	已完成□ 未完成□	
3	清理及复原设备	已完成□ 未完成□	
4	清理场地	已完成□ 未完成□	
5	物品回收和环保	已完成□ 未完成□	
6	完善和检查工单	已完成□ 未完成□	
实训总结			

巩固练习

一、单选题

1. 车载充电机的作用是（　　）。

A. 建立快速充电接口连接　　B. 交流电转换为直流电

C. 为仪表充电指示灯供电　　D. 为全车供电

2. 直流充电接口上 S+、S−的作用是（　　）。

A. 辅助电源　　B. 与整车通信

C. 握手信号　　D. 插枪信号

3. 以下关于直流充电接口上的 CC1 和 CC2 的描述，正确的是（　　）。

A. CC1 表示确认直流充电枪已插到直流充电接口，CC2 表示直流充电感应信号

B. 充电枪端的 CC1 与 PE 之间有 1kΩ 的电阻，CC2 与 PE 之间有 1kΩ 的电阻

C. 充电座端的 CC1 与 PE 之间有 1kΩ 的电阻，CC2 与 PE 之间有 1kΩ 的电阻

D. 充电座端的 CC1 与 PE 之间有 1kΩ 的电阻，充电枪端的 CC2 与 PE 之间有 1kΩ 的电阻

4. 交流充电接口 L1、L2、L3 的额定电压是（　　）。

A. AC 250V/440V　　B. AC 220V/440V

C. AC 220V/380V　　D. AC 250V/380V

5. 交流充电接口 L1、L2、L3 的额定电流是（　　）。

A. 16A/32A/63A

B. 10A/16A/32A/63A

C. 32A/63A

D. 63A

6. 关于新能源汽车充电，下列做法正确的是（　　）。

A. 充电站充电太贵，直接从家里拉一个插板出来充电，方便快捷

B. 使用家用电源充电时，最好有人照看，避免充电时间过长，线束发热引起火灾

C. 家庭电路载流量太差，直接从家用配电箱接电出来，可以承受更高功率的充电设备

D. 不能在家里充电，太危险了

7. DC－DC 转换器是将动力蓄电池的高压直流电转换为整车 12V 低压直流电，给整车低压用电系统供电及铅酸电池充电，它的低压使能输出范围为（　　）。

A. DC 12～16V　　B. AC 6～12V

C. DC 9～14V　　D. DC 6～14V

8. 低压电气系统元器件不包括（　　）

A. DC－DC 转换器　　B. 车内保险丝盒

C. 动力蓄电池　　D. 低压电池

9. 比亚迪秦混合动力电动汽车在纯电动模式下，在高压输入端接触器吸合后便开始工作，（　　）输出标称电压 13.5V。

A. DC－DC 转换器　　B. 交流发电机

C. 发动机　　D. 12V 蓄电池

10. 充电桩的作用类似于加油站里面的（　　）。

A. 汽油　　B. 柴油

C. 加油机　　D. 便利店

11. 充电桩的类型按（　　）可分为落地式充电桩和挂壁式充电桩。

A. 安装地点　　B. 安装方式

C. 充电接口数量　　D. 充电方式

12. 新能源汽车充电桩目前存在的问题有（　　）。

A. 充电桩的安全问题　　B. 充电站设施不完善

C. 充电的费用不统一　　D. 以上全是

13. 在单枪充电桩进行充电时，刷卡后进入充电状态，会有简单的充电信息在界面上显示，显示的基本参数有（　　）。

A. 电压　　B. 电流

C. 功率　　D. 以上全是

二、填空题

1. 交流供电装置按照结构分为以下三类：________、________、________。

2. 请填写下列充电接口触点（针脚）的定义。

端子号	功能
DC−	
DC+	
PE	
A−	
A+	
CC1	
CC2	
S+	
S−	

3. 纯电动汽车的电源分为主电源和辅助电源，其中主电源是________，辅助电源是________。

4. DC-DC转换器的作用是____________________。

5. DC-DC的内部结构主要包括________、________、整形电路等。

6. 新能源汽车充电桩一般提供________、________两种充电方式。人们可以使用特定的充电卡在充电桩提供的人机交互操作界面上刷卡使用，进行相应的充电方式、充电时间、费用数据打印等操作，充电桩显示屏能显示充电量、费用、充电时间等数据。

7. 充电桩按照安装地点可分为________、________和________。

8. 7kW交流充电桩主要由桩体、LED指示灯、LED灯板、LCD显示屏、读卡器、辅助电源、________、________、接线排、单相断路器、浪涌防护器（防雷器）、智能电表交流接触器、门禁开关、急停开关、充电枪、线束等组成。

三、简答题

1. 简述7kW交流充电桩的工作原理。

2. 简述60kW直流充电桩的工作原理。

参考文献

[1] 吴海东，袁牧，苏庆列．新能源汽车动力蓄电池及管理系统检修［M］．北京：机械工业出版社，2022.

[2] 魏星．新能源汽车动力蓄电池及管理系统检修［M］．北京：机械工业出版社，2023.

[3] 宋志良，孙风险，胡望琴．新能源汽车动力蓄电池及管理技术［M］．北京：高等教育出版社，2023.

[4] 邹明森．动力蓄电池管理及维护技术［M］．北京：高等教育出版社，2021.

[5] 陈静，吴书龙，牛伟．新能源汽车动力蓄电池及管理技术［M］．北京：机械工业出版社，2022.

[6] 刘涛，谢望新，刘腾中．新能源汽车故障诊断与维修［M］．北京：机械工业出版社，2024.

[7] 孙建俊，谭逸萍．新能源汽车高压安全防护与应急处理［M］．北京：机械工业出版社，2022.

[8] 程章，陆玲亚，黄伟青．新能源汽车动力蓄电池及管理系统检修［M］．北京：机械工业出版社，2024.

附　录

综合评价表

<table>
<tr><td>班级</td><td colspan="2"></td><td>组别</td><td></td><td>姓名</td><td></td><td>学号</td><td></td></tr>
<tr><td colspan="3">实训任务</td><td colspan="6"></td></tr>
<tr><td colspan="3">评价项目</td><td colspan="4">评价标准</td><td>分值</td><td></td></tr>
<tr><td rowspan="7">小组
评价
(40%)</td><td colspan="2">计划决策</td><td colspan="4">制定的工作方案合理可行，小组成员分工明确</td><td>10</td><td></td></tr>
<tr><td colspan="2">任务实施</td><td colspan="4">工作规范</td><td>20</td><td></td></tr>
<tr><td colspan="2">任务达成</td><td colspan="4">能按照工作方案操作，按计划完成工作任务</td><td>20</td><td></td></tr>
<tr><td colspan="2">工作态度</td><td colspan="4">认真严谨，积极主动，安全生产，文明施工</td><td>20</td><td></td></tr>
<tr><td colspan="2">团队合作</td><td colspan="4">小组组员积极配合、主动交流、协调工作</td><td>20</td><td></td></tr>
<tr><td colspan="2">7S 管理</td><td colspan="4">完成竣工检验、现场恢复</td><td>10</td><td></td></tr>
<tr><td colspan="6">合计</td><td>100</td><td></td></tr>
<tr><td rowspan="11">教师
评价
(60%)</td><td rowspan="2">知识目标</td><td>获取信息</td><td colspan="4">能正确识读相关系统电路图，并分析系统工作原理</td><td>15</td><td></td></tr>
<tr><td>进行决策</td><td colspan="4">制定工作方案，方案合理可行，能够按照要求做好设备及工具准备</td><td>10</td><td></td></tr>
<tr><td rowspan="5">技能目标</td><td rowspan="5">任务实施</td><td colspan="4">正确进行场地准备，做好安全防护准备和其他防护准备</td><td>15</td><td></td></tr>
<tr><td colspan="4">能够按照正确的步骤进行操作，正确使用工具设备</td><td>15</td><td></td></tr>
<tr><td colspan="4">操作规范，工具不落地，无意外事故发生</td><td>15</td><td></td></tr>
<tr><td colspan="4">能准备规范地完成实训工单</td><td>5</td><td></td></tr>
<tr><td colspan="4">正确完成全部实训操作，按要求进行 7S 管理</td><td>5</td><td></td></tr>
<tr><td rowspan="3">素养目标</td><td>工作态度</td><td colspan="4">认真严谨、积极主动、安全生产、文明施工</td><td>5</td><td></td></tr>
<tr><td>团队合作</td><td colspan="4">任务实施过程中互相配合，协作度高</td><td>5</td><td></td></tr>
<tr><td>工作质量</td><td colspan="4">能按照工作方案操作，按计划完成工作任务</td><td>10</td><td></td></tr>
<tr><td colspan="6">合计</td><td>100</td><td></td></tr>
</table>

续表

综合评分	小组评价分值×40% ＋教师评价分值×60%	
总结与反思（如：学习过程中遇到什么问题，如何解决的/解决不了的原因及心得体会）		